A mente do ser humano primitivo

Dados Internacionais de Catalogação na Publicação (CIP)
(Câmara Brasileira do Livro, SP, Brasil)

Boas, Franz, 1858-1942.
  A mente do ser humano primitivo / Franz Boas ; tradução de José Carlos Pereira. 2. ed. – Petrópolis, RJ : Vozes, 2011. – (Coleção Antropologia)
  Título original: The mind of primitive man
  Bibliografia

  6ª reimpressão 2023.

  ISBN 978-85-326-3947-9

  1. Antropologia 2. Etnofilosofia 3. Etnopsicologia 4. Psicologia social 5. Raças – Origem 6. Religião 7. Sociedades primitivas I. Título. II. Série.

09-11369   CDD-155.8

Índices para catálogo sistemático:
1. Hábitos mentais : Psicologia transcultural   155.8
2. Mentalidade primitiva : Antropologia psicológica   155.8

Franz Boas

A mente do ser humano primitivo

Tradução de José Carlos Pereira

EDITORA
VOZES
Petrópolis

Tradução realizada a partir do original intitulado *The Mind of Primitive Man*
1938, The Macmillan Company

desta tradução:
© 2010, Editora Vozes Ltda.
Rua Frei Luís, 100
25689-900 Petrópolis, RJ
www.vozes.com.br
Brasil

Todos os direitos reservados. Nenhuma parte desta obra poderá ser reproduzida ou transmitida por qualquer forma e/ou quaisquer meios (eletrônico ou mecânico, incluindo fotocópia e gravação) ou arquivada em qualquer sistema ou banco de dados sem permissão escrita da editora.

CONSELHO EDITORIAL

Diretor
Volney J. Berkenbrock

Editores
Aline dos Santos Carneiro
Edrian Josué Pasini
Marilac Loraine Oleniki
Welder Lancieri Marchini

Conselheiros
Elói Dionísio Piva
Francisco Morás
Gilberto Gonçalves Garcia
Ludovico Garmus
Teobaldo Heidemann

Secretário executivo
Leonardo A.R.T. dos Santos

Revisão da tradução: Gentil A. Titton
Editoração: Maria da Conceição B. de Sousa
Diagramação: AG.SR Desenv. Gráfico
Capa: Felipe Souza|Aspectos

ISBN 978-85-326-3947-9

Este livro foi composto e impresso pela Editora Vozes Ltda.

Sumário

Prefácio, 7

1 Introdução, 9

2 Análise histórica, 19

3 A composição das raças humanas, 29

4 As características hereditárias das raças humanas, 41

5 A instabilidade dos tipos humanos, 57

6 A posição morfológica das raças, 74

7 Funções fisiológicas e psicológicas das raças, 85

8 Raça, língua e cultura, 104

9 Primeiras manifestações culturais, 113

10 As interpretações da cultura, 123

11 A mente do ser humano primitivo e o progresso da cultura, 137

12 As associações emocionais dos primitivos, 155

13 O problema racial na sociedade moderna, 172

Bibliografia, 185

Índice, 201

Prefácio

Desde 1911, quando foi publicada a primeira edição de *The mind of primitive man*, foram realizados numerosos trabalhos em todos os ramos da ciência que precisam ser levados em consideração no problema de que o livro trata. O estudo da hereditariedade deu passos importantes e ajudou a esclarecer o conceito de raça. A influência do meio ambiente sobre a forma corporal e o comportamento tem sido tema de muitas pesquisas, e as atitudes mentais do ser humano "primitivo" foram estudadas a partir de novos pontos de vista. Por esta razão, uma grande parte do livro teve que ser reescrita e reorganizada.

A primeira exposição de algumas das conclusões a que se chega no livro foi feita numa palestra proferida pelo autor quando era vice-presidente da Seção de Antropologia da Associação Norte-americana para o Progresso da Ciência, em 1895. Desde essa época o tema continua sendo uma de suas maiores preocupações. O resultado de seus estudos tem sido uma certeza sempre maior em suas conclusões. Não existe uma diferença fundamental nos modos de pensar do ser humano primitivo e do civilizado. Uma estreita relação entre raça e personalidade nunca foi estabelecida. O conceito de tipo racial como é comumente utilizado até mesmo na literatura científica é enganador e requer uma redefinição, tanto lógica como biológica. Embora, ao que parece, grande número de estudantes norte-americanos de biologia, psicologia e antropologia está de acordo com estes pontos de vista, o preconceito popular, embasado na tradição científica e popular anterior, sem dúvida não diminuiu, porque o preconceito racial continua sendo um fator importante na nossa vida. Ainda pior é a sujeição da ciência ao preconceito ignorante existente em países dirigidos por ditadores. Tal controle estendeu-se particularmente a livros que tratam do tema da raça e da cultura.

Já que não se permite publicar nada que seja contrário aos caprichos e preconceitos ignorantes da panelinha governante, não pode existir uma ciência fidedigna. Quando um editor, cujo orgulho costumava estar no número e no valor de suas obras científicas, anuncia em seu catálogo um livro que procura demonstrar que a mescla de raças não é prejudicial, mas o retira quando toma o poder um ditador; quando grandes enciclopédias são reescritas de acordo com dogmas prescritos; quando cientistas não ousam publicar ou são proibidos de publicar resultados que contradizem as doutrinas prescritas; quando outros, com o objetivo de promover seus próprios interesses materiais, ou cegados por emoções incontroladas continuam cegamente no caminho traçado, não se pode depositar nenhuma confiança em suas afirmações. A supressão da liberdade intelectual proclama a morte da ciência.

Franz Boas
Universidade de Colúmbia
Nova York, janeiro de 1938

1
Introdução

Um exame de nosso globo nos mostra como os continentes são habitados por uma grande diversidade de povos que diferem em aspecto, idioma e vida cultural. Os europeus e seus descendentes em outros continentes estão unidos por uma estrutura corporal semelhante e sua civilização os destaca nitidamente de todos os povos de aspecto diferente. O chinês, o neozelandês nativo, o negro africano e o índio americano não só apresentam traços físicos característicos, mas possuem cada um seu próprio e peculiar estilo de vida. Cada tipo humano parece ter suas próprias invenções, costumes e crenças, e é crença muito generalizada que raça e cultura devem estar intimamente associadas e que a origem racial determina a vida cultural.

Devido a esta impressão o vocábulo "primitivo" tem um duplo significado. Aplica-se tanto à forma corporal como à cultura. Estamos habituados a falar tanto de raças primitivas quanto de culturas primitivas, como se ambas estivessem necessariamente relacionadas. Não só cremos em uma estreita associação entre raça e cultura, mas estamos também dispostos a sustentar a superioridade de nossa raça sobre todas as demais. As causas desta atitude vêm de nossas experiências diárias. A forma corporal tem um valor estético. A cor escura, o nariz largo e chato, os lábios grossos e a boca proeminente do negro e os olhos puxados e pômulos salientes do asiático oriental não correspondem aos ideais de beleza humana a que nós, de tradição europeia ocidental, estamos acostumados. O isolamento racial da Europa e a segregação social das raças na América favoreceram o desenvolvimento da assim chamada aversão "instintiva" aos tipos estrangeiros, aversão que se baseia em grande parte no sentimento de uma fundamental diferença da forma corporal de nossa própria raça. É o mesmo sentimento que cria uma aversão "instintiva" aos tipos anormais ou feios em nosso meio ou a hábitos que não se ajustam a nosso senso de decoro. Mais ainda, tais tipos estranhos que são membros de nossa sociedade ocupam, via de regra, posições inferiores e não se misturam de maneira considerável com os membros de nossa própria raça. Em seu país de origem sua vida cultural não é tão rica como a nossa em realizações intelectuais. Daí a dedução de que tipo estranho e escassa inteligência andam de mãos dadas. Dessa maneira nossa atitude se torna compreensível, mas também reconhecemos que não está baseada em conhecimento científico, e sim em simples reações emocionais e condições sociais. Nossas aversões e juízos não são, de modo algum, de caráter fundamentalmente racional.

Apesar disso, gostamos de sustentar com argumentos nossa atitude emocional perante as chamadas raças inferiores. A superioridade de nossas invenções, o alcance de nossos conhecimentos científicos, a complexidade de nossas instituições sociais, nossos esforços para promover o bem-estar de todos os membros do corpo social dão a impressão de que nós, povo civilizado, deixamos bem para trás as etapas em que ainda se encontram outros grupos; e assim surgiu a suposição de uma superioridade inata das nações europeias e seus descendentes. A base de nosso raciocínio é óbvia: quanto mais avançada uma civilização, tanto maior deve ser a aptidão para a civilização; e, como a aptidão presumivelmente depende da perfeição do mecanismo de corpo e mente, inferimos que a raça branca representa o tipo superior. Chega-se assim ao pressuposto tácito de que as conquistas alcançadas dependem somente, ou ao menos principalmente, de uma capacidade racial inata. Já que o desenvolvimento intelectual da raça branca é o mais elevado, supõe-se que sua intelectualidade é máxima e que sua mente tem a organização mais sutil.

A convicção de que as nações europeias possuem a aptidão mais elevada sustenta nossas impressões a respeito do significado das diferenças de tipo entre a raça europeia e as de outros continentes, ou inclusive das diferenças entre vários tipos europeus. Inconscientemente seguimos um raciocínio como este: já que a aptidão do europeu é a mais elevada, seu tipo físico e mental é também o mais elevado e todo desvio do tipo branco representa necessariamente um traço inferior.

Esta suposição não demonstrada subjaz aos nossos juízos acerca das raças, pois, quando as demais condições são iguais, descreve-se comumente uma raça como tanto mais inferior quanto mais fundamentalmente difere da nossa. Interpretamos como comprovante de uma mentalidade inferior particularidades anatômicas do ser humano primitivo que evocam traços presentes em formas inferiores da escala zoológica; e nos perturba a observação de que alguns dos traços "inferiores" não aparecem no ser humano primitivo, mas se encontram antes na raça europeia.

O tema e a forma de todas as discussões desta natureza demonstram que no espírito dos pesquisadores está arraigada a ideia de que devemos esperar encontrar na raça branca o tipo mais elevado de ser humano.

As condições sociais são frequentemente tratadas a partir do mesmo ponto de vista. Atribuímos à nossa liberdade individual, ao nosso código ético e à nossa arte independente um valor tão alto que parecem indicar um progresso que nenhuma outra raça pode alegar ter alcançado.

O juízo sobre o *status* mental de um povo se baseia geralmente sobre a diferença entre seu *status* social e o nosso e, quanto maior for a diferença entre seus processos intelectuais, emocionais e morais e os que encontramos em nossa civilização, tanto mais severo será nosso juízo. Somente quando Tácito, ao lamentar a degeneração de sua época, descobre as virtudes de seus antepassados entre tribos estrangeiras, é que o exemplo destas é apresentado à contemplação de seus concidadãos; mas o povo da

Roma imperial provavelmente esboçou apenas um sorriso compadecido para o sonhador que se aferrava aos antiquados ideais do passado.

Para compreender claramente as relações entre raça e civilização é preciso submeter a uma rigorosa análise as duas suposições não comprovadas a que me referi. Devemos indagar até que ponto se justifica nossa suposição de que as conquistas alcançadas se devem primariamente a uma aptidão excepcional e até que ponto temos razão ao supor que o tipo europeu – ou, para levar a noção à sua forma extrema, o tipo europeu norte-ocidental – representa a mais alta evolução do gênero humano. Será conveniente examinar estas crenças populares antes de realizar a tentativa de esclarecer as relações entre cultura e raça e descrever a forma e o desenvolvimento da cultura.

Poder-se-ia dizer que, embora as conquistas alcançadas não sejam necessariamente uma medida da aptidão, parece admissível julgar uma pelas outras. Não tiveram quase todas as raças as mesmas oportunidades de aperfeiçoamento? Por que, então, só a raça branca produziu uma civilização que está abarcando o mundo inteiro e, comparadas com ela, todas as outras civilizações parecem frágeis começos interrompidos na primeira infância ou estacionados e petrificados numa etapa prematura de sua evolução? Não é, para dizer o mínimo, provável que a raça que alcançou o mais alto grau de civilização foi a mais dotada e que aquelas raças que permaneceram na parte inferior da escala não foram capazes de ascender a níveis mais elevados?

Um breve exame das linhas gerais da história da civilização nos brindará com uma resposta a estas perguntas. Permitamos a nosso espírito retroceder uns quantos milhares de anos, até à época em que as civilizações da Ásia oriental e ocidental estavam em sua infância. Aparecem os primeiros grandes avanços. Inventa-se a arte de escrever. À medida que transcorre o tempo a civilização floresce ora aqui, ora ali. Um povo que em certo momento representou o tipo superior de cultura volta a desaparecer na escuridão, enquanto outros tomam seu lugar. No alvorecer da história, vemos que a civilização fica confinada a certas regiões, ora levada avante por um povo, ora por outro. Frequentemente, nos numerosos conflitos daqueles tempos, os povos mais civilizados são derrotados. O vencedor aprende dos vencidos as artes da vida e continua a obra deles. Desta maneira os centros da civilização mudam de lugar dentro de uma área limitada e o progresso é lento e vacilante. Nesse período, os antepassados das raças que hoje figuram entre as mais altamente civilizadas não eram, em nenhum sentido, superiores ao ser humano primitivo tal como o encontramos hoje em regiões que não entraram em contato com a civilização moderna.

A civilização alcançada por estes povos antigos foi de tal natureza que nos permite atribuir-lhes um gênio superior ao de qualquer outra raça?

Em primeiro lugar, devemos ter presente que nenhuma destas civilizações foi produto da genialidade de um só povo. Ideias e invenções passavam de um povo a outro; e, embora a comunicação recíproca fosse lenta, cada povo que participou no desenvolvimento antigo trouxe sua contribuição ao progresso geral. Inúmeras provas encontradas demonstram que as ideias se difundiam cada vez que um povo entrava em contato com outro. Nem raça, nem idioma limitam sua propagação. A hostilidade e um tímido isolamento em relação aos vizinhos não conseguem impedir o fluxo das ideias de uma tribo a outra e elas se infiltram em territórios que ficam a milhares de milhas de distância. Como muitas raças colaboraram para o desenvolvimento das civilizações antigas, devemos inclinar-nos diante do gênio de todas, seja qual for o grupo humano que possam representar, o norte-africano, o asiático ocidental, o europeu, o indiano ou o asiático oriental.

Cabe agora perguntar: será que nenhuma outra raça desenvolveu uma cultura de igual valor? Pareceria que as civilizações do antigo Peru e da América Central merecem ser comparadas às antigas civilizações do Velho Mundo. Em ambas encontramos um alto nível de organização política, divisão de trabalho e uma sofisticada hierarquia eclesiástica. Empreenderam grandes obras arquitetônicas, que exigiam a cooperação de muitos indivíduos. Cultivavam plantas e domesticavam animais; haviam inventado a arte de escrever. As invenções e conhecimentos dos povos do Velho Mundo parecem ter sido um pouco mais numerosos e extensos do que os das raças do Novo Mundo, mas não cabe dúvida de que o *status* geral de sua civilização, estimado por suas invenções e conhecimentos, era quase igualmente elevado[1]. Isto bastará para nossa consideração.

Qual é, então, a diferença entre a civilização do Velho Mundo e a do Novo Mundo? É essencialmente uma diferença de tempo. Uma alcançou um certo nível três ou quatro mil anos antes que a outra.

Ainda que se tenha insistido muito sobre a maior rapidez da evolução das raças do Velho Mundo, ela não é de modo algum uma prova conclusiva de habilidade excepcional. Pode ser explicada adequadamente como devida às leis do acaso. Quando dois corpos correm pelo mesmo caminho com velocidade variável, algumas vezes rapidamente e outras devagar, sua posição relativa terá tanto maior probabilidade de apresentar diferenças acidentais quanto mais longo for o caminho a percorrer. Se sua velocidade está em constante aceleração, como ocorre na rapidez do progresso cultural, a distância entre estes corpos, devida somente ao acaso, será ainda mais considerável do que seria se a velocidade fosse uniforme. Assim, dois grupos de crianças de poucos meses de idade serão mais semelhantes em seu desenvolvimento fisiológico e psíquico; jovens de igual idade diferirão muito mais; e, entre anciãos de igual idade, um grupo estará em plena posse de suas faculdades, enquanto o outro estará em decadência, devido principalmente à aceleração ou ao retardo de sua evolução, o que é determinado, em grande parte, por causas não inerentes à sua estrutura corporal, mas devidas sobretudo a seus modos de vida. A diferença no

---

1. Há uma apresentação geral destes dados em Buschan e MacCurdy.

período de evolução nem sempre significa que a estrutura hereditária dos indivíduos atrasados seja inferior à dos outros.

Aplicando o mesmo raciocínio à história da humanidade, podemos dizer que a diferença de alguns milhares de anos é insignificante se comparada com a idade do gênero humano. O tempo requerido para a evolução das raças existentes é motivo de conjecturas, mas podemos estar seguros de que é longo. Também sabemos que o ser humano existiu no hemisfério oriental numa época que só pode ser calculada por medidas geológicas, e que ele chegou à América não depois do início do presente período geológico, talvez um pouco antes. A idade da raça humana deve ser avaliada por um lapso de tempo consideravelmente superior a cem mil anos (PENCK, 1908: 390ss.). Devemos tomar como ponto de partida do desenvolvimento cultural os tempos mais remotos em que encontramos indícios do ser humano. O que significa então o fato de um grupo humano ter alcançado certo grau de evolução cultural com a idade de cem mil anos e outro com a idade de cento e quatro mil anos? Não seriam completamente suficientes a história da vida do povo e as vicissitudes de sua história para explicar um atraso desta natureza, sem precisar supor uma diferença em sua aptidão para a evolução social? Tal atraso só seria significativo se se pudesse demonstrar que isso ocorre regularmente e em todas as épocas numa raça, enquanto em outras raças a regra é uma maior rapidez de evolução.

Se a aptidão de um povo fosse medida pelas suas conquistas, este método de avaliar a habilidade inata seria válido não apenas para o nosso tempo, mas seria aplicável em todas as circunstâncias. Os egípcios de 2.000 a 3.000 a.C. poderiam ter utilizado o mesmo argumento em seu julgamento a respeito dos povos do noroeste da Europa, que viviam na Idade da Pedra, não tinham arquitetura e cuja agricultura era sumamente primitiva. Eram "povos atrasados" como tantos assim chamados povos primitivos de nosso tempo. Estes eram nossos antepassados e o julgamento dos antigos egípcios teria agora de ser invertido. Precisamente pelas mesmas razões deve-se inverter a opinião corrente sobre os japoneses de cem anos atrás por causa de sua adoção dos métodos econômicos, industriais e científicos do mundo ocidental. A afirmação de que conquistas e aptidão vão de mãos dadas não é convincente. Deve ser submetida a uma rigorosa análise.

No presente, praticamente todos os membros da raça branca participam, em maior ou menor grau, de seu progresso, enquanto em nenhuma das outras raças a civilização adquirida em uma ou outra época conseguiu alcançar todos os povos ou tribos que a constituíam. Isto não quer dizer, necessariamente, que todos os membros da raça branca tiveram a capacidade de desenvolver com igual rapidez os germes da civilização. A civilização, que teve sua origem em uns poucos indivíduos da raça, ofereceu um estímulo às tribos vizinhas, que sem esta ajuda teriam precisado de um tempo muito maior para alcançar o alto nível que agora ocupam. Observamos, isso sim, uma notável capacidade de assimilação, que não se manifestou em igual grau em nenhuma outra raça.

Assim surge o problema de descobrir a razão por que as tribos da antiga Europa assimilaram rapidamente a civilização que lhes foi oferecida, ao passo que, atualmente, vemos povos primitivos degenerarem e se desintegrarem diante dos ataques da civilização, em vez de saírem mais fortalecidos por ela. Não seria esta uma prova de uma organização superior dos habitantes da Europa?

Creio que as razões da rápida decadência atual da cultura primitiva não devem ser buscadas muito longe nem residem, necessariamente, em uma maior capacidade das raças da Europa e da Ásia. Em primeiro lugar, em seu aspecto físico, esses povos eram mais semelhantes ao ser humano civilizado de seu tempo do que as raças da África, da Austrália e da América aos invasores europeus de períodos posteriores. Quando um indivíduo era assimilado na cultura, imediatamente se fundia na massa da população e seus descendentes esqueciam imediatamente sua ascendência estrangeira. Não é assim na nossa época. Um membro de uma raça estrangeira sempre permanece um estranho em razão de seu aspecto pessoal. O negro, por mais completamente que tenha adotado o melhor de nossa civilização, é com demasiada frequência menosprezado como membro de uma raça inferior. O contraste físico na aparência corporal é uma dificuldade fundamental para a ascensão do povo primitivo. Em tempos remotos, na Europa, a sociedade colonial podia crescer através da agregação de nativos mais primitivos. Condições semelhantes prevalecem ainda em muitas partes da América Latina.

Além disso, as enfermidades que hoje em dia fazem estragos entre os habitantes de territórios recém-abertos aos brancos não eram tão devastadoras. Devido à permanente contiguidade dos povos do Velho Mundo, que sempre mantinham contato uns com os outros, eles estavam sujeitos aos mesmos tipos de contágio. A invasão da América e da Polinésia, por outro lado, foi acompanhada pela introdução de novas enfermidades entre os nativos destes países. Os sofrimentos e os estragos provocados pelas epidemias que se seguiram ao descobrimento são demasiado conhecidos para descrevê-los detalhadamente. Em todos os casos em que ocorre uma redução numérica numa área de escassa população, tanto a vida econômica quanto a estrutura social são destruídas quase por completo e com estas decai o vigor mental e a capacidade de resistência.

Na época em que a civilização mediterrânea havia realizado importantes progressos, as tribos da Europa setentrional haviam aproveitado de forma considerável suas conquistas. Apesar da população ainda pouco densa, as unidades tribais eram grandes em comparação com os pequenos grupos encontrados em muitas partes da América, na Austrália e nas pequenas ilhas da Polinésia. Pode-se observar que as populosas comunidades de superfícies extensas resistiram às incursões da colonização europeia. Os exemplos mais destacados são o México e os altiplanos andinos, onde a população indígena se recuperou do impacto da imigração europeia. As pequenas tribos norte-americanas e as do leste da América do Sul sucumbiram. A raça negra também parece capaz de sobreviver ao choque.

Ademais, as tensões econômicas provocadas pelo conflito entre os inventos modernos e as indústrias nativas são muito mais fundamentais que as produzidas pelo contato entre as indústrias dos antigos e as dos povos menos adiantados. Nossos métodos de fabricação alcançaram tal perfeição que as indústrias dos povos primitivos de nosso tempo estão sendo exterminadas pelo baixo preço e abundância dos produtos importados pelo comerciante branco; pois o comerciante primitivo é absolutamente incapaz de competir com a capacidade de produção de nossas máquinas, enquanto nos tempos passados havia somente rivalidade entre os produtos manufaturados do nativo e os do estrangeiro. Quando um dia de trabalho basta para obter ferramentas eficientes ou tecidos do comerciante, ao passo que a fabricação dos correspondentes implementos ou gêneros do nativo exige semanas, é mais que natural que o processo mais lento e trabalhoso seja rapidamente abandonado. Em algumas regiões, e particularmente na América e em partes da Sibéria, as tribos primitivas são sobrepujadas pelo grande contingente da raça imigrante que as expulsa rapidamente de seu habitat sem dar-lhes tempo para uma assimilação gradual. Antigamente não havia, por certo, desigualdade numérica tão grande como a que observamos em muitos territórios do presente.

Destas considerações conclui-se que na Europa antiga a assimilação das tribos mais primitivas às tribos que tinham conquistas econômicas, industriais e intelectuais avançadas era comparativamente fácil, enquanto as tribos primitivas de nosso tempo precisam lutar contra dificuldades quase insuperáveis inerentes ao enorme contraste entre suas condições de vida e nossa civilização. Destas observações não decorre necessariamente que os antigos europeus fossem mais dotados que outras raças que não foram expostas à influência da civilização até tempos mais recentes (GERLAND, 1868; RATZEL, 1891, Vol. II: 330ss., 693).

Esta conclusão pode ser corroborada por outros fatos. Na Idade Média a civilização dos árabes e dos berberes arabizados alcançou um grau indubitavelmente superior ao de muitas nações europeias daquela época. Ambas as civilizações nasceram em grande parte das mesmas fontes e devem ser consideradas como ramos de uma mesma árvore. Os povos que levaram a civilização árabe ao Sudão não eram de modo algum da mesma origem que os europeus, porém ninguém contestará os altos méritos de sua cultura. É interessante observar de que maneira eles influenciaram as raças negras da África. Em tempos anteriores, especialmente entre a segunda metade do século VIII e o século XI de nossa era, o noroeste da África foi invadido por tribos hamíticas e o islamismo se difundiu rapidamente pelo Saara e o Sudão ocidental. Vemos que, desde essa época, grandes impérios se formaram e desapareceram novamente em luta contra Estados vizinhos, e que se alcançou um nível relativamente alto de cultura. Os invasores uniam-se por casamento com os nativos; e as raças mescladas, algumas quase puramente negras, elevaram-se muito acima do nível de outros negros africanos. A história de Bornu é talvez um do melhores exemplos deste gênero. Barth e Nachtigal (1879-1881, Vol. II, p. 391ss.; Vol. III, p. 270ss.) nos deram a conhecer o passado deste Estado, que desempenhou um papel importante na história memorável da África do Norte.

Por que razão, então, os maometanos foram capazes de exercer uma influência profunda sobre estas tribos e elevá-las quase ao mesmo nível alcançado por eles, enquanto na maioria das regiões da África os brancos não foram capazes de elevar a cultura negra em grau igual? Evidentemente devido ao método diferente de introdução da cultura. Enquanto as relações entre os maometanos e os nativos eram semelhantes às relações entre os antigos e as tribos da Europa, os brancos enviavam apenas os produtos de sua fabricação e alguns poucos de seus representantes ao país negro. Nunca ocorreu uma verdadeira amálgama entre os brancos mais instruídos e os negros. A fusão entre os negros e os maometanos foi facilitada, particularmente, pela instituição da poligamia, tomando os conquistadores esposas nativas e criando seus filhos como membros de sua própria família.

A expansão da civilização chinesa na Ásia oriental pode ser comparada com a da civilização antiga na Europa. A colonização e a amálgama de tribos aparentadas e, em alguns casos, o extermínio de súditos rebeldes, com a subsequente colonização, conduziram a uma notável uniformidade de cultura em uma extensa superfície.

Quando finalmente consideramos a posição inferior ocupada pela raça negra nos Estados Unidos, onde o negro vive no mais estreito contato com a civilização moderna, não devemos esquecer que o antagonismo entre as raças é mais forte do que nunca e que a inferioridade da raça negra é pressuposta dogmaticamente (OVINGTON, 1911). Isto é um enorme obstáculo para o avanço e progresso do negro, ainda que escolas e universidades estejam abertas para ele. É antes de admirar o quanto foi alcançado, apesar da acentuada desigualdade, num curto período de tempo. É quase impossível predizer quais seriam as realizações do negro se pudesse viver em termos de absoluta igualdade com os brancos.

Nossa conclusão, derivada das considerações anteriores, é a seguinte: diversas raças desenvolveram uma civilização de um tipo semelhante ao daquela da qual surgiu a nossa, e diversas condições favoráveis facilitaram sua rápida expansão na Europa. Entre estas, a aparência física semelhante, a contiguidade dos territórios que ocupavam e uma moderada diferença das formas de manufatura foram as mais poderosas. Quando mais tarde os europeus começaram a espalhar-se por outros continentes, as raças com as quais entraram em contato não estavam situadas em posição igualmente favorável. Diferenças marcantes de tipos raciais, o anterior isolamento que causou epidemias devastadoras nas terras recém-descobertas e a superioridade nos procedimentos técnicos tornou muito mais difícil a assimilação. A rápida dispersão dos europeus pelo mundo inteiro destruiu todos os inícios promissores que haviam surgido em várias regiões. Assim nenhuma raça, exceto a da Ásia oriental, teve oportunidade de evoluir independentemente. A expansão da raça europeia interrompeu o desenvolvimento dos germes existentes, sem levar em conta a aptidão mental do povo entre o qual ela se desenvolvia.

Por outro lado, vimos que não se pode atribuir grande importância ao fato de a civilização no Velho Mundo ter surgido antes, pois este fato se explica satisfatoriamente como devido ao acaso. Em suma, parece que os acontecimentos históricos foram mais decisivos para guiar as raças para a civilização do que suas aptidões inatas e segue-se que as realizações das raças não autorizam, sem provas ulteriores, a presunção de que uma raça seja mais dotada que outra.

Deste modo, depois de encontrar uma resposta ao nosso primeiro problema, voltamo-nos para o segundo: até que ponto temos razões para considerar como sinais de inferioridade os traços anatômicos em relação ao quais as raças estrangeiras diferem da raça branca? Em certo sentido a resposta a esta questão é mais fácil que a resposta à questão anterior. Reconhecemos que as conquistas alcançadas não são por si sós prova satisfatória de uma habilidade mental excepcional da raça branca. Daí resulta que as diferenças anatômicas entre a raça branca e as demais só podem ser interpretadas como indício de superioridade da primeira e inferioridade das últimas, caso se puder provar que existe uma relação entre a forma anatômica e a mentalidade.

Demasiadas investigações relacionadas com as características mentais das raças se baseiam na falácia lógica de primeiro pressupor que o europeu representa o tipo racial mais elevado e depois interpretar todo desvio do tipo europeu como sinal de mentalidade inferior. Quando se interpreta dessa maneira a forma da mandíbula do negro sem prova de conexão biológica entre as formas da mandíbula e o funcionamento do sistema nervoso, comete-se um erro que poderia ser comparado ao de um chinês que descrevesse os europeus como monstros peludos cujo corpo hirsuto é uma prova de *status* mental inferior. Este é um raciocínio emocional, não científico.

A questão a ser respondida é: até que ponto os traços anatômicos determinam as atividades mentais? Por analogia associamos características mentais inferiores com traços teriomórficos, animalescos. Em nossa ingênua linguagem diária, traços bestiais e brutalidade estão estreitamente vinculados. Devemos, contudo, distinguir aqui entre as características anatômicas de que falamos e o desenvolvimento muscular do rosto, do tronco e das extremidades, devido aos hábitos de vida. À mão que nunca foi utilizada em atividades que exigem os refinados ajustes característicos das ações psicologicamente complexas faltará a modelagem produzida pelo desenvolvimento de cada músculo. Ao rosto cujos músculos não responderam às inervações que acompanham o pensamento profundo e o sentimento refinado faltará individualidade e expressividade. O pescoço que suportou pesadas cargas e não respondeu às variadas necessidades de delicadas mudanças de posição da cabeça e do corpo parecerá maciço e grosseiro. Estas diferenças fisionômicas não nos devem induzir a erro em nossas interpretações. Somos também propensos de distâncias medidas a tirar conclusões, no que respeita à mentalidade, de uma testa recuada, de uma mandíbula pesada, de dentes grandes e fortes, talvez até de um excessivo comprimento dos braços e de um excepcional crescimento do pelo. Será necessária uma consideração cuidadosa da relação entre tais traços e as atividades mentais antes de podermos dar como certo o seu significado.

Resulta assim que nem as conquistas culturais nem a aparência exterior oferecem base sólida para julgar a aptidão mental das raças. Há que acrescentar a isso a avaliação unilateral de nosso próprio tipo racial e de nossa civilização moderna, sem nenhuma investigação rigorosa dos processos mentais das raças e culturas primitivas, o que pode facilmente levar a conclusões errôneas.

O objetivo de nosso estudo consiste, portanto, em tentar esclarecer os problemas raciais e culturais implicados nestas questões. Nosso globo está habitado por muitas raças e existe uma grande diversidade de formas culturais. O vocábulo "primitivo" não deveria ser aplicado indistintamente à estrutura corporal e à cultura como se ambas estivessem necessariamente ligadas uma à outra. Aliás, um dos problemas fundamentais a investigar é se o caráter cultural das raças é determinado por seus traços físicos. Mesmo o termo "raça" deverá ser entendido claramente antes de podermos responder à questão. Se se pudesse provar que existe uma estreita relação entre raça e cultura, seria necessário estudar, para cada grupo racial separadamente, a inter-relação entre estrutura corporal e vida mental e social. Se se mostrar que não existe, seria admissível tratar a humanidade como um todo e estudar os tipos culturais prescindindo da raça.

Teremos, portanto, que estudar a primitividade a partir de dois ângulos: primeiramente, deveremos averiguar se existem certas características corporais das raças que as condenem a uma permanente inferioridade mental e social. Depois de esclarecer esse ponto, teremos que discutir os traços distintivos da vida mental e social destes povos que chamamos primitivos a partir de um ponto de vista cultural e verificar em que medida eles coincidem com os grupos raciais e descrever aqueles traços que distinguem a vida deles da vida das nações civilizadas.

2
Análise histórica

O problema das relações entre raça e cultura tem chamado a atenção de muitos pesquisadores. Porém, são poucos os que abordaram este problema de maneira imparcial e crítica. Seu critério esteve frequentemente influenciado por preconceitos raciais, nacionais ou de classe.

Durante muito tempo sustentou-se a teoria de que a origem racial determina o caráter ou a capacidade de um povo ou de uma classe social. Linné, em sua descrição dos tipos raciais, atribui características mentais a cada tipo. Toda a teoria da aristocracia privilegiada baseia-se na suposição de uma estreita correlação entre excelência individual e descendência de uma estirpe nobre. Até fins do século XVIII a organização da sociedade europeia favoreceu a suposição de uma íntima correlação entre origem e cultura. Quando, em 1727, Boulainvilliers estudou a história política da França, chegou à conclusão de que a velha aristocracia descendia dos francos e o grosso da população descendia dos celtas e chegou à conclusão de que os francos devem ter possuído dotes mentais superiores. Entre autores mais recentes, John Beddoe se refere às características mentais dos diversos tipos da Escócia e da Inglaterra e A. Ploetz atribui características mentais às diferentes raças.

Gobineau desenvolveu estas ideias dando maior ênfase à permanência da forma física e das funções mentais de todas as raças. Seus pontos de vista essenciais aparecem nas seguintes asseverações:

> 1) As tribos selvagens de hoje sempre estiveram nesta condição, não importando com quais formas culturais superiores tenham entrado em contato, e sempre permanecerão nesta condição.
>
> 2) As tribos selvagens só poderão continuar existindo em um modo de vida civilizada se as pessoas que criaram este modo de vida forem de um ramo mais nobre da mesma raça.
>
> 3) As mesmas condições são necessárias quando duas civilizações exercem forte influência uma sobre a outra, tomam elementos umas das outras e criam uma nova civilização composta com os seus elementos próprios; duas civilizações nunca podem mesclar-se.
>
> 4) As civilizações originadas em raças completamente estranhas umas às outras somente podem estabelecer contatos superficiais, nunca podem interpenetrar-se e sempre serão mutuamente excludentes.

Com base na identificação dos dados históricos e raciais, Gobineau desenvolve sua ideia da excelência suprema do europeu norte-ocidental. Sua obra pode ser considerada como o primeiro desenvolvimento sistemático deste pensamento. Exerceu uma influência extraordinariamente poderosa.

A divisão de Klemm (1843) da humanidade em uma metade ativa ou "masculina" e outra passiva ou "feminina" está baseada em considerações culturais. Klemm descreve as atividades dos europeus como as da metade ativa e assegura (cf. KLEMM, 1843, vol. I: 197) que suas características mentais são firme força de vontade, desejo de domínio, independência e liberdade; atividade, inquietude, ânsia de expansão e de viagens; progresso em todas as direções; uma inclinação instintiva para a pesquisa e o experimento, resistência obstinada e dúvida. Os persas, os árabes, os gregos, os romanos, os povos germânicos e também os turcos, os tártaros, os circassianos, os incas do Peru e os polinésios (cf. KLEMM, 1843, vol. IV: 451) pertencem a este grupo. Sua descrição da forma corporal da metade passiva do gênero humano baseia-se principalmente em impressões gerais derivadas do aspecto físico dos mongoloides (cf. KLEMM, 1843, vol. I: 198). Reconhece que existem diferenças entre mongóis, negros, papuas, malaios e índios americanos, mas salienta como caracteres unificadores a pigmentação escura, a forma do crânio e, mais importante de tudo, "a passividade da mente". De acordo com a teoria de Klemm a metade passiva da humanidade havia se estendido por todo o globo em tempos remotos e está representada pela parte conservadora das populações da Europa. A raça ativa se desenvolveu no Himalaia, disseminou-se gradualmente pelo mundo inteiro e converteu-se na raça dominante em todos os lugares para onde foi. Klemm supõe que muitos dos inventos mais valiosos foram conseguidos pela raça passiva, mas não progrediram para além de certo limite. Ele vê como força motriz na vida do ser humano o esforço por obter uma união entre as raças ativas e as passivas, que deve representar a humanidade integralmente e cuja meta é a civilização. As opiniões de Klemm foram aceitas por Wuttke.

Carl Gustav Carus (1849) reconhece que a divisão de Klemm é essencialmente cultural. Seus próprios pontos de vista, que ele expressara pela primeira vez em seu *Sistema de fisiologia* (1838), se baseiam na especulação. Em sua opinião, as condições de nosso planeta devem refletir-se em todas as formas viventes. O planeta tem dia e noite, amanhecer e crepúsculo e, assim, há animais ativos e plantas que florescem à luz do dia, outras de noite e outras, ainda, ao amanhecer ou ao crepúsculo. Assim deve acontecer com o ser humano, e por esta razão só podem existir quatro raças: uma raça diurna, uma raça noturna, uma raça do amanhecer e uma raça do crepúsculo. Estas são, respectivamente, os europeus e asiáticos ocidentais, os negros, os mongóis e os índios americanos. Depois de descobrir estes grupos, Carus argumenta, na esteira de Morton, que o tamanho do cérebro da raça diurna é grande, o da raça noturna é pequeno, e os das raças do amanhecer e do crepúsculo são intermediários. Também considera a forma facial do negro como semelhante à dos animais. O argumento restante deriva daquilo que em sua época parecia ser as condições culturais das raças humanas. Entre as diversas raças, dá primazia ao hindu, criador da verdade, ao egípcio, criador da beleza, e ao judeu, criador do amor humano. O dever da humanidade consiste em desenvolver ao máximo, em cada raça, suas características inatas.

Entre os primeiros autores americanos, Samuel G. Morton baseou suas conclusões numa pesquisa cuidadosa dos tipos raciais. Suas opiniões gerais foram influenciadas em grande parte pelo interesse na questão do poligenismo ou monogenismo, que dominava as mentes naquela época. Chegou à conclusão de que as raças humanas devem ter tido uma origem múltipla e sustentou que as características distintivas das raças estavam intimamente associadas à sua estrutura física. Diz ele:

> [A raça caucasiana] se distingue pela facilidade com que alcança o mais alto desenvolvimento intelectual. [...] Em suas características intelectuais, os mongóis são engenhosos, imitadores e altamente suscetíveis à cultura. [...] O malaio é ativo e engenhoso e possui todos os hábitos de um povo migratório, predador e marítimo. [...] Em suas características mentais os americanos são avessos à cultura, lentos, cruéis, turbulentos, vingativos e amantes da guerra e inteiramente desprovidos de gosto pelas aventuras marítimas. [...] O negro é de natureza alegre, flexível e indolente, enquanto os numerosos grupos que constituem esta raça possuem uma singular diversidade de caráter, cujo extremo é o mais baixo grau de humanidade.

Ao referir-se a grupos particulares, diz ele: "as faculdades mentais dos esquimós, desde seu nascimento até a velhice, apresentam uma infância contínua; chegam a certo limite e não evoluem mais"; e dos australianos diz: "não é provável que este povo, em seu conjunto, seja capaz de outra coisa que não o insignificante grau de civilização a que chegou". O ponto de vista de Morton aparece claramente na nota de rodapé que ele acrescentou a esta observação: "Este quadro instigador é derivado da grande maioria de observadores da vida australiana. O leitor pode consultar, na obra *Austrália*, de Dawson, alguns pontos de vista diferentes que, não obstante, parecem influenciados por um genuíno e ativo espírito de benevolência". No apêndice à obra de Morton, o frenólogo George Combe discute a relação entre a forma da cabeça e o caráter e destaca particularmente o fato de que o cérebro do europeu é o maior e o do negro é o menor, deduzindo disto uma condição intelectual correspondente. Não se discute absolutamente a contradição que existe entre essa afirmação e os dados oferecidos na obra de Morton, segundo os quais as pessoas civilizadas da América têm cabeça menor que as assim chamadas tribos bárbaras.

Morton foi seguido por diversos autores cujas opiniões estavam impregnadas de seu afã de defender a escravidão como instituição. Para eles, o problema de poligenia e monogenia era importante, particularmente, porque a origem diferente e a permanência do tipo negro pareciam justificar sua escravização. Os trabalhos mais importantes deste grupo são os de J.C. Nott e George R. Gliddon. Nott, em sua introdução a *Types of Mankind*, diz:

> O grande problema, que mais particularmente interessa a todos os leitores, é o que implica a *origem comum* das raças; pois desta última dedução dependem não só certos dogmas religiosos, mas também a questão mais prática da igualdade e perfectibilidade das raças – dizemos "questão mais prática" porque, enquanto o Todo-poderoso, por um lado, não é responsável perante o ser humano pela diferente origem das raças humanas, estas, por outro lado, são responsáveis perante Ele pela forma como usam, umas em relação às outras, o poder a elas delegado.
>
> Admita-se ou não uma diversidade original das raças, a *permanência* de tipos físicos existentes não será questionada por nenhum arqueólogo ou naturalista da atualidade. Tampouco poderá ser negada por estes competentes árbitros a consequente permanência das peculiaridades morais e intelectuais dos tipos. O ser humano intelectual é inseparável do ser humano físico, e a natureza de um não pode ser alterada sem uma mudança correspondente no outro.

Em outro lugar, afirma: "para quem viveu entre os índios americanos é inútil falar em civilizá-los. Seria o mesmo que tentar mudar a natureza do búfalo".

Houston Stewart Chamberlain adotou uma linha de argumentação semelhante à de Gobineau. Sua influência parece também dever-se mais ao fato de ele ter apresentado de forma atraente os conceitos correntes do que à sua exatidão científica e pensamento penetrante. Diz assim:

> Por que temos de entrar em longas pesquisas científicas para determinar se existem diferentes raças e se a origem racial tem valor, como isso é possível etc.? Invertemos o argumento e dizemos: é evidente que existem diferenças raciais; é um fato da experiência imediata que a genealogia de uma raça tem importância decisiva; tudo o que precisamos fazer é investigar como se produziram essas diferenças e por que estão aí. Não devemos negar os fatos para proteger nossa ignorância. [...] Quem percorre a curta distância de Calais a Dover sente como se tivesse chegado a um novo planeta – tal é a diferença entre franceses e ingleses, apesar dos muitos laços que os unem. Ao mesmo tempo, o observador pode ver neste exemplo o valor de uma endogamia mais pura. Por sua posição insular, a Inglaterra está praticamente isolada, e ali se tem forjado a raça que é, neste momento, inegavelmente a mais forte da Europa (1901: 274[1]).

Chamberlain formula seus princípios da seguinte maneira: "É uma lei fundamental que o desenvolvimento de uma grande civilização requer, antes de mais nada, uma estirpe excelente; depois, endogamia com adequada seleção; e, finalmente, uma antiga mescla de linhagens de grande qualidade, diferentes, mas estreitamente aparentadas, ao que deve seguir-se, porém, um período de isolamento". Ele extraiu estas conclusões da experiência agrícola, transferindo suas regras para as sociedades humanas. Procura apoiar este procedimento em exemplos históricos que, a seu ver, pare-

---

[1]. Edição Inglesa: *Foundations of the Nineteenth Century*. Londres/Nova York: [s.e.], 1911, p. 271.

cem corroborar suas opiniões. Atribui a degeneração, particularmente, à contínua mescla de elementos heterogêneos.

A falta de método científico de Chamberlain (1934) se revela na sua afirmação, em carta a Cósima Wagner, de que reconhece ter-se valido de uma artimanha diplomática (*einen diplomatischen Schachzug*) para provar seu argumento (22 de maio de 1899).

A influência de Gobineau e Chamberlain e dos preconceitos raciais correntes também se reflete nas obras de Madison Grant.

Seu livro é um elogio ditirâmbico do branco de olhos azuis, loiro e de cabeça alongada e de suas realizações; profetiza todos os males que sobrevirão à humanidade por causa da presença de negros e de raças de olhos escuros. Toda sua argumentação se baseia na suposição dogmática de que, onde quer que um povo exiba características culturais eminentes, estas se devem, certamente, a uma levedura de sangue nórdico. Como exemplo pode-se citar o seguinte: "Não é difícil dizer em que medida a raça nórdica penetrou no sangue e na civilização de Roma. As tradições da Cidade Eterna, sua organização do direito, sua eficiência militar, assim como os ideais romanos de vida familiar, lealdade e verdade, apontam claramente para uma origem nórdica ao invés de mediterrânea". Nesta passagem, como através de todos os seus escritos, a tese principal se dá por provada e é depois utilizada para "explicar" os fenômenos culturais, e os fatos biológicos são manipulados para satisfazer os caprichos do autor. Algumas vezes ele acentua o valor fundamental da forma da cabeça, em outras a julga irrelevante. Às vezes concede grande importância à estatura como traço hereditário dominante; mais adiante argumenta que ela é a primeira característica sujeita a desaparecer em caso de mescla. Apesar da escassa importância atribuída às influências do meio ambiente, argumenta que a população nativa americana, em meados do século XIX, estava se convertendo rapidamente em um tipo claramente distinto e estava prestes a desenvolver peculiaridades físicas próprias.

Infelizmente, biólogos que nos domínios de suas ciências gozam de merecida reputação deixam-se arrastar por entusiastas raciais sem espírito crítico. Um eminente paleontólogo define da seguinte maneira sua posição pessoal no *New York Times* de 8 abril de 1924:

> As raças setentrionais, como bem sabem os antropólogos, incluem todos aqueles povos que originariamente ocupavam o planalto ocidental da Ásia e atravessaram a Europa setentrional seguramente já por volta de 12.000 a.C. No território que ocupavam, as condições de vida eram duras, a luta pela existência era árdua e essa foi a causa de suas virtudes principais e também de seus defeitos, de suas qualidades guerreiras e de sua afeição às bebidas fortes. Ao crescer para além da capacidade de seu próprio território de sustentá-los, invadiram os países do sul, não só como conquistadores, mas como portadores de vigorosos elementos morais e intelectuais para civilizações mais ou menos decadentes. Através da corrente nórdica que penetrou na Itália, chegaram os antepassados de Rafael, Leonardo da Vinci, Galileu,

Tiziano. [...] Colombo, a julgar por seus retratos e bustos, *autênticos ou não*, era claramente de ascendência nórdica.

Lothrop Stoddard escreve:

> Cada raça é o resultado de séculos de evolução que implicam capacidades especializadas que fazem da raça o que ela é e a tornam capaz de realizações criativas. Estas capacidades especializadas (que são particularmente notáveis nas raças superiores, constituindo evoluções relativamente recentes) são altamente instáveis. São o que os biólogos chamam de características "recessivas". Daí que, quando uma estirpe altamente especializada se entrecruza com uma estirpe diferente, desenvolvem-se as novas e menos estáveis características especializadas, perdendo-se irreparavelmente a variação, por maior que seja seu valor potencial para o progresso humano. Isto ocorre até no cruzamento de duas estirpes superiores se estas forem de natureza muito diferente; as especializações valiosas de ambas as linhagens se anulam e a descendência mista tem marcada tendência a retornar à mediocridade generalizada.

Mais adiante o autor diz que "a civilização é o corpo e a raça é a alma" e que a civilização é "o resultado do impulso criador do plasma germinativo superior". Isto é brincar com termos biológicos e culturais, e não ciência.

E. von Eickstedt fez uma tentativa de estabelecer as bases de uma psicologia das raças. Apesar de pretender desenvolver uma argumentação estritamente lógica, seu raciocínio parece fundado na mesma falácia que o dos demais. Ele é influenciado pela moderna psicologia da *Gestalt* e pondera que nós "vemos o fato evidente de um elemento racial-psicológico", que consequentemente este deve ter uma estrutura e que a estrutura corporal e o comportamento mental das raças devem ser considerados como uma unidade. A partir de um ponto de vista estético e pictórico, isto é bastante válido, assim como numa paisagem a forma topográfica, a vida vegetal, a vida animal e a cultura humana pertencem ao quadro, embora não se possa dar uma unidade estrutural no sentido de relações causais. O solo e o clima favorecem certas formas de vida, mas não determinam quais plantas, animais e formas culturais existem. Um estudo científico da totalidade dos fenômenos nunca deve conduzir a uma omissão do estudo da causalidade. A presença de um certo número de traços num quadro não se deve necessariamente à sua relação causal. As correlações podem ser fortuitas, e não causais. A prova da relação causal é indispensável. Deve-se provar, e não supor, que as diferenças nos traços mentais das raças são determinadas biologicamente e deve se provar, e não supor, a existência de influências externas. Somente se se puder provar com exatidão que o comportamento individual depende da estrutura corporal e que aquilo que vale para o indivíduo vale também para o grupo racial, ou se se determinar a importância relativa da hereditariedade e do meio ambiente no comportamento individual e racial, só então é possível considerá-los como um todo, exceto a partir de um ponto de vista meramente estético e emocional. Von Eickstedt reconhece a "extraordinária plasticidade das disposições dadas pela hereditariedade", mas elas não encontram lugar em sua análise.

Não tentarei seguir detalhadamente a evolução histórica das teorias modernas que sustentam que a origem racial determina as qualidades mentais e culturais do indivíduo. No entanto, interessa considerar as condições que favoreceram seu desenvolvimento. Na atualidade, a crença de que a raça determina o comportamento mental e a cultura repousa em fortes valores emocionais. Considera-se a raça como um vínculo unificador entre os indivíduos e como um chamamento à fidelidade racial. Um novo conceito de grupo está substituindo o de nacionalidade ou está se agregando a ele, da mesma maneira que em outros tempos o conceito de nacionalidade substituiu o da lealdade do grupo ao senhor feudal e o vínculo religioso que unia toda a cristandade – laço ainda forte no islã. Seu efeito sentimental é análogo ao da consciência de classe do comunista moderno, ou ao do nobre que ainda crê na superioridade física e mental da nobreza. Agrupamentos desta natureza sempre existiram. O único problema reside em saber por que o agrupamento biológico chegou a adquirir tanta importância no momento presente e se tem alguma justificação[2].

Parece provável que o progresso moderno do comércio e das viagens trouxe a existência de raças estrangeiras ao conhecimento de círculos extensos, que em tempos passados não tinham notícias diretas dos diversos tipos de ser humano. O poder superior que o europeu deve a seus inventos e que lhe permite subjugar e explorar povos estrangeiros, mesmo povos de grande cultura, reforça o sentimento de superioridade europeia. Convém salientar que, antes da campanha contra os judeus promovida oficialmente na Alemanha e do tradicional sentimento antijudaico na Polônia e na Rússia, em nenhum lugar o sentimento foi mais intenso do que entre os ingleses, que foram os primeiros a entrar em estreito contato com raças estrangeiras, e desenvolveu-se bem cedo na América, onde a presença de uma grande população negra mantinha constantemente viva a consciência das diferenças raciais. Todavia, outras causas devem ter contribuído para este sentimento popular, porque a mesma atitude não se manifestou com tanta intensidade entre os espanhóis, portugueses e franceses, ainda que estes não estejam inteiramente isentos dela. A moderna posição francesa de igualdade de todas as raças está ditada, possivelmente, mais por razões políticas – como, por exemplo, a necessidade de soldados – do que por uma verdadeira ausência de qualquer sentimento de diferenças de raças. A atitude do parisiense é fundamentalmente diferente da atitude da administração colonial.

---

2. Théophile Simar oferece uma apresentação histórica das teorias raciais em seu *Étude critique sur la fondation de la doctrine des races*. Bruxelas, 1922. A apresentação perde, todavia, muito de seu mérito por causa do ponto de vista católico e antialemão que prevalece em todo o livro. O autor interpreta erroneamente os conceitos de todos os autores que se ocupam da diferença no "gênio das culturas" como se defendessem a teoria da determinação hereditária. Isto resulta particularmente claro em sua discussão sobre Herder e toda a escola romântica. Cf. tb. BARZUN, J. *Race* – A Study of Modern Superstition. Nova York, 1937.

O fato de que todo o nosso pensamento esteja impregnado de pontos de vista biológicos é provavelmente um elemento muito mais importante na formação do conceito de que a cultura é determinada pela origem racial.

O desenvolvimento da psicologia fisiológica, que trata necessariamente dos determinantes orgânicos das funções mentais, tem deixado seu rastro sobre a psicologia moderna e levou a um relativo desinteresse pela influência da experiência do indivíduo sobre sua conduta. Recentemente as escolas behaviorista e freudiana afastaram-se desta atitude unilateral, como também muitos psicólogos de outras escolas sustentam um ponto de vista mais crítico. Apesar disto, em muitos círculos ainda prevalece a opinião popular de que todos os testes psicológicos revelam uma mentalidade determinada organicamente. Acredita-se, portanto, que a inteligência inata, o caráter emocional e a volição podem ser determinados por testes psicológicos. Isso é, na essência, uma psicologia orientada biologicamente.

Os métodos correntes da biologia reforçam ainda mais estes conceitos. Na atualidade não existe tema que mais atraia a atenção tanto das pessoas de ciência quanto do público em geral do que os fenômenos da hereditariedade. Acumulou-se um vasto material que prova como a forma corporal do indivíduo é totalmente determinada por sua ascendência. Os êxitos dos criadores de animais e plantas no cultivo de variedades que cumprem certas exigências sugerem que, por métodos semelhantes, a compleição física e a mentalidade nacionais poderiam ser melhoradas e que as características inferiores poderiam ser eliminadas e o número das características superiores poderia ser aumentado. A importância da hereditariedade foi expressa na fórmula "natureza, não criação" (*nature not nurture*), que significa que tudo o que o ser humano é ou faz depende da hereditariedade, não de sua educação. Através da influência de Francis Galton (1869, 1889b) e seus partidários, a atenção dos cientistas e do público foi atraída para estas questões. A isto ajuntou-se o estudo do caráter hereditário das condições patológicas e da constituição geral do corpo.

A influência combinada da psicologia fisiológica e da biologia parece ter fortalecido a opinião de que as funções mentais e culturais dos indivíduos são determinadas pela hereditariedade e de que as condições do meio ambiente são insignificantes.

Supõe-se uma determinação constitucional da mentalidade em virtude da qual uma pessoa de certo tipo se comportará de uma maneira correspondente à sua estrutura corporal e que, portanto, a composição de uma população determinará seu comportamento mental. A isto acrescenta-se a suposição de que o caráter hereditário dos traços mentais está provado ou deve existir porque toda a hereditariedade é governada pelas leis mendelianas[3]. Já que estas implicam a permanência dos traços existentes na população, devemos esperar que os mesmos traços mentais reapareçam constante-

---

3. Cf. mais adiante, p.42

mente. Somente sobre esta base pode Eugen Fischer (1913a: 1.007) afirmar que considera provado, através de muitas observações, que as raças humanas e seus cruzamentos são distintos em suas características mentais hereditárias. "Trata-se, contudo, apenas de uma evolução mais plena ou mais restrita, de um aumento ou diminuição quantitativos na intensidade das qualidades mentais comuns a todos os grupos humanos (e diferentes das dos animais), cuja combinação resulta em formas variadas. Uma clara compreensão da origem destas formas é dificultada ainda mais pela influência da história do povo (isto é, pelas condições do meio ambiente), que, como ocorre no indivíduo, pode desenvolver as qualidades inatas de maneiras as mais diversas". E em outro lugar (FISCHER, 1914: 512): "Em grande medida a forma de vida mental tal qual a encontramos em vários grupos sociais é determinada pelo meio ambiente. Os acontecimentos históricos e as condições da natureza ajudam ou travam o desenvolvimento das características inatas. Contudo, podemos afirmar com certeza que há diferenças racialmente hereditárias. Certos traços mentais do mongol, do negro, do melanésio e de outras raças são diferentes dos nossos e diferem entre si".

Os estudos mais sérios realizados nesta direção se referem antes à correlação entre constituição individual e vida mental, e não tanto às características hereditárias dos traços mentais das raças.

As diferenças na vida cultural foram abordadas também a partir de um ponto de vista totalmente diferente. Não nos ocuparemos das ideias dos racionalistas do século XVIII, que, como Rousseau, acreditavam na existência de uma vida natural simples e feliz. Interessam-nos mais os conceitos daqueles que viram e compreenderam claramente a individualidade de cada tipo de vida cultural, mas a interpretaram não como expressão de qualidades mentais inatas, e sim como resultado de várias condições exteriores atuando sobre as características humanas gerais. A compreensão do caráter das culturas estrangeiras é muito mais precisa entre todos os membros deste grupo. Herder, que era dotado de uma maravilhosa capacidade de penetrar no espírito das formas forâneas de pensamento e que viu claramente o valor das múltiplas maneiras de pensar e sentir dos diversos povos do mundo, acreditava que o meio ambiente natural era a causa da diferenciação biológica e cultural existente. O ponto de vista geográfico foi acentuado por Karl Ritter, que estudou a influência do ambiente na vida do ser humano. Acreditava ele que até áreas continentais podiam impor seu caráter geográfico a seus habitantes.

O ponto de vista fundamental deste grupo foi expresso por Theodor Waitz, que diz assim: "Nós sustentamos, afinal, em oposição à teoria corrente, que o grau de civilização de um povo, ou de um indivíduo, é exclusivamente produto de sua capacidade mental; que suas aptidões, que assinalam meramente a magnitude de suas conquistas, dependem do grau de cultivo que tenha alcançado".

Desde essa época os etnólogos, em seus estudos da cultura, têm concentrado sua atenção nas diferenças de *status* cultural e desconsideraram totalmente os elementos raciais. A semelhança dos costumes e crenças fundamentais no mundo inteiro, prescindindo da raça e do meio ambiente, é tão geral que a raça lhes pareceu desprovida de importância. As obras de Herbert Spencer, E.B. Tylor, Adolf Bastian, Lewis Morgan, Sir James George Frazer e, entre as mais recentes, as de Durkheim e Lévy-Bruhl, para mencionar só algumas, não obstante importantes diferenças de ponto de vista, refletem esta atitude. Não encontramos em seus trabalhos menção alguma a diferenças raciais. Pelo contrário, só a diferença entre ser humano culturalmente primitivo e ser humano civilizado é relevante. A base psicológica dos traços culturais é idêntica em todas as raças e em todas elas desenvolvem-se formas semelhantes. Os costumes do negro sul-africano ou do australiano são análogos e comparáveis aos do índio americano e os costumes de nossos predecessores europeus encontram seus paralelos entre os povos mais diversos. Todo o problema da evolução da cultura se reduz, portanto, ao estudo das condições psicológicas e sociais que são comuns à humanidade em geral, e aos efeitos dos acontecimentos históricos e do meio ambiente natural e cultural. Esta desconsideração pelas raças aparece também no tratado geral de Wundt *Völkerpsychologie* e em *The Science of Society* de Sumner & Keller, como também na maioria das discussões sociológicas modernas. Para aqueles que procuram estabelecer uma evolução da cultura, paralela à evolução orgânica, as distintas formas se alinham ordenadamente, seja qual for a estrutura corporal dos portadores da cultura. O sociólogo que procura estabelecer leis válidas de evolução cultural supõe que suas manifestações são as mesmas em todo o mundo. O psicólogo encontra a mesma forma de pensar e sentir em todas as raças que se acham em níveis semelhantes de cultura.

Poderíamos admitir que o etnólogo não se interessa suficientemente pelo problema da relação entre estrutura corporal e forma cultural, porque sua atenção está voltada para as semelhanças de cultura no mundo inteiro que justificam a suposição de uma igualdade fundamental da mente humana, independentemente da raça; mas isto não significa que não possam existir diferenças mais sutis que passam desapercebidas por causa das semelhanças gerais.

Continua o problema de saber se há uma relação mais ou menos íntima entre a estrutura corporal dos grupos raciais e sua vida cultural.

3
A composição das raças humanas

Antes de tentar analisar a relação entre raça e cultura, devemos formular um conceito claro do que entendemos por raça e cultura.

Ao anatomista, que estuda a forma do corpo humano, interessam-lhe, em primeiro lugar, as características que são comuns à humanidade inteira, e as descrições anatômicas gerais tratam dos órgãos do corpo essencialmente como se não houvesse diferenças individuais. Ao mesmo tempo, sabemos que isto é apenas uma generalização conveniente e que na realidade não há dois indivíduos que tenham forma idêntica.

Um estudo mais aprofundado demonstra também que certos grupos humanos são um tanto parecidos entre si e diferem de maneira mais ou menos notável de outros grupos. Estas diferenças são, às vezes, bastante consideráveis e aparecem até em características exteriores. O europeu tem cabelo ondulado ou liso, pigmentação clara, rosto estreito, lábios finos e nariz proeminente e fino. O negro tem cabelo crespo, pele escura, olhos castanho-escuros, lábios grossos e nariz largo e achatado. As diferenças entre os grupos ressaltam com tanto relevo que, ao comparar as duas raças, prescindimos das peculiaridades que distinguem vários grupos de europeus e de negros. O europeu que visita a África central descobre imediatamente os traços distintivos dos negros.

Criam-se impressões semelhantes até quando as diferenças não são tão notáveis. Quando as legiões de César se encontraram com as tropas germânicas de Ariovisto, surpreenderam-se com seus olhos azuis, cabelos loiros e outros traços pronunciados que eram raros entre os romanos, ainda que não inteiramente desconhecidos para eles. Este contraste entre os dois grupos deve ter causado uma impressão de diferença racial.

Da mesma maneira, um sueco das províncias do interior, que tem relativamente poucas oportunidades de ver pessoas de olhos escuros e cabelos pretos, ficará impressionado por estes traços, enquanto o escocês, que está muito familiarizado com cabelos pretos e olhos escuros, poderá não considerar isso uma característica particularmente distintiva. Além disso, para o sueco, habituado a ver olhos azuis, cabelos loiros, corpos altos e cabeça alongada, o povo do norte da Alemanha lhe parecerá em parte semelhante ao tipo sueco e em parte diferente; ao passo que, para o alemão do norte, a distribuição das formas no país nórdico é diferente da que prevalece entre os seus. Na Suécia, os indivíduos brancos, altos e loiros, com cujo aspecto físico o alemão está bastante familiarizado, são mais numerosos que no país natal deste, enquanto os tipos mais morenos são mais raros.

De acordo com a nossa familiaridade com as formas corporais encontradas em diversas localidades, sentimo-nos inclinados a estabelecê-las como conceitos definidos, segundo os quais classificamos a grande variedade de tipos humanos. Seguimos o mesmo processo na classificação de nossas experiências gerais, classificação que sempre depende da natureza de nossas impressões anteriores e somente em menor medida das características objetivas. A classificação ingênua dos tipos humanos não representa um agrupamento de acordo com princípios biológicos, mas baseia-se em atitudes subjetivas.

Contudo, existe uma tendência a atribuir realidade biológica a classificações obtidas de modo totalmente irracional e que se fundam em experiências individuais anteriores. Assim, ocorre que atribuímos origem mista a uma população que contém certo número de tipos já conceitualizados. Tal é o caso, por exemplo, no sudeste da Noruega, onde vive um número excepcionalmente grande de pessoas morenas. Pelo mesmo procedimento, tem-se argumentado que a população de índios pueblos é composta por tipos puebo, navajo e ute. Nestes casos, uma origem composta é possível, mas não pode ser provada satisfatoriamente pela identificação de indivíduos com tipos abstraídos de observações anteriores em outras localidades.

Devemos ter em conta que grupos que nos impressionam como um conglomerado de tipos considerados diferentes podem, na realidade, ter uma ascendência comum, e que outros, que nos parecem representativos de um só tipo, podem incluir grupos de origem diferente.

Uma raça não deve ser identificada com um tipo estabelecido subjetivamente, mas deve ser concebida como uma unidade biológica, como uma população que descende de antepassados comuns e que, em virtude de sua origem, está dotada de características biológicas definidas. Até certo ponto estas podem ser instáveis, por estarem sujeitas a uma série de influências exteriores, visto que o caráter biológico do grupo genealógico se manifesta no modo como se forma o corpo sob condições de vida variáveis.

As dificuldades que encontramos para definir as raças se devem à variabilidade das formas locais. As semelhanças de formas existentes em áreas contíguas tornam necessário definir claramente o que entendemos ao falar de características raciais e de diferenças entre raças.

Este problema se nos apresenta ao estudarmos o ser humano exatamente da mesma maneira que se nos apresenta ao estudarmos os animais e as plantas. É fácil descrever o que distingue um leão de um rato. É quase igualmente fácil dar uma descrição satisfatória que nos permita distinguir entre o tipo do sueco e o tipo do negro centro-africano. É, contudo, difícil oferecer uma descrição satisfatória que distinga um sueco de um alemão do norte, ou um leão do norte da África de um leão da Rodésia. A razão é bem simples. Nem todos os suecos são parecidos, e alguns não podem ser distinguidos dos alemães do norte, e o mesmo ocorre com os leões de localidades diferentes. A variabilidade de cada grupo é considerável e, se queremos saber o que é um sueco, devemos conhecer todas as diversas formas que podem ser encontradas entre os descendentes de um grupo de suecos "puros".

Entre os suecos de nosso tempo, alguns são altos, outros baixos; seu cabelo é loiro ou escuro, liso ou ondulado; os olhos variam do castanho ao azul; a tez é clara ou escura; o rosto é mais ou menos delicado. O mesmo acontece com os negros: o grau de negrura da pele, o grau de saliência dos dentes, o achatamento do nariz, o encrespamento do cabelo – todos esses traços acusam um grau considerável de variabilidade. Quando comparamos estes dois tipos distintos, eles nos parecem fundamentalmente diferentes, apesar de sua variabilidade. Certos tipos humanos se destacam, pois, nitidamente de outros, como o negro, por seu cabelo pixaim, se distingue do mongol de cabelos lisos; o armênio, por seu nariz fino, distingue-se do negro de nariz achatado; o australiano, por sua pigmentação, distingue-se do escandinavo de tez rosada. Por outro lado, quando comparamos grupos contíguos, por exemplo os suecos com os alemães do norte ou os negros da República dos Camarões com os negros do Congo superior, encontramos essencialmente a mesma linha de formas individuais, mas ocorrendo cada uma com frequência diferente em cada área. Formas que são frequentes em um distrito podem ser mais ou menos raras em outro.

É um traço característico de todos os seres vivos que indivíduos descendentes dos mesmos antepassados não são idênticos, mas diferem entre si em maior ou menor grau, não apenas na forma exterior, mas também em detalhes de estrutura e em características químicas. Irmãos e irmãs não são iguais em sua forma corporal; a composição química do sangue pode ser completamente diferente.

W. Johannsen estudou os descendentes de favas autofertilizadas. Dado que todas tinham uma origem comum, poderíamos estar inclinados a supor que todas seriam iguais. Todas as favas que ele mediu descendiam de uma única fava cultivada em 1900 e pertenciam à terceira geração que foi cultivada em 1903. O comprimento destas favas variava de 10 a 17 milímetros (JOHANNSEN, 1909: 174). A distribuição dos tamanhos segundo a porcentagem de sua frequência é interessante.

Comprimento em milímetros

10-11	11-12	12-13	13-14	14-15	15-16	16-17
0,4	1,4	4,7	21,3	45,2	25,2	1,8

A razão destas variações é fácil de compreender. Há tantas condições incontroláveis a influenciar o desenvolvimento do organismo que, mesmo sendo idênticos os ancestrais, nem sempre se pode esperar a mesma forma e tamanho. Se pudéssemos controlar todas as condições, começando pela formação das células sexuais e acompanhando toda a fertilização e o crescimento, e se pudéssemos uniformizar todas elas, então poderíamos, evidentemente, esperar o mesmo resultado em cada caso.

Ocupamo-nos, aqui, da diferença fundamental entre um fenômeno constante e um fenômeno variável, que devemos ter bem presente se queremos entender o significado do vocábulo "raça".

Sempre que estamos em condições de controlar completamente um fenômeno, também podemos oferecer uma definição completa. Por exemplo: um centímetro cúbico de água pura em sua densidade máxima pode ser considerado completamente definido. Seu tamanho, composição e densidade são conhecidos e supomos que nada pode impedir-nos de preparar um centímetro de água pura em sua densidade máxima, sempre que quisermos fazê-lo; e, visto que está completamente definido, visto que nada permanece incerto a respeito de sua natureza, esperamos os mesmos resultados quando estudamos suas características. Espera-se que o peso desta quantidade de água pura em sua densidade máxima seja o mesmo cada vez que for pesada no mesmo lugar e, caso não seja o mesmo, haveríamos de supor que se cometeu um erro a respeito do volume, da pureza ou da densidade. Se formos menos precisos em nossa definição e indagarmos simplesmente pelas características de um centímetro cúbico de água, haverá condições não controladas de temperatura e pureza que farão com que a água não se comporte sempre exatamente do mesmo modo; e quanto mais numerosas forem as condições não controladas, tanto mais variável pode ser o comportamento das amostras. Contudo, a água não se comportará como o mercúrio ou o óleo e, portanto, dentro de certos limites, ainda podemos definir suas características que são determinadas, porque estamos lidando com água mais ou menos pura. Podemos dizer que a amostra que estamos estudando é uma representante de uma classe de objetos que têm certas características em comum, mas que diferem entre si em aspectos secundários. Estas diferenças serão tanto maiores quanto mais condições não controladas estiverem presentes.

Exatamente as mesmas condições prevalecem em todo fenômeno definido de modo incompleto. As amostras não são sempre as mesmas. Um estudo da frequência de ocorrências de cada forma particular pertencente à classe demonstra que elas estão distribuídas de uma maneira regular característica da classe. Uma distribuição diferente indica que estamos diante de outro conjunto de circunstâncias, diante de outra classe. Uma descrição cuidadosa de qualquer fenômeno variável deve, pois, consistir numa enumeração da distribuição da frequência das características dos indivíduos que compõem a classe.

Para dar apenas um exemplo: a temperatura do meio-dia em determinada data em Nova York nunca é a mesma em anos sucessivos. Todavia, se observarmos a temperatura desse preciso dia, ano após ano, encontramos que as mesmas temperaturas ocorrem com frequência definida, e a distribuição destas frequências caracteriza a temperatura do dia escolhido.

Exatamente o mesmo ocorre com as formas animais. Não importa se acreditamos que a causa da variação se deva a combinações variáveis de elementos genéticos ou a condições acidentais de outra índole, o certo é que uma grande quantidade de elementos não controlados e impossíveis de controlar influenciam o desenvolvimento e que as características gerais de classe aparecerão modificadas de uma maneira ou de outra em cada indivíduo. A descrição da classe requer uma enumeração da frequência de cada forma e não podemos esperar igualdade de forma em todos os indivíduos que compõem o grupo.

Suponhamos, agora, que estamos familiarizados com duas formas humanas individuais distintas que se gravaram fortemente em nossa mente, digamos uma pessoa alta e de cabeça alongada e outra baixa e de cabeça redonda. Depois nos familiarizamos com um tipo variável, no qual ocorrem indivíduos de ambos os tipos. Ficamos então inclinados a afirmar que encontramos um tipo composto de duas raças. Esquecemos que talvez estejamos lidando com um tipo que pode variar a tal ponto que ocorrem nele as duas formas que aparecem como diferentes em nossa mente. Antes de concluir que se trata realmente de dois tipos diferentes, devemos provar que as formas ancestrais não variam tanto e que ambas as formas podem ter evoluído de uma única linhagem uniforme. Em outras palavras, num estudo cuidadoso das características raciais devemos começar por uma descrição das formas locais como elas se nos apresentam. Devemos descrever a frequência das várias formas que ocorrem em cada unidade local ou social. Depois de fazer isto, podemos nos perguntar se as variações se devem a condições orgânicas internas variáveis ou se nos encontramos diante de uma população mesclada em que ocorrem tipos geneticamente diferentes. Em alguns casos, uma análise minuciosa das relações entre as medições torna possível responder a esta questão (BOAS, 1899: 453).

O trabalho preliminar, ou seja, a descrição dos tipos, deve consistir, portanto, em enumerar as frequências de indivíduos que possuem formas diferentes.

Num estudo das distribuições raciais será necessário, antes de tudo, determinar se os grupos pesquisados são idênticos ou não. Nossa consideração anterior demonstra que a igualdade de dois grupos raciais só pode ser afirmada se a distribuição da frequência de formas for idêntica. Se a frequência relativa da mesma forma não é igual nas duas séries, deve haver, então, certas causas desconhecidas que diferenciam os dois grupos que estamos comparando. Se encontramos que, entre 6.687 jovens italianos nascidos na Sardenha, 3,9% têm uma estatura de 1,67m e, entre 5.328 nascidos em Udine, 8,2% têm a mesma estatura de 1,67m, devemos concluir que as duas populações não são idênticas. Inversamente, podemos afirmar que, se duas populações coincidem na distribuição de frequência de numerosas formas, elas são provavelmente idênticas. Esta conclusão não é tão vinculante como aquela da qual deduzimos a diversidade, porque duas populações *podem* ter a mesma distribuição sem ser idênticas, e porque outros traços, não examinados, podem causar diferenças de distribuição.

Seria muito difícil descrever com exatidão as populações da maneira aqui indicada se as distribuições de frequência de cada grupo seguirem leis diferentes. Foi mostrado, no entanto, que num grande número de casos o tipo de distribuição de frequência é muito semelhante. Até um exame superficial das formas demonstra que os tipos anômalos extremos são raros e que a massa da população é bastante uniforme. As pessoas extraordinariamente altas e extraordinariamente baixas não são comuns, enquanto uma estatura média ocorre frequentemente. Assim, entre os escoceses, estaturas em torno de 1,72m são numerosas; 20% de todos os escoceses medem entre 1,71 e 1,73m. Só 1% mede menos de 1,59m e só 1% mais de 1,87m. Entre os sicilianos, 28% mediam entre 1,64 e 1,68m e só 1,2% mediam menos de 1,52m e 5% ultrapassavam 1,80m (BOAS, 1911: 356, 274-276). O grande número que se reúne ao redor da estatura média em cada grupo é uma das causas que nos dão uma forte impressão de um tipo naqueles casos em que nos ocupamos de medições. Quando isolamos uma forma notável, como um nariz romano ou um nariz arrebitado, ou cores de cabelo chamativas como o loiro ou o preto, ou as cores azul e castanha dos olhos, estas formas podem não prevalecer, mas não obstante nos sentimos inclinados a classificar as frequentes formas e cores intermediárias com os extremos que foram conceitualizados em nossa mente.

O estudo empírico das distribuições de frequência demonstrou que podemos predizer, com razoável exatidão, a frequência de qualquer forma, contanto que conheçamos certos valores facilmente determinados.

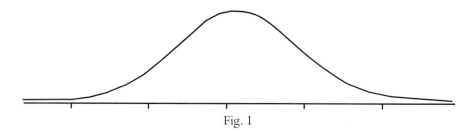

Fig. 1

O tipo geral de distribuição aparece na figura 1, em que os pontos sobre a linha horizontal representam os valores numéricos de uma observação – estatura, peso ou qualquer outro valor métrico – enquanto as distâncias verticais entre a linha horizontal e a curva representam a frequência daquela observação a que pertence a distância vertical.

A curva que representa a distribuição das variáveis será tanto mais contraída lateralmente e tanto mais alta no meio quanto mais uniforme for a série e, inversamente, quanto mais extensa lateralmente e achatada no centro tanto mais variável será a série. Na figura 2 são representadas duas curvas que mostram dois fenômenos parcialmente sobrepostos. Note-se que as observações que se encontram na área comum a ambas as curvas podem pertencer a qualquer um dos dois grupos.

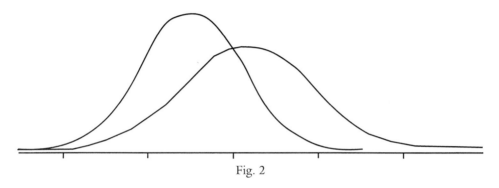

Fig. 2

Uma série é tanto mais variável quanto maior for a frequência de tipos marcadamente desviantes. Portanto, se determinamos o tipo médio e a série de formas variáveis, teremos uma medida do tipo mais frequente e do grau de sua variabilidade. Um exemplo ilustrará o que queremos dizer.

As frequências de estaturas apresentadas na tabela da página seguinte foram observadas em 3.975 meninos de 6 anos e meio e em 2.518 de 14 anos e meio.

Esta tabela mostra que, numa dada população, os meninos de 14 anos e meio são mais variáveis que os de 6 anos e meio e isto pode ser expresso em cifras. Determinamos a média de cada grupo somando todas as estaturas e dividindo-as pelo número de observações. Estas oferecem:

Estaturas de meninos de seis anos e meio   –   média 111,78
Estaturas de meninos de quatorze anos e meio   –   média 152,14

Estatura dos meninos

| Meninos de seis anos e meio || Meninos de quatorze anos e meio ||
Estatura em centímetros	Frequência	Estatura em centímetros	Frequência
	%		%
95-96,9	0,1	121-122,9	0,1
97-98,9	0,4	123-124,9	0,1
99-100,9	0,7	125-126,9	0,1
		127-128,9	0,2
		129-130,9	0,2
101-102,9	2,2	131-132,9	0,4
103-104,9	4,9	133-134,9	0,8
105-106,9	9,0	135-136,9	1,2
107-108,9	12,2	137-138,9	2,5
109-110,9	15,5	139-140,9	3,6
111-112,9	15,8	141-142,9	5,2
113-114,9	13,5	143-144,9	5,6
115-116,9	10,9	145-146,9	8,0
117-118,9	6,9	147-148,9	9,1
119-120,9	4,1	149-150,9	10,0
121-122,9	2,2	151-152,9	8,2
123-124,9	0,9	153-154,9	8,8
125-126,9	0,3	155-156,9	8,3
127-128,9	0,3	157-158,9	6,2
129-130,9	0,1	159-160,9	5,7
		161-162,9	4,7
		163-164,9	3,7
		165-166,9	2,4
		167-168,9	1,5
		169-170,9	1,4
		171-172,9	0,9
		173-174,9	0,5
		175-176,9	0,2
		177-178,9	0,2
		179-180,9	0,1

Depois situamos todos os indivíduos em ordem e marcamos os limites daqueles que representam a metade central de nossa série. Isto se realiza facilmente descontando 1/4 do número de indivíduos de cada extremo. Os limites para os meninos de seis anos e meio são 108,2 e 115,0cm, de modo que a metade central fica contida num espaço de 6,8cm. Para os meninos de quatorze anos e meio, os limites correspondentes são 146,2 e 158,0cm, de modo que a metade central está contida num espaço de 11,8cm.

A experiência tem mostrado que a distribuição das frequências é, na maioria dos casos, bastante simétrica em torno da média, de modo que uma metade da distância em que está contida a metade central da série inteira representa a série de desvios em torno da média que constituem a metade central da série. Poderíamos assim atribuir aos meninos de seis anos e meio uma estatura de 111,8 ± 3,4cm e aos de quatorze anos e meio uma estatura de 152,1 ± 5,9cm.

Destas observações se deduz que, em muitos casos, pode-se dar-se uma descrição adequada de um tipo racial dizendo que ele é a forma média de todos os indivíduos estudados e a medida de sua variabilidade, conforme se acaba de definir. Há alguns casos em que esta descrição não é adequada, mas em grande número de casos é praticável.

Quando queremos comparar dois tipos raciais, devemos comparar tanto suas médias quanto suas variabilidades e, a menos que ambos os valores sejam iguais para ambos os grupos, estes não podem ser considerados representativos do mesmo tipo.

Reconhecemos, agora, que o método usual de descrever um povo como sendo alto, loiro, de cabeça alongada não é adequado; mas, além de descrever o tipo predominante, deve-se dar sua variabilidade.

O grau de variabilidade no tocante às diversas características físicas e em diferentes populações está longe de ser uniforme. A maioria dos tipos europeus, por exemplo, são notáveis por sua alta variabilidade. O mesmo se pode dizer dos polinésios e de algumas tribos de negros. Por outro lado, povos como os judeus europeus e, mais ainda, as tribos isoladas de índios norte-americanos caracterizam-se, comparativamente falando, por uma uniformidade muito maior. O grau de variabilidade difere consideravelmente no tocante a diferentes traços físicos. É óbvio, por exemplo, que a cor e a forma do cabelo dos europeus do norte é muito mais variável que a cor e a forma do cabelo dos chineses. Na Europa as cores variam do loiro ao negro, com um número considerável de indivíduos de cabelo ruivo, e a forma varia do liso a um alto grau de ondulação. Entre os chineses, pelo contrário, não encontramos iguais variações na nuança da cor, visto que estão ausentes os indivíduos loiros e os de cabelo encaracolado. Observações semelhantes podem ser feitas em relação à estatura, à forma da cabeça ou qualquer outra característica corporal que possa ser expressa por medições.

O conceito de tipo forma-se em nossa mente a partir de impressões gerais. Se a maioria dos componentes de um povo é alta, de cabeça alongada, cútis clara, rosto estreito e nariz reto, construímos esta combinação de traços como um tipo. Podemos talvez considerar como típica aquela metade da população cujos traços são os mais frequentes e que se aproximam do valor mais frequente. Supondo que os grupos considerados sejam mutuamente independentes, uma metade da população terá um dos traços típicos; uma metade desta, ou seja, um quarto, terá dois traços combinados;

uma metade desta, ou seja, um oitavo, terá três dos traços típicos combinados; desse modo, quando se contam dez desses traços, só um entre 1.024 indivíduos combinará todos os traços típicos. O tipo não é um indivíduo, mas sim, uma abstração.

Até aqui nos ocupamos apenas com a descrição de um único tipo racial. Examinemos, agora, como precisamos proceder quando desejamos comparar tipos locais diferentes.

Vimos que frequentemente sucede que entre diferentes tipos raciais podem ocorrer as mesmas formas individuais, que um alemão escolhido ao acaso pode, por exemplo, ser aparentemente idêntico a um nativo da Suécia. Esta condição prevalece em todas as grandes extensões territoriais, tanto na Europa como na África, na Ásia e na América. Se as diferenças forem como as que existem entre os centro-africanos e os suecos, de modo que nenhuma forma individual seja comum aos dois grupos, nosso problema seria simples; a diferença seria óbvia e poderia ser expressa com precisão. Poderia ser medida e expressa pela diferença entre as formas mais frequentes. Por exemplo, se a média geral da cor da pele dos suecos e da dos negros for expressa quantitativamente, a diferença seria tão grande que poderíamos prescindir das diferenças menores que ocorrem na Suécia e na África e estaríamos em condições de medir as diferenças reais entre os dois grupos. Mas, logo que as duas variáveis tenham um certo número de fatores comuns, surgem as dificuldades. Como vamos expressar a diferença entre estas duas séries? Se cada indivíduo de uma série pudesse ser equiparado a um indivíduo correspondente da outra, as duas séries seriam idênticas.

Quanto maior o número de indivíduos que podem ser equiparados, tanto maior será a semelhança entre as duas séries. Uma olhada na figura 2 mostra que os indivíduos que estão dentro da área comum a ambas as curvas são comuns a ambas as populações. Quanto menor for o seu número, tanto mais dessemelhantes serão as duas populações.

Estas considerações demonstram que não é admissível agrupar tipos humanos de acordo apenas com a diferença entre seus valores médios. No entanto, a maioria das classificações de tipos europeus que foram tentadas baseia-se neste método. Certas formas subjetivamente notáveis foram selecionadas e denominadas tipos raciais, ou introduziu-se uma nomenclatura para distinguir, através de breves designações, diversos grupos no amplo quadro de formas variáveis. Com o decorrer do tempo estes nomes foram tratados como se fossem tipos biológicos significativos. Particularmente a forma da cabeça foi usada deste modo. A proporção da largura máxima da cabeça expressa em porcentagens de comprimento da cabeça (isto é, a distância entre um ponto logo acima do nariz e o ponto mais proeminente da parte posterior da cabeça) chama-se índice cefálico ou índice de comprimento-largura. Os indivíduos que têm um índice inferior a 75 são chamados dolicocéfalos ou de cabeça alongada; aqueles com um índice entre 75 e 80 são chamados mesocéfalos; e aqueles cujo índice é acima de 80 são chamados de braquicéfalos ou de cabeça pequena e arredondada. Algumas vezes os limites são traçados de maneira um tanto diferente. É evidente que, quando falamos de uma *raça* dolicocéfala, dividimos o agrupamento local sobre uma base arbitrária. Podemos, talvez, com a devida cautela, dizer que um grupo é dolicocéfalo se queremos dar a entender que o tipo médio se enquadra na divisão dolicocéfala, mas devemos recordar que muitos membros do grupo pertencerão às outras divisões, porque o próprio tipo é variável. Tampouco seria admissível sustentar que dois grupos são racialmente diferentes porque um se enquadra dentro dos limites do que chamamos dolicocéfalo e o outro não. A maioria das classificações se baseia na segregação de grupos locais de acordo com a forma média. A forma da cabeça, a estatura, a pigmentação, a forma do cabelo e outras características, como a forma do rosto e do nariz, são utilizadas para fazer classificações. Não se fez nenhuma tentativa de demonstrar que estes diversos traços são morfologicamente importantes e os limites dos diversos grupos são escolhidos de maneira arbitrária. As classificações têm um valor descritivo, mas sem provas ulteriores carecem de significação biológica.

Roland B. Dixon (1923) classifica os indivíduos componentes de cada grupo local de acordo com divisões baseadas nos valores numéricos de forma da cabeça, forma do rosto e forma do nariz e supõe que as combinações das diversas divisões destes três elementos representam tipos fundamentais. Também aqui qualquer mudança nos limites arbitrariamente escolhidos nos dará uma espécie diferente de agrupamento racial fundamental. A artificialidade deste método é evidente. Não se apresenta e nem é possível apresentar prova alguma de que os agrupamentos escolhidos correspondam a realidades; de que, por exemplo, um grupo de cabeça e rosto alongados e nariz estreito representa em qualquer sentido uma estirpe racial pura.

O mesmo erro é cometido quando na Europa os indivíduos loiros e de cabeça alongada são apresentados arbitrariamente como um grupo racial à parte. Equívoco que costuma ocorrer, com frequência, na época atual.

As tentativas de classificar o ser humano de acordo com os tipos constitucionais estão sujeitas à mesma crítica. Esta classificação foi desenvolvida essencialmente por médicos. A experiência os levou a reconhecer uma dependência recíproca, mais ou menos íntima, entre a forma corporal e as condições patológicas, de modo que, em muitos casos, a forma do corpo pode ter um valor diagnóstico. Já que estes juízos se baseiam em impressões, são conceitualizações de formas constitucionais da mesma natureza que as conceitualizações dos tipos locais. A base desta classificação é que as condições patológicas dependem parcialmente da forma corporal. Quando expressos em termos métricos exatos, os tipos constitucionais resultam ser variáveis semelhantes às discutidas anteriormente (KRETSCHMER, 1921).

As dificuldades que surgem estão baseadas em grande parte, sem dúvida, na imprecisão do conceito de diferença entre as variáveis. Vimos que a diferença da média não expressa a diferença entre duas séries; que nosso juízo acerca da diferença dependerá antes do número de indivíduos que são comuns às duas séries distintas, ou seja, do grau de superposição das curvas que representam as frequências de formas nas séries que estão sendo comparadas.

Todo o problema se torna mais claro se, em vez do termo diferença, usarmos o termo dessemelhança. O grau de semelhança ou dessemelhança pode, quem sabe, ser expresso melhor pelo número de indivíduos que são comuns aos vários tipos que estão sendo comparados.

Uma solução ideal do problema estatístico da classificação das raças requereria o estabelecimento daquelas formas locais extremas que não mostram nenhuma espécie de superposição e que poderiam então ser diferenciadas com absoluta certeza. Os europeus, os negros da África e os melanésios, os bosquímanos, os mongoloides do norte, os diversos grupos malaios, os australianos e os tipos australoides do sul da Ásia e talvez alguns grupos de índios americanos seriam tais tipos raciais. Seria, então, necessário estabelecer a posição dos grupos intermediários através de um estudo de suas semelhanças com os tipos extremos. Por exemplo, o povo do norte da África teria que ser comparado com os tipos europeu e negro; o povo da Índia com os tipos europeu, mongoloide do sul, mongoloide do norte e australiano, e assim por diante. Seria, no entanto, um erro supor precipitadamente, com base nesta classificação estatística, que os tipos extremos que isolamos são os tipos mais antigos e mais puros, dos quais descendem todos os demais por miscigenação, porque podem muito bem ser variedades novas que evoluíram devido a um prolongado e contínuo isolamento e ao estabelecimento hereditário de variações casuais.

Uma interpretação puramente estatística não pode resolver o problema da relação biológica das raças, mas é necessário ter presente as considerações estatísticas ao empreender um estudo biológico.

4
As características hereditárias das raças humanas

Reexaminaremos agora, a partir de um ponto de vista biológico, as características dos indivíduos que compõem uma raça.

O caráter de uma raça é determinado, em primeiro lugar, pela hereditariedade. Na linguagem corrente e vaga, entendemos por hereditariedade o fato de que o descendente repete a forma dos progenitores sem mudança material, que as características de uma série de gerações continuarão sendo sempre as mesmas. Evidentemente isto não é muito exato, porque os descendentes de um mesmo casal não serão idênticos na forma, nem quando comparados com seus pais, nem entre eles mesmos. Quando consideramos um grupo racial como um todo, supomos que, a menos que mudem as condições, a hereditariedade fará com que nas gerações sucessivas se encontre a mesma distribuição de frequência de formas, ou, para usar os termos que analisamos anteriormente, que a classe, sua variabilidade e sua média permanecerão constantes. Este pensamento se encontra claramente presente em nossa mente ao discutir a distribuição dos tipos raciais. Supomos que estes são constantes e que continuam inalterados, geração após geração, a não ser que perturbações na população ou talvez modificações das condições exteriores provoquem mudanças na forma corporal.

Poderíamos falar, neste sentido, de "hereditariedade racial", quando os traços raciais são tão evidentes que caracterizam todos os membros da raça. Para usar o mesmo exemplo que empregamos antes, pode-se dizer que o cabelo loiro, a cútis branca, os olhos azuis ou claros são características hereditárias da raça sueca, enquanto o cabelo preto e encaracolado, a pele escura e os olhos escuros são características hereditárias do africano. O filho de um casal de suecos nunca será como um africano. No entanto, se compararmos os suecos com os alemães do norte ou ainda com os italianos, encontraremos casos mais ou menos numerosos em que os traços raciais se sobrepõem parcialmente, de modo que não é possível fazer uma distinção clara. O filho de um casal de suecos pode parecer-se com algum alemão do norte ou até mesmo com algum italiano. Neste caso, a expressão "hereditariedade racial" já não é aplicável, na medida em que significa uma determinação da forma corporal de todos os indivíduos da raça.

Há muitos traços em relação aos quais raças remotas são tão semelhantes que tal superposição ocorre. O tamanho do cérebro, a estatura, o peso e o tamanho e a forma de vários órgãos internos são desta natureza, de maneira que de nenhum deles podemos falar que a hereditariedade racial determina estes traços ao ponto de por eles o indivíduo poder ser reconhecido como membro da raça.

É de capital importância sublinhar que, quando tal superposição existe, uma pessoa de determinada forma, que pertence a uma determinada população, não é biologicamente – ou, melhor dizendo, geneticamente – idêntica a outra pessoa que tem as mesmas características, mas pertence a outra população.

Por exemplo: de um estudo da forma corporal de um número considerável de famílias, descobrimos que os casais sicilianos, cujo índice cefálico acusa entre 79,5 e 82,5 para ambos os progenitores, e cujo índice médio é de 80,6, têm filhos cujo índice médio é de 79,3, isto é, 1,3 unidades abaixo do valor do índice de seus pais. Os casais boêmios, cujo índice cefálico apresenta os mesmos limites, e cujo índice médio é de 81,0, têm filhos cujo índice médio é de 83,0, ou seja, 2 unidades acima do índice de seus pais. Isto demonstra que, do ponto de vista genético, os indivíduos do mesmo índice cefálico nestes dois grupos não são idênticos.

Condições semelhantes prevalecem a respeito de outras características corporais. Em outras palavras, indivíduos com a mesma forma corporal, pertencentes a duas populações diferentes, são geneticamente não idênticos. Os biólogos foram levados às mesmas conclusões. Lotry, numa cuidadosa análise do significado de "espécie", acentua a importância da identidade constitucional contra a grosseira identidade morfológica aparente. A identidade constitucional só pode ser descoberta por endogamia e cruzamento, e vemos frequentemente que formas aparentemente semelhantes procriam de modo diferente. Destas observações resulta que devemos descrever cada população como um todo e que não devemos separar arbitrariamente um grupo com certa aparência corporal do restante. O erro de identificar indivíduos com a mesma aparência corporal, mas pertencentes a populações diferentes, como membros da mesma raça é excessivamente comum e nele incorrem até pesquisadores escrupulosos.

Durante os últimos vinte e cinco anos foram realizados numerosos estudos da hereditariedade – ou genética, como agora é geralmente denominada – e seu resultado pode ser formulado da seguinte maneira: se o número de descendentes de um único casal fosse infinitamente grande, então a distribuição da frequência de formas na prole deste casal seria nitidamente determinada pelas características orgânicas dos pais, contanto que não haja perturbações devidas a condições externas. As formas de distribuição da frequência variam consideravelmente, mas para cada casal são absolutamente fixas, enquanto as condições externas que influenciam sobre a forma corporal continuarem sendo as mesmas. Esta é a expressão mais generalizada da lei mendeliana da herança. É difícil dar a prova exata destas condições no ser humano e naquelas espécies animais em que o número de descendentes é pequeno; mas as observações entre animais e plantas inferiores e a concordância das condições observadas no ser humano com as encontradas em formas inferiores são conclusivas. Embora não possamos dizer quais possam ser as características específicas de qualquer indivíduo, o grupo como um todo sempre se comportará da mesma maneira.

Destas observações segue-se que num estudo estritamente biológico devemos investigar as linhagens genéticas que constituem uma raça, antes de poder compreender o caráter da raça em seu conjunto.

Nos animais superiores a prole é sempre a resultante da união de dois indivíduos e não conhecemos uma única população de animais ou de seres humanos em que o macho e a fêmea que se unem representem linhagens idênticas. Mesmo no acasalamento de animais da mesma ninhada de irmãos e irmãs, a estrutura das células sexuais não é a mesma. As linhagens familiares em cada população, por mais uniforme que seja sua ascendência, são desiguais.

A importância destas considerações tornar-se-á mais evidente ao analisarmos, com maiores detalhes, a constituição das populações.

Numa grande população tão pouco estável em seu habitat como a da Europa moderna, ou a da América moderna, o número de antepassados de uma única pessoa aumenta muito rapidamente; sendo dois o número dos pais, quatro o dos avós e oito o dos bisavós, o número teórico de antepassados há vinte gerações atrás seria de mais de um milhão, ou, mais precisamente, de 1.048.576. Vinte gerações representam, conforme o ritmo de crescimento dos tempos modernos, em torno de 700 anos; de acordo com o ritmo de crescimento de antigamente, cerca de 400 anos no mínimo. Estas cifras se aplicariam à série de gerações representadas pelos primogênitos do sexo masculino; para os primogênitos do sexo feminino as quantidades respectivas seriam em torno de 500 e 350 anos. Não obstante, se consideramos a descendência real das famílias, incluindo os indivíduos nascidos mais tarde, possivelmente poderíamos supor que vinte gerações na Europa representariam entre 800 e 900 anos, e entre os povos primitivos talvez somente um pouco menos, uma vez que em tempos remotos a diferença entre a rapidez das gerações successivas na Europa e nos povos primitivos não era muito considerável. Isto demonstra que é inteiramente impossível que um número tão grande de antepassados, como requer a teoria, possa ter contribuído para a formação dos indivíduos da geração atual. A explicação é simples. Devido a casamentos entre membros das mesmas famílias, um grande número de antepassados será duplicado em diferentes linhagens paternas e maternas; e, desta forma, a verdadeira ascendência de cada indivíduo parece ser muito mais complexa do que o tratamento puramente aritmético sugeriria. O cálculo da árvore genealógica do ex-imperador da Alemanha, por exemplo, é instrutivo. Segundo O. Lorenz, o número de seus antepassados em gerações successivas é o seguinte:

Geração	Número teórico	Número real
I	2	2
II	4	4
III	8	8
IV	16	14
V	32	24
VI	64	44
VII	128	74
VIII	256	116*
IX	512	177*
X	1.024	256*
XI	2.048	342*
XII	4.096	533*

* Estas gerações não são completamente conhecidas. Os valores aqui citados são valores máximos que poderão ser encontrados caso os indivíduos desconhecidos não tenham tido nenhuma "perda de antepassados".

Uma série de quarenta famílias reais dá as seguintes médias:

Geração	Número médio
I	2,00
II	4,00
III	7,75
IV	13,88
V	23,70
VI	40,53

Quando comparamos estas condições na instável população das regiões densamente povoadas da Europa e da América modernas com as condições prevalecentes entre tribos primitivas, torna-se imediatamente óbvio que o número total de antepassados de cada indivíduo nas pequenas comunidades deve ser muito menor que o número de antepassados nos Estados modernos a que acabamos de nos referir. Um exemplo característico nos é apresentado pelos esquimós de Smith Sound, no norte da Groenlândia. Pelo que sabemos, parece extremamente improvável que esta comunidade tenha sido composta algum dia por mais de algumas centenas de indivíduos. O tipo de vida das comunidades esquimós sugere que originalmente ela consistia de umas poucas famílias apenas. A comunidade permaneceu separada do mundo exterior por períodos muito longos; e se bem que, algumas vezes a cada século, possa ter ocorrido o advento de novos indivíduos de fora, no seu conjunto, porém, ela permaneceu isolada. É, portanto, indubitável que a ascendência deste grupo não pode conter nada semelhante ao milhão de pessoas requerido pela teoria, senão que todos os indivíduos devem estar aparentados por meio de seus antepassados imediatos ou remotos.

Em uma comunidade deste tipo, cujos membros nunca ultrapassaram o número de 200 aproximadamente, os antepassados de cada indivíduo da oitava geração para trás devem ter sido em sua maior parte os mesmos, com combinações variáveis, porque a oitava geração requereria, teoricamente, 256 indivíduos – número maior do que os realmente existentes na comunidade. Portanto, a existência de um indivíduo que não tenha muitos antepassados próximos e remotos em comum com todo o restante da comunidade é muito improvável, se não impossível.

Fizemos a tentativa de determinar a perda de antepassados dos bastardos sul-africanos, descendentes dos hotentotes e bôeres. As tabelas genealógicas reunidas por Eugen Fischer (1913b) dão os seguintes números:

Geração	Número de antepassados de várias famílias		
	Família I	Família II	Família III
I	2	2	2
II	4	4	4
III	8	8	8
IV	14,1	14,3	16
V	20,1	19,7	32
VI	32,0	–	–

Estes números são semelhantes aos que se encontram entre as casas reais da Europa.

Obtém-se um quadro um pouco mais claro quando determinamos o número de ascendentes e consideramos cada indivíduo como membro de uma fraternidade que abrange certo número de filhos que continuam propagando-se com a mesma rapidez. Em se tratando de uma população extensa e móvel, poderíamos além disso supor que os cônjuges das gerações sucessivas não são de forma alguma aparentados entre si ou com os membros da linhagem familiar que está em consideração. Em tais condições, a linhagem de qualquer indivíduo será aquela fração do número de antepassados obtida ao dividir o número total de seus antepassados pelo número de membros de sua geração. Quando, por exemplo, um casal tem dois filhos, o número médio de pais para cada filho será 1. Quando esses filhos se casam e cada qual tem dois filhos, o número total de indivíduos na primeira geração será seis, porque os dois filhos do casal original têm os mesmos pais. Os quatro netos do casal original terão, portanto, seis avós, ou seja, 1,5 para cada um. Desta forma, a série ancestral seguinte é obtida para os ancestrais em linha direta de ascendência.

A aparente contradição destes valores – por exemplo, que quatro netos tenham seis avós – reside no fato de que dois destes netos são, ao mesmo tempo, descendentes diretos de outra família. Os parentescos colaterais se estendem rapidamente. Encontramos um cálculo aproximado destes valores em Jankowsky (JANKOWSKY, 1934: 119). Devemos recordar que as condições reais dependerão, principalmente, da mobilidade da população. Quando a população é sedentária e grupos relativamente pequenos estão em contato permanente, resultará um alto grau de endogamia com segregação de grupos locais, ao passo que, numa população extensa que se move livremente, o ritmo com que se desenvolve a endogamia será muito mais lento.

Geração	Número de antepassados por famílias de:			
	2 filhos	3 filhos	4 filhos	5 filhos
I	1	0,67	0,50	0,40
II	1,50	0,89	0,62	0,48
III	2,75	1,63	1,16	0,90
IV	5,38	3,21	2,29	1,78
V	10,69	6,40	4,57	3,55
VI	21,34	12,80	9,14	71,11
VII	42,67	25,60	18,29	14,22
VIII	85,34	51,20	36,57	28,44
IX	170,64	102,40	73,14	56,88
X	341,33	204,80	146,28	113,78

Tanto a endogamia como a contínua miscigenação fazem com que, quando o processo persiste durante um tempo prolongado, todas as linhagens familiares se pareçam muito, enquanto numa população de origem mista, ou sem endogamia, as linhagens familiares são completamente diferentes. Pode, portanto, ocorrer que as formas corporais em duas populações sejam distribuídas da mesma maneira, se forem considerados apenas os indivíduos, e ainda assim a composição biológica das duas séries pode ser completamente diferente. Em uma podemos ter linhagens familiares completamente diferentes entre si, enquanto todos os irmãos e irmãs de cada família são muito semelhantes; na outra, podemos ter linhagens familiares muito semelhantes, enquanto os irmãos e irmãs podem variar muito entre si.

O efeito da endogamia tem sido testado com animais. Experimentos (KING, 1909) com ratos, em que irmãos e irmãs foram acasalados por 25 gerações sucessivas, demonstram que a variabilidade fraternal diminui gradualmente. Parece provável que isto indicaria tanto uma diminuição na variabilidade das linhagens familiares quanto na variabilidade fraternal, mas os dados não nos permitem distinguir entre estes dois traços.

Apenas umas poucas populações e muito poucos traços foram examinadas sob esta ótica. O material recolhido até agora indica que as diferenças entre as linhagens familiares que constituem uma população são tanto menores quanto mais estável for a população e quanto mais tempo tenha durado o processo de endogamia sem seleção. Quando os progenitores destas linhagens familiares são de forma corporal diferente, os irmãos e irmãs em cada família tendem a não se parecer; se os progenitores forem semelhantes na forma, então tanto as linhagens familiares como as fraternidades (isto é, os irmãos e as irmãs de cada família) serão parecidas.

Os dados da tabela seguinte, relativos à variabilidade do valor da largura da cabeça expresso em porcentagem do comprimento da cabeça, ilustram as condições que se encontram em vários grupos locais.

Estes dados mostram que, entre os armênios, cujo índice cefálico está na média de 85,6, 68% das famílias têm um índice entre 83,4 e 87,8, enquanto os 32% restantes têm um índice fora destes limites. Mostram também que 68% dos irmãos e irmãs têm um índice cefálico que varia entre 3,20 unidades abaixo e 3,20 unidades acima da média familiar, enquanto os restantes estão fora destes limites. E a mesma coisa com os outros valores.

As cifras correspondentes aos bastardos sul-africanos são interessantes. Os bastardos são um povo descendente de hotentotes e holandeses, que durante os últimos cem anos casaram-se quase exclusivamente entre si. Apesar de sua origem mista, as linhagens familiares são muito semelhantes, enquanto irmãos e irmãs apresentam variações consideráveis. As condições entre os índios chippewa do Canadá e particularmente entre os missisauga, ramo local dos chippewa, são muito semelhantes. Estes constituem uma antiga população mista descendente de índios, franceses e irlandeses. Entre os negros americanos encontramos também maior uniformidade de linhagens familiares porque também eles representam uma antiga mescla de brancos e negros.

O significado destas cifras pode ser ilustrado melhor por meio da seguinte consideração: na população missisauga 16% das famílias têm um índice de mais de 1,47 unidades abaixo da media e outros 16% de mais de 1,47 unidades acima da média.

Variabilidade normal[1] do índice cefálico

	I Total	II Fraternal	III Linhagens familiares	Razão de II e III
Armênios	3,88	3,20	2,20	1,46
Índios Chippewa	3,76	3,32	1,77	1,88
Italianos do centro	3,62	2,72	2,39	1,14
Negros-brancos de Nova York	3,51	2,93	1,85	1,58
Boêmios	3,53	2,61	2,37	1,10
Escoceses	3,43	2,66	2,17	1,21
Missisauga	3,43	3,10	1,47	2,11
Judeus do Leste Europeu	3,40	2,52	2,29	1,10
Worcester, Mass.	3,34	2,36	2,36	1,00
Holandeses	3,05	2,33	1,95	1,20
Bastardos sul-africanos	2,82	2,52	1,26	2,00
Brancos do Monte Blue Ridge	2,80	2,09	1,85	1,13

Já que a variabilidade fraternal é ± 3,10, ou seja, mais de duas vezes a variabilidade das linhagens familiares, haverá uma considerável superposição entre estes grupos (fig. 3). De acordo com as constantes estatísticas, cerca de 32% do grupo de baixo terá valores acima da média geral e a mesma porcentagem do grupo de cima terá valores abaixo da média geral, de modo que cerca de 32% de cada um dos 16%, ou cerca de 10% dos extremos da população, terão as mesmas formas. Em Worcester, entretanto, somente 16% dos dois extremos se sobrepõem, de modo que somente 5% dos dois extremos se sobrepõem.

Isto é ainda mais claro quando os extremos escolhidos estão a uma distância maior da média. Poderíamos considerar o grupo dos missisauga, que estão mais de 2,2 unidades afastados da média. Há 6,7% da série total abaixo e 6,7% acima destes

---

1. Variabilidade é uma medida que indica o grau de dispersão de formas, tal como se ilustra na p. 35ss. Devido a razões técnicas que não é necessário descrever aqui, ela é determinada como o valor obtido elevando ao quadrado todos os desvios da média, tomando a média de sua soma e buscando a raiz quadrada desta média. Dentro dos limites da média mais e menos deste desvio encontram-se aproximadamente 68% de toda a série. Dentro dos limites do dobro deste valor encontram-se aproximadamente 95% de toda a série. Esta variação quadrada média é chamada variação normal. A variação provável descrita na p. 35ss. é aproximadamente igual a 0,67 do desvio normal.

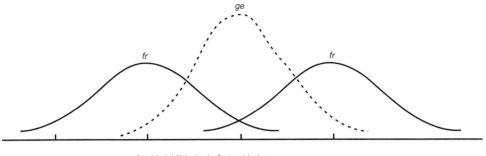

fr = Variabilidade de fraternidades
ge = Variabilidade de linhagens familiares

Fig. 3

pontos. Logo, de acordo com as estatísticas das constantes, em torno de 24% de cada um destes grupos, ou seja, 3,2% da população total, irão se sobrepor. Para a população de Worcester, só 6,7% de cada um dos grupos extremos se sobreporá, de modo que menos de 1% será comum às duas séries[2].

Convém ter isto presente, já que alguns autores, como Fritz Lenz, subestimam a significação das diferenças genéticas dentro da raça.

Deve-se recordar que esta discussão refere-se a um único traço. Se os traços estudados são mais numerosos, a heterogeneidade das famílias se tornará ainda mais manifesta.

Disto deduzimos que, na maioria das populações, as linhagens familiares diferem tanto que sempre se encontrarão linhagens distintivas. Em contraste com isto, é impossível encontrar distinções radicais análogas entre populações inteiras de superfícies contíguas.

Enquanto, pois, é quase impossível dar uma definição biológica exata de uma raça, podemos definir as linhagens familiares com muito maior precisão e, portanto, a raça deve ser definida como um complexo de linhagens familiares. A origem e o caráter das linhagens familiares determinam o caráter da raça.

Os resultados de nossa consideração estão de pleno acordo com os pontos de vista modernos a respeito do que constitui uma espécie de animais ou plantas. A dissolução que Johannsen realiza da espécie – ou fenótipo, como ele o denomina – em uma série de genótipos, é comparável à nossa análise de raça. Johannsen estudou principalmente favas autofertilizadas. Neste caso o fenômeno é, evidentemente, muito mais claro do que pode ser em casos em que a autofertilização é impossível e onde o cruzamento das linhagens ocorre constantemente. O ponto de vista aqui expresso concorda também com o de O.F. Cook, que reconhecia somente o indivíduo e seus

---

[2]. Na realidade estes números são demasiado altos, porque os mais afastados da média acusarão uma sobreposição muito menor.

descendentes na espécie. Ele também considera a espécie um complexo de linhagens distintas.

Quanto mais gradual for a transição entre os tipos locais, tanto mais necessário é ter bem presente este ponto.

Podemos chamar de heterogênea uma população em que as linhagens familiares são muito diferentes, porque uma única linhagem familiar não será representativa de toda a população. Quanto menor a variabilidade das linhagens familiares, tanto mais uma única família será uma boa representante de toda a população. Neste sentido as populações com baixa variabilidade de linhagens familiares podem ser chamadas homogêneas. Pode muito bem ser que em tal caso os antepassados sejam completamente diversos, como entre os bastardos sul-africanos, descendentes de holandeses e hotentotes, e, no entanto, as famílias podem ser tão semelhantes que cada uma represente justa e adequadamente o tipo geral da população inteira.

As leis da hereditariedade fazem com que não se possa encontrar nunca uma homogeneidade absoluta, por mais que tenha ocorrido a endogamia. Enquanto não forem levadas a cabo pesquisas mais extensas acerca desta questão, não estaremos em condições de dizer qual pode ser o limite de homogeneidade numa população.

Mesmo sem informação detalhada é fácil ver que o grau de homogeneidade deve variar consideravelmente. Os habitantes de uma pequena e estável aldeia europeia, em que a terra esteve em poder das mesmas famílias durante séculos, devem ter um alto grau de homogeneidade. O caso deverá ser o mesmo em pequenas tribos isoladas.

As grandes cidades representam as condições inversas. Devido à confluência de gente de origem diferente, as linhagens familiares serão sumamente variadas. O caráter das fraternidades e a variabilidade das linhagens familiares passam por constantes mudanças à medida que prossegue a integração da população, até que finalmente se estabelece uma nova condição estável, contanto que não ocorra nenhum novo advento de linhagens estranhas, condição que na vida da cidade nunca se realiza.

A composição de uma raça pode também ser observada a partir de outro ângulo. Quando comparamos dois tipos completamente distintos, todos os indivíduos de cada tipo nos parecem iguais e diferentes do outro tipo. Por outro lado, quando dois tipos se sobrepõem parcialmente, as diferenças individuais resultarão mais notáveis e o grau de semelhança mútua entre os membros de cada tipo não parecerá tão grande. Quando comparamos uma família negra com uma família branca, as pequenas diferenças entre os irmãos e irmãs de cada uma dessas famílias parecem insignificantes. Porém, quando comparamos duas famílias que são muito semelhantes, as diferenças individuais parecerão muito mais importantes e, correspondentemente, as semelhanças familiares entre irmãos e irmãs parecerão pequenas. Numa única família, não comparando-a com nenhuma outra família, os irmãos e irmãs são simplesmente diferentes. Eles têm, individualmente, apenas graus diferentes de semelhança. Também quando temos um número de famílias idênticas, todos os indivíduos serão diferentes, e não haverá semelhanças familiares. Isto não altera o fato de que a variabilidade fraternal nas famílias possa ser grande ou pequena.

Esta simples consideração demonstra que a semelhança fraternal depende totalmente da composição da população. Em uma população muito heterogênea as semelhanças fraternais serão grandes. Em uma população homogênea serão pequenas. O mesmo pode-se dizer da semelhança entre pais e filhos. A semelhança nos parecerá tanto mais notável quanto maior for a heterogeneidade da população, enquanto numa população relativamente homogênea desaparecerá praticamente, porque em cada família estará representado o mesmo tipo. Quando Francis Galton (1889b) estudou este fenômeno, destacou a importância do grau de semelhança entre irmãos e irmãs e entre pais e filhos, que ele expressou através do assim chamado coeficiente de regressão. Ele o determinou do seguinte modo: quando pais ou mães numa dada população diferem em certa medida da média geral da população, os filhos diferirão da população geral em certa fração desta medida; e se um indivíduo difere em certa medida da média da população, seus irmãos ou irmãs diferirão, em média, da média da população em uma certa fração desta medida.

Para as populações a que nos referimos na p.47 e para os desvios médios do índice cefálico de irmãos e irmãs, encontraram-se os seguintes valores destas frações:

Worcester, Mass.	0,50
Boêmios	0,45
Judeus do Leste Europeu	0,45
Brancos de Blue Ridge	0,44
Italianos do centro	0,44
Holandeses	0,41
Escoceses	0,40
Armênios	0,30
Negros-brancos de Nova York	0,28
Índios Chippewa	0,21
Bastardos sul-africanos	0,20
Mississauga	0,18

Por exemplo, se em Worcester, Massachusetts, um indivíduo tem um índice cefálico de 4 unidades acima da média, seus irmãos e irmãs teriam, em média, um índice de 4 x 0,5, ou seja, 2 unidades acima da média; enquanto entre os mississauga os irmãos e irmãs teriam, em média, um índice cefálico de apenas 4 x 0,18, ou seja, 0,72 unidade acima da média.

As diferenças nestes valores se devem aos variados graus de heterogeneidade da população. As séries mais homogêneas têm as correlações mais baixas. A combinação de acordo com a variabilidade das linhagens familiares (I) e a proporção entre a linhagem familiar e a variabilidade fraternal (II) é a seguinte:

I		II	
Bastardos	± 1,26	Missisauga	2,11
Missisauga	± 1,47	Bastardos	2,00
Chippewa	± 1,77	Chippewa	1,88
Negros-brancos de Nova York	± 1,85	Negros-brancos de Nova York	1,58
Brancos de Blue Ridge	±1,85	Armênios	1,46
Holandeses	± 1,95	Escoceses	1,21
Escoceses	± 2,17	Holandeses	1,20
Armênios	± 2,20	Brancos de Blue Ridge	1,13
Judeus do Leste Europeu	± 2,29	Italianos do centro	1,14
Worcester, Mass.	± 2,36	Judeus do Leste Europeu	1,10
Boêmios	± 2,37	Boêmios	1,10
Italianos do centro	± 2,39	Worcester, Mass.	1,00

O acordo entre estas duas colunas demonstra que, nas séries escolhidas, a proporção da variabilidade das fraternidades medida pela variabilidade das linhagens familiares é tanto maior quanto mais uniformes forem as linhagens familiares.

Devemos voltar uma vez mais à discussão das linhagens familiares.

Supúnhamos, nas considerações anteriores, que todas as famílias de uma população terão a mesma variabilidade fraternal. Já que a origem das linhagens familiares não é uniforme, isto não é provável e os valores que apresentamos antes devem ser considerados como aproximações às condições reais.

Pode-se demonstrar que, dentro da mesma população, a variabilidade das fraternidades aumenta com a diferença entre os pais. O estudo de um número considerável de famílias demonstra que a variabilidade do índice cefálico dentro de uma população aumenta com a diferença de índice cefálico entre os pais (BOAS, 1933: 594).

Diferença de índice cefálico entre os pais	Variabilidade fraternal – Nova York	Casos	Variabilidade fraternal – Holanda	Casos
0-2,9 unidades	6,8	1.102	5,3	627
3-5,9 unidades	6,7	736	5,9	473
6-8,9 unidades	8,3	317	5,4	182
9 e mais unidades	13,0	108	8,5	66

Felix von Luschan (s.d.: 31-35) encontrou um fenômeno semelhante na população mista do sul da Ásia Menor, onde um povo de cabeça redonda do centro da Ásia Menor misturou-se durante milhares de anos com o povo de cabeça alongada da costa da Síria. Aqui também encontramos um considerável aumento na variabilidade da população mista, quando comparada com o grau de variabilidade encontrado em populações mais homogêneas.

A distribuição das formas da cabeça na Itália também ilustra este ponto. Na Itália central, onde os italianos do norte, de cabeça curta, e os italianos do sul, de cabeça alongada, contraíram matrimônios entre si, é grande a variabilidade da forma da cabeça.

Estes fenômenos são expressões das várias formas de herança mendeliana a que fizemos referência anteriormente (p.42): a tendência dos indivíduos de origem mista a reverter, em proporções numéricas definidas no que diz respeito a várias características corporais, aos tipos dos quais descendem.

Frequentemente as raças humanas são comparadas com as raças modernas de animais domesticados. Existe, no entanto, uma diferença fundamental. As raças de animais domesticados são criadas através de uma seleção cuidadosa e a divisão mendeliana das famílias é eliminada pela criação apenas daqueles indivíduos que sempre produzem crias com as características dos pais. A variação numa criação de animais domesticados é, portanto, muito pequena, especialmente quanto mais cuidadosamente se eliminam todos os tipos mistos. Desta forma foram desenvolvidas raças extraordinariamente diferenciadas. Nada semelhante tem ocorrido com o ser humano. Pelo contrário, mesmo onde se procurou impedir o matrimônio entre estirpes diferentes, a tentativa nunca teve êxito. As barreiras sociais são destruídas e gradualmente os dois tipos de população se mesclam entre si. Isto vale até para sistemas de casta tão rígidos como o das castas da Índia. Valeu para patrícios e plebeus em Roma e, apesar do recrudescimento da violenta oposição à mescla de raças na Alemanha, a história da humanidade não sofrerá retrocesso.

Tipos locais mais ou menos especializados só se desenvolvem quando pequenos grupos vivem isolados e o número reduzido de antepassados mostra peculiaridades. Quanto menor o grupo de antepassados, maior será a probabilidade de que o grupo local apareça mais ou menos diferente do tipo da população geral da qual se originou.

Quando descobrimos, por exemplo, que na América do Norte um tipo muito marcado tem seu lugar na costa ártica do continente e que outro tipo encontra-se na bacia do Mackenzie, outros ainda em localidades bem definidas da costa do Pacífico, na bacia do Mississipi, no sudeste, ao longo do Rio Grande e no México, parece possível atribuir sua origem ao aumento de pequenos grupos isolados. Alguns outros casos de ocorrência de formas peculiares em comunidades locais podem ser explicados da mesma maneira: por exemplo, a frequência incomum do *os Incae* (a divisão do osso occipital por uma sutura transversal) no Peru e nos índios pueblos (MATHEWS, 1893: 139ss.) e a grande frequência do *torus palatinus* (saliência ao longo da linha média do palato) entre os lapônios e nas costas orientais do Báltico (LISSAUER, 1892: 429).

Pode-se assinalar aqui outro fenômeno ainda pouco pesquisado, mas que merece observação atenta. Vimos que, em comunidades estáveis em países com população pouco densa, o parentesco entre os membros de um grupo será muito estreito e que este parentesco afetará necessariamente o tipo e sua variabilidade. No decorrer do tempo, duas regiões cujas populações se desenvolveram desta maneira podem entrar em contato e podem ocorrer numerosos casamentos entre pessoas dos dois grupos. Ver-se-á imediatamente que, embora as diferenças entre os dois tipos possam ser aparentemente pequenas, o resultado será um completo transtorno nas formas de hereditariedade, porque um grande número de indivíduos de origem diferente são postos em contato. Para dar um exemplo: os italianos do sul e os espanhóis representam dois tipos não muito diferentes nos traços físicos, mas separados durante séculos. As pequenas comunidades das aldeias da Itália, como também as da Espanha, têm todas as características de comunidades em que os casamentos endogâmicos ocorreram durante um longo período. Na Argentina estes dois tipos entram em contato e com frequência se casam uns com os outros. Não temos observações acerca do efeito desta mescla sobre as características físicas, mas observou-se que a distribuição de nascimentos masculinos e femininos é completamente diferente da que prevalece em famílias em que ambos os progenitores são ou espanhóis ou italianos (PEARL & PEARL, 1908: 194ss.). É também concebível que este possa ser um dos elementos que produzem a mudança de tipo das populações urbanas em comparação com as populações rurais na Europa e que pode ter tido participação ativa na mudança de tipo observada entre os descendentes de imigrantes europeus na América.

Todas as tentativas de reconstruir os elementos componentes de uma população de origem mista estão destinadas a fracassar. Suponhamos, por exemplo, que não conhecêssemos uma raça branca e uma raça negra, mas somente os mulatos. Seríamos capazes de reconstruir uma raça branca e uma raça negra? Se conhecêssemos as leis da herança de cada traço individual, suas inter-relações e as mudanças que podem ocorrer devido à mescla e se, além disso, soubéssemos quais foram as influências do meio ambiente e da seleção, isto poderia parecer possível; porém, estes intrincados mecanismos são conhecidos muito imperfeitamente e a tarefa seria semelhante à de uma pessoa que precisasse resolver uma única equação com muitas quantidades desconhecidas e quase sem guia algum na seleção das quantidades que preencheriam as condições da equação original.

Isto vale até mais para tipos que são aparentados como os da Europa e do Oriente próximo, cujas características corporais são tão pouco divergentes que é impossível atribuir os indivíduos com certeza a um grupo ou ao outro. Tudo o que sabemos é que cada grupo consiste de muitas linhagens familiares divergentes. Não é possível efetuar a reconstrução das linhagens familiares "puras" originais das quais deriva a população atual. Pode-se dar uma infinidade de soluções estatísticas, mas sua interpretação biológica requereria um conhecimento cabal das condições que governam os efeitos da mescla de distintas linhagens familiares.

Não podemos predizer nem sequer estatisticamente, muito menos individualmente, qual será o resultado da mistura de duas raças. Muito menos estamos capacitados para inverter o processo e determinar os tipos dos quais possa ter surgido uma população.

Discutimos até aqui os tipos raciais como aparecem no adulto. Precisamos considerar a maneira como as características hereditárias encontram expressão na evolução do indivíduo. As características raciais específicas – isto é, os traços cuja variação individual é pequena se comparada com as diferenças raciais – se estabelecem, geralmente, na mais tenra idade. A. Schultz demonstrou que os traços característicos do negro e do branco são perceptíveis na vida fetal. Quanto mais pronunciada a diferença entre dois tipos, tanto mais cedo ela se estabelece. Durante este período a diferenciação dos tipos raciais é mais marcada que a diferenciação individual. No decurso do crescimento, tanto o caráter racial como o individual aparecem cada vez mais acentuados e este processo continua através da vida inteira. Por esta razão as características dos tipos locais são, frequentemente, mais distintas nos adultos homens, que têm um período mais intenso e prolongado de desenvolvimento do que as mulheres. São menos marcadas nas crianças. Os tipos raciais mais generalizados se encontrarão entre as crianças e os tipos mais especializados entre os adultos homens. Isto pode ser ilustrado pela análise da forma do nariz das crianças índias, chinesas e brancas, que é muito mais semelhante que entre os adultos. O cavalete do nariz é baixo, sua elevação sobre o rosto é pequena, a pálpebra superior tem frequentemente uma prega interior que confere ao olho uma nítida posição oblíqua. Isto se observa particularmente nos mongoloides e nos índios, mas é também muito frequente nas crianças brancas. Desaparece com o aumento da elevação do nariz sobre o plano do rosto. As proporções entre as extremidades e o corpo nas crianças pequenas destas três raças não são muito diferentes.

Acompanhando a diferenciação de tipos, encontramos também uma diferenciação de características individuais. Depois de chegar a certa idade, a proporção da diferenciação individual excede a da diferenciação racial. As características raciais que não ficaram estabelecidas antes deste momento não se desenvolvem nos anos posteriores. A idade em que ocorre um marcado progresso na individualização não é a mesma para todos os traços. A pigmentação se estabiliza pouco depois do nascimento. A forma da cabeça se estabiliza com a idade de um ou dois anos. O desenvolvimento mais típico do nariz ocorre durante a adolescência.

Podemos expressar isso de outra forma. Os tipos mais generalizados se encontram nos indivíduos mais jovens. O processo de especialização ocorre durante a infância e o mais alto grau de especialização se encontra entre os homens adultos. Portanto, as afinidades entre grupos raciais remotamente relacionados podem ser descobertas mais facilmente comparando as formas fetais e as crianças pequenas. É quase impossível na atualidade fazer afirmações peremptórias a respeito desta questão, porque se conhece muito pouco acerca das formas anatômicas dos jovens entre os australianos, os bosquímanos, os negritos e os índios americanos, e estes pertencem aos grupos mais importantes, cuja posição deve ser determinada.

Parece provável que os diversos grupos tenham cada qual um ritmo característico de desenvolvimento para os diversos traços corporais. Não se sabe com certeza se em tais casos as condições ambientais desempenham um papel importante, ou se nos encontramos diante de traços hereditários. Uma comparação entre crianças judias e não judias que frequentam escolas diferentes mostra que as crianças judias crescem, num primeiro momento, mais rapidamente que as crianças não judias, enquanto mais tarde o ritmo de crescimento destas últimas é mais rápido que o das crianças judias. Em igualdade de condições sociais não ocorreu tal diferença. A ordem de aparição dos dentes permanentes entre os negros sul-africanos e os brancos americanos não é a mesma. As diferenças observadas entre estes dois grupos são muito menores do que as notadas em linhagens familiares em que há claras evidências de tendências hereditárias em relação ao tamanho e também ao ritmo de crescimento.

5
A instabilidade dos tipos humanos

A evolução das raças humanas não pode ser plenamente compreendida enquanto considerarmos a forma corporal como absolutamente estável. Devemos pesquisar a gênese dos diversos tipos.

Embora não seja nosso objetivo discutir e descrever detalhadamente a provável evolução das raças humanas, não podemos omitir algumas considerações gerais.

A fauna mamífera do final do período terciário difere fundamentalmente da dos tempos modernos. Poucas formas daquele período, como, por exemplo, o castor e a marmota, sobrevivem. Na maioria das espécies ocorreram importantes mudanças de forma no espaço de tempo transcorrido desde então. As modificações ocorridas em todas as formas superiores de mamíferos tornam muito improvável que o ser humano tenha existido nessa época e até o presente não foram encontrados restos que sugiram sua presença. Pelo contrário, os poucos exemplares mais antigos do início do período quaternário – como o esqueleto javanês do *Pithecanthropus erectus*, os esqueletos de Pequim e a mandíbula quaternária encontrada em Heidelberg – são inegavelmente diferentes das formas presentes de ser humano. Pelo final do período quaternário aparecem os verdadeiros tipos humanos, particularmente o homem de Neandertal – assim chamado porque foi no Vale do Neander, na Alemanha, que se encontrou o primeiro esqueleto deste tipo. É ainda nitidamente diferente das raças humanas existentes. Podemos descobrir talvez algum traço neandertaloide em algum indivíduo isolado aqui e ali – mais frequentemente em algumas raças do que em outras –, porém não sobrevive nenhuma raça do tipo Neandertal[1].

Parece que, mesmo naquele período tão remoto, a humanidade não era uniforme, já que formas encontradas em Piltdown, na Inglaterra[2], e nas cavernas de Grimaldi, perto de Mentone, representam tipos diferentes.

Formas estreitamente associadas com o ser humano moderno aparecem no período imediatamente posterior ao desaparecimento do homem de Neandertal. Os dados paleontológicos, fragmentários como são, mostram uma mudança de formas a começar pelos mais antigos restos pré-humanos e humanos conhecidos. Não pode-

---

1. M. Boule não opina sobre o mesmo.
2. Uma teoria que já foi desacreditada [N.E.].

mos demonstrar por meio de provas paleontológicas como se desenvolveram os tipos modernos, mas estamos em condições de assegurar que os tipos mais antigos eram diferentes dos de nosso tempo e deixaram de existir.

Uma mudança gradual nos tipos humanos manifesta-se também nas formas morfológicas do ser humano existente. Nas palavras de Wiedersheim: "No decorrer de sua evolução filogenética o corpo do ser humano sofreu uma série de modificações que, em parte, ainda encontram expressão em sua ontogenia. Existem indícios de que ainda continuam as mudanças em sua organização e de que o ser humano do futuro será diferente do ser humano de hoje". As melhores ilustrações destas mudanças se encontram na forma de certos órgãos que estão sofrendo uma redução. Assim, podemos observar que no ser humano moderno o dedo pequeno do pé tem, frequentemente, duas articulações, fenômeno presumivelmente devido à falta de uso funcional. Os dentes também mostram uma tendência à redução gradual, especialmente no tamanho variável dos molares e dos incisivos externos superiores. Uma redução semelhante se observa no extremo inferior do tórax, onde o desenvolvimento das costelas e do esterno mostra grandes variações.

A significação destes fenômenos reside no fato de que na série evolutiva os casos anormais, que se encontram nas diversas raças com variada frequência, aparecem como novas evoluções, que, caso se tornarem normais, aumentariam a diferenciação entre o ser humano e as formas inferiores. A prova concreta da crescente frequência destes traços e de sua transformação em características permanentes não foi apresentada, mas parece plausível.

Conferem especial força a esta dedução a aparição de órgãos rudimentares e sem função e a aparição temporária de traços inferiores durante o desenvolvimento ontogenético.

Além destas variações progressivas, há outras que recordam formas presentes nos mamíferos superiores e que, deste ponto de vista, podem ser chamadas regressivas. As formas especificamente humanas chegaram a ser bastante estáveis, enquanto as formas anteriores ocorrem raramente. Muitos traços do esqueleto e do sistema muscular pertencem a esta categoria. Foram observados em todas as raças da humanidade, mas com frequência desigual. Alguns deles são determinados por causas fisiológicas e não deveriam ser considerados traços hereditários fixos, mas, de um ponto de vista puramente morfológico, podem ser interpretados como indicações da linha ao longo da qual evoluiu o tipo humano.

Existe um outro ponto de vista que devemos ter presente se queremos obter uma compreensão clara da significação dos tipos raciais. O ser humano não é uma forma selvagem, mas deve ser comparado aos animais domesticados. É um ser autodomesticado.

Há muitos anos Fritsch, em seus estudos de antropologia da África do Sul assinalou que existe uma diferença peculiar entre a forma do corpo do bosquímano e do hotentote, quando comparada com a dos europeus: nos primeiros, os ossos são mais delgados e de estrutura muito sólida, ao passo que no europeu o esqueleto aparece mais pesado, mas de estrutura mais aberta. Diferenças semelhantes podem ser observadas comparando-se os esqueletos de animais selvagens e os de animais domesticados; e esta observação o induziu a concluir que os bosquímanos são, em sua condição física, semelhantes até certo ponto aos animais selvagens, enquanto os europeus se parecem, em sua estrutura, aos animais domesticados.

Este ponto de vista – ou seja, que a raça humana em suas formas civilizadas deve ser comparada não com as formas dos animais selvagens, mas sim com as dos animais domesticados – parece-me sumamente importante; e um estudo mais detalhado das condições em que se encontram várias raças sugere que, no momento atual, e em todo o mundo, mesmo entre os tipos mais primitivos de ser humano, têm ocorrido mudanças ligadas à domesticação.

Há três tipos diferentes de mudanças devidas à domesticação que devem ser distinguidos claramente. Os corpos dos animais domesticados sofrem transformações consideráveis como consequência das mudanças em sua nutrição e no emprego do corpo; em segundo lugar, a seleção e, por último, o cruzamento desempenharam um papel importante no desenvolvimento das raças de animais domesticados.

Algumas mudanças do primeiro tipo se devem a uma nutrição mais ampla e mais regular; outras a uma nova dieta imposta pelo ser humano; outras, ainda, à diferente maneira como são postos em funcionamento o sistema muscular e o sistema nervoso. Estas mudanças não são absolutamente iguais entre os animais carnívoros e os herbívoros. O cachorro e o gato, por exemplo, recebem seu alimento com bastante regularidade quando se encontram domesticados; mas o alimento que lhes é dado é de natureza diferente do alimento comido pelo cachorro selvagem e pelo gato selvagem. Mesmo entre povos cuja dieta consiste quase inteiramente de carne, os cachorros são alimentados, em geral, com carne cozida, ou melhor, com as partes cozidas menos nutritivas dos animais, enquanto em outras tribos, que utilizam em grande proporção o alimento vegetal, os cachorros são alimentados, com frequência, com mingaus e outras substâncias vegetais. O mesmo ocorre com nossos gatos, cuja dieta não é de modo algum uma dieta exclusiva de carne. Os esforços realizados pelos animais carnívoros selvagens para obter seu alimento são incomparavelmente maiores que os das correspondentes formas domesticadas e, por esta razão, o sistema muscular e o sistema nervoso central podem ter sofrido mudanças consideráveis.

Os esforços musculares dos animais herbívoros, na medida em que se alimentam de pasto, não mudam de maneira tão considerável. Os hábitos de pastar do gado bovino e ovino em situação de domesticação são mais ou menos os mesmos que os dos animais selvagens da mesma classe; porém, os movimentos rápidos e a vigilância requerida para proteger o rebanho contra os animais predadores desapareceram por completo. Os animais criados em estábulo vivem em condições altamente artificiais e ocorrem neles mudanças substanciais de dieta.

Mudanças devidas a estas causas podem ser observadas nos tipos mais antigos de animais domesticados, como os que se encontram nas aldeias neolíticas da Europa, em que espécies europeias nativas aparecem em forma domesticada (KELLER, 1906; STUDER, 1901). Podem também ser observadas nos cachorros dos diversos continentes, que diferem de forma notável das espécies selvagens das quais derivam. Até o cachorro esquimó, que é um descendente do lobo cinzento e ainda se cruza com o lobo, difere do animal selvagem na forma corporal (BECKMANN, 1894-1895). Observam-se também modificações em animais levemente domesticados como a rena dos chukchee, que difere, no tipo, da rena selvagem da mesma região (BOGORAS, 1904-1909: 73s.; cf. ALLEN, 1903). Acredito ser muito improvável, a julgar pelo que conhecemos dos métodos de domesticação praticados por tribos como as dos esquimós e chuckchees, que a seleção artificial tenha contribuído em medida considerável para as modificações da forma encontradas nestas raças de animais domesticados primitivos. Sua uniformidade é ainda bastante marcada, mas eles assumiram traços diferentes das espécies selvagens, embora ainda se cruzem com as formas selvagens. A mescla de sangue da rena selvagem é favorecida pelos chukchees.

Certo tipo de seleção pode ocorrer nas formas primitivas de domesticação, quando se impede ou estimula o acasalamento e quando se intervém na criação dos animais jovens. Onde se pratica a castração, onde se utiliza o leite, onde os animais jovens são mortos ou separados de suas mães e entregues a outros animais, prevalecem condições altamente artificiais. Ainda que estas não conduzam a nenhum tipo de seleção consciente de formas, perturbam a composição natural dos rebanhos e podem levar a modificações corporais.

Uma diferenciação mais marcada de formas domesticadas só parece ocorrer quando o ser humano começa a selecionar e separar, mais ou menos conscientemente, certas raças particulares. A oportunidade de realizar tal separação tem sido tanto maior quanto mais antiga a domesticação de qualquer espécie particular. Verificamos, portanto, que o número de raças diferentes chegou a ser maior naqueles animais que foram domesticados há mais tempo.

O número de variedades de espécies domesticadas foi também aumentado pelo cruzamento intencional ou não intencional de espécies diferentes, das quais se originaram muitas raças cuja ascendência é, frequentemente, difícil de decifrar.

Na evolução das raças humanas, a mudança de modo de vida e o cruzamento têm sido fatores sumamente atuantes. A condição das tribos de seres humanos no mundo inteiro é tal que não há uma só cujo modo de nutrição seja estritamente análogo ao dos animais selvagens, e uma consideração da cultura humana primitiva demonstra que condições semelhantes prevaleceram durante um longo período. Em todos aqueles casos em que o ser humano pratica a agricultura, quando é dono de rebanhos de animais domesticados que são utilizados como alimento, a provisão de alimento tornou-se regular e é obtida graças à aplicação do sistema muscular em direções altamente especializadas. Exemplos desta condição são os negros centro-africanos, que têm suas hortas perto de suas aldeias, sendo o cultivo dessas hortas trabalho essencialmente feminino, enquanto os homens aplicam seus esforços em vários trabalhos industriais especializados. Também não encontramos entre estas tribos a maneira de usar o corpo empregada pelos animais selvagens para defender-se contra os inimigos. No combate, a força muscular sozinha não é decisiva, mas a excelência das armas e a estratégia contam tanto quanto a simples força e agilidade. As condições entre os índios agricultores americanos do Vale do Mississipi ou entre os das florestas sul-americanas são de natureza semelhante.

Como exemplo de um povo pastoril, em que predomina uma considerável regularidade na nutrição, poderíamos mencionar os criadores de renas da Sibéria ou os criadores de gado da África.

Sabemos, evidentemente, que em todos estes povos ocorrem períodos de aguda escassez, devido a algum fracasso das colheitas e a epidemias nos rebanhos; mas a condição normal é a de provisão bastante ampla e regular de alimentos.

As condições entre as tribos de pescadores não são muito diferentes; graças aos métodos de armazenamento e conservação de provisões e à superabundância de alimentos obtidos durante uma estação, e que pode durar para o resto do ano, a nutrição destes povos é igualmente bastante regular. Aqui também, o tipo de esforço muscular exigido para obter alimento é especializado e difere do esforço exigido para a simples perseguição da caça.

Associadas a estas condições estão também as características seleções de gêneros alimentícios feitas por diferentes tribos, tais como a dieta exclusiva de carne de algumas tribos – mais pronunciada entre os esquimós – e a dieta exclusivamente vegetal de outras, muito generalizada, por exemplo, no sul da Ásia. Ambas têm, com toda probabilidade, um efeito de grande alcance sobre a forma corporal destas raças.

Todas estas condições são de menor importância quando comparadas com o efeito da mudança artificial dos gêneros alimentícios por meio do fogo. A arte culinária é universal. Por seu intermédio a qualidade do alimento e com ela as exigências que se impõem aos órgãos digestivos mudam profundamente. A invenção do fogo remonta a tempos muito remotos. Restos de lareiras ou fornos foram encontrados em estratos paleolíticos que, de acordo com cálculos moderados, remontam a 50.000 anos. O emprego do fogo e a aplicação de métodos de purificação e conservação permitiram ao ser humano utilizar produtos vegetais que, de outro modo, teriam sido prejudiciais (Ida HAHN, 1919). A batata, a bolota da Califórnia, a mandioca, a *cycas* australiana e talvez a aveia silvestre pertencem a este tipo.

Podemos dizer, com justiça, que uma das condições mais fundamentais da domesticação estabeleceu-se ao ser aplicado pela primeira vez o fogo na preparação dos alimentos.

Além do uso do fogo, os meios artificiais de proteção contra o clima e os inimigos são fatores importantes no processo de domesticação, porque modificam essencialmente as condições de propagação e o curso do desenvolvimento individual. Sob influências protetoras, as probabilidades de sobrevivência de várias formas e com isso a composição da população podem ser alteradas substancialmente. As ferramentas e o uso de roupas como proteção contra o clima são os inventos mais importantes deste gênero. O emprego de ferramentas é de data muito antiga. Na realidade, a primeira aparição do ser humano é conhecida somente pela presença de implementos de pedra e deve ser situada no início do período glacial. Aos primeiros implementos de pedra, devidos indubitavelmente à mão do ser humano, pode atribuir-se uma idade de pelo menos 150.000 anos. Evidências do uso de roupas ocorrem também no período paleolítico, aproximadamente na mesma época em que aparecem indícios do uso do fogo.

Deduzimos, pois, que o período de domesticação do ser humano deve ter começado em princípios do período quaternário e intensificou-se com o descobrimento do uso do fogo.

O segundo grupo de causas que mais influenciou o desenvolvimento de diferentes raças de animais domesticados – isto é, a seleção consciente – provavelmente nunca foi muito atuante nas raças humanas. Não sabemos de um único caso em que se possa demonstrar que o casamento entre tipos diferentes de uma mesma estirpe tenha sido proibido; e qualquer seleção que possa ter ocorrido na formação da sociedade primitiva parece ter sido, antes, aquele tipo de seleção natural que estimula o acasalamento entre semelhantes, ou uma seleção tão intrincada como a que se deve às leis sociais do casamento dentro da família, que impediam ou estimulavam os casamentos entre parentes de certo grau e frequentemente também entre membros de gerações diferentes. Assim, em certas tribos é habitual que os filhos de um homem se casem com os de sua irmã, enquanto os filhos de irmãos e os filhos de irmãs não podem casar entre si. Existe um grande número de restrições semelhantes e é muito provável que tenham exercido certo efeito seletivo, embora dificilmente se possa afirmar que seu funcionamento tenha tido resultados muito notáveis sobre a forma do corpo humano. Os costumes que prescrevem matar os gêmeos ou as crianças que apresentam anomalias de forma ou cor também podem ter tido uma leve influência seletiva.

Em alguns casos as leis sociais tiveram o efeito indireto de perpetuar as distinções entre partes separadas de uma população ou, ao menos, de retardar sua completa amalgamação. Tal é o caso onde as leis da endogamia se referem a grupos de origem diferente e pode ser observado, por exemplo, entre as castas de Bengala, onde as castas inferiores são do tipo característico do sul da Índia, enquanto as castas superiores conservam o tipo das tribos do noroeste da Índia (RISLEY & GAIT, 1903). As numerosas castas intermediárias demonstram, no entanto, que as leis da endogamia, mesmo onde são tão rigorosas como na Índia, não conseguem impedir a mescla de sangue. Se em casos extremos a endogamia em grupos pequenos, como entre os antigos egípcios, levou ou não à formação de tipos bem definidos, é uma questão a que não se pode responder, mas o certo é que nenhum destes tipos, encontrando-se no meio de uma grande população, sobreviveu.

O terceiro elemento de domesticação foi muito importante na evolução das raças humanas. Os cruzamentos entre tipos diferentes são tão marcadamente comuns na história dos povos primitivos, e tão marcadamente raros na história dos animais selvagens que neste caso a analogia entre os animais domesticados e o ser humano resulta muito clara. Casos de formas híbridas de animais selvagens superiores são raros em quase toda parte, enquanto os animais domesticados têm sido cruzados e recruzados incessantemente. Os cruzamentos entre os mais diferentes tipos de ser humano ocorrem também frequentemente. Como exemplo, poderíamos mencionar os casamentos entre as tribos hamíticas do Saara e as tribos negras do Sudão (NACHTIGAL, 1879-1881, vol. II: p. 424ss.); as mesclas entre os negritos e os malaios, tão comuns na Península Malaia (MARTIN, 1905: 1.011-1.012) e que são provavelmente, em grande parte, uma causa da peculiar distribuição dos tipos em todo o arquipélago malaio; as mesclas que ocorreram em Fidji; a dos ainus e japoneses na parte norte do Japão; a de europeus e mongóis na Europa oriental; para não falar das mesclas mais recentes entre europeus e outras raças, concomitantes à gradual distribuição dos europeus pelo mundo inteiro.

Os traços distintivos das raças humanas são, em muitos casos, análogos àqueles que caracterizam os animais domesticados[3]. Entre eles estão a melanose, que é um intenso aumento de pigmento, e o albinismo, que é uma acentuada perda de pigmento. O pelo do urso negro, da pantera negra e da toupeira é negro, mas em geral o pelo negro não é comum nos mamíferos selvagens. Indivíduos de pelo negro se encontram em diversas espécies. Foram observados ratos, coelhos, veados, girafas, tigres e arminhos negros.

Mais raro ainda é o pelo loiro e a escassez geral de pigmento que se manifesta na pele clara e nos olhos azuis. Essa perda, no entanto, encontra-se em muitas raças domesticadas, particularmente em porcos e cavalos. A grande variação no tamanho da

---

[3]. A importância de considerar as raças como formas domesticadas foi sublinhada por Johannes Ranke, que comparou a pigmentação dos animais domesticados e do ser humano. Edward Hahn (1896) reconheceu as semelhanças nas condições de vida do ser humano e dos animais domesticados. Eu chamei a atenção para as condições culturais e anatômicas em 1910. B. Klatt (1912) assinalou mudanças na forma do crânio e Friedenthal estudou as condições do cabelo e da pele. A pigmentação do olho foi pesquisada por Hauschild em 1909. As formas do corpo humano como expressões de domesticação foram amplamente discutidas por Eugen Fischer.

cara pertence à mesma classe. O encurtamento da cara, como ocorre em certas raças de ovelhas, porcos, cavalos e cães, e seu alongamento em outras raças, é comparável às formas excessivas que se observam, por um lado, nos brancos, e, por outro, nos negros. O pelo crespo não é característico dos animais selvagens, mas formas semelhantes se encontram na domesticação. O pelo do poodle é um tanto semelhante em sua forma ao do negro. O comprimento excessivo do pelo da cabeça também pode ter-se desenvolvido em condições de domesticação. Não se conhecem animais selvagens com tão excessivo comprimento de pelo, porém nota-se alongamento da melena no cavalo domesticado e do pelo do corpo nos gatos e cachorros. Uma grande variação de estatura é também característica dos animais domesticados em contraste com as formas selvagens.

Importantes mudanças funcionais também são comuns ao ser humano e aos animais domesticados. A periodicidade do funcionamento sexual perdeu-se no ser humano e em vários animais domesticados. As glândulas mamárias que nos animais selvagens se desenvolvem periodicamente tornaram-se permanentes em alguns dos nossos animais domesticados e no ser humano. Parece também que anomalias de conduta sexual tais como o homossexualismo são características dos animais domesticados e de todas as raças humanas.

O processo da domesticação humana só pode ser estudado em seus resultados. A influência direta do meio ambiente pode ser investigada experimental e estatisticamente.

Um exame de organismos, plantas e animais demonstra que em muitos casos a forma variará de acordo com as influências do meio ambiente. Isto é particularmente claro nas plantas. Plantas que crescem habitualmente nas planícies, quando transportadas para grandes alturas, assumem a forma de plantas alpinas. Devido à forte insolação e às noites frias, suas folhas se tornam pequenas e seus troncos se encurtam. Inversamente, plantas alpinas transportadas para as planícies desenvolvem folhas mais compridas e seus troncos se alongam (HABERLANDT, 1917). O ranúnculo que cresce na água tem folhas muito reduzidas, enquanto aquelas partes que crescem no ar têm uma superfície contínua. As plantas que crescem em solo árido têm grossas paredes epidérmicas externas impermeáveis; excretam cera e possuem estômatos profundamente encaixados. Estes traços frequentemente se perdem quando são cultivadas na umidade.

O.F. Cook expressa observações semelhantes como segue:

> Os zoólogos especulam acerca de questões como as seguintes: se de ovos de pica-paus de Vancouver transportados para o Arizona nasceriam pica-paus do Arizona, ou se os indivíduos transportados adquiririam, ao longo de algumas gerações, características próprias do Arizona. O que os pica-paus poderiam ou não fazer depende do grau de elasticidade orgânica que podem possuir, mas o experimento é desnecessário para responder à questão geral,

já que as plantas mostram um alto desenvolvimento desta capacidade de rápida adaptação a condições diversas. Nem sequer é necessário que os ovos sejam incubados no Arizona. Muitas plantas, como já se observou, podem adaptar-se a tais mudanças em qualquer etapa de sua existência e estão habituadas a fazê-lo regularmente. Elas são ao mesmo tempo peixe e animal. Na água têm forma, estrutura e funções de outras espécies estritamente aquáticas; na terra estão igualmente preparadas para comportar-se como espécies terrestres.

Tudo isto demonstra que uma espécie deve ser definida descrevendo toda a escala de suas variações em cada tipo de ambiente em que ela possa ocorrer. Em outras palavras, sua forma é determinada pelas causas ambientais. Não se deve considerar a espécie como absolutamente estável, nem tampouco sujeita a variações acidentais, mas determinada de maneira definida pelas condições da vida.

Prevalece a impressão geral de que, entre os mamíferos superiores, esta variabilidade é tão leve que pode ser desprezada, e que particularmente no ser humano as linhagens de uma mesma origem são estáveis. No entanto, numerosas observações demonstram que a forma corporal depende das condições exteriores. Hans Przibram pesquisou a influência da temperatura do corpo sobre o comprimento da cauda de ratos e descobriu que, quando se eleva a temperatura do corpo transplantando os ratos de um clima fresco artificial para outro quente, aumenta o comprimento proporcional do rabo dos ratos que vivem e nascem no clima mais quente.

Membros de uma mesma raça vivem em condições climáticas e sociais muito diferentes. Os europeus estão espalhados pelo mundo inteiro. Habitam no ártico e nos trópicos, em desertos e em países úmidos, em grandes alturas e em baixas planícies. Quanto ao estilo de vida, podemos destacar o profissional, o sedentário, o operário, o aviador e o mineiro. Alguns europeus têm um estilo de vida não muito diferente do de povos mais simples, pois o modo de vida dos índios agricultores da América do Norte no tempo de Colombo ou o de algumas tribos negras de agricultores são, no que concerne à nutrição e à ocupação, muito semelhantes ao deles. Também alguns dos pescadores da costa da Europa podem ser comparados, quanto a seu modo de vida, aos pescadores da América ou da Ásia. Comparações mais diretas podem ser estabelecidas entre os povos da Ásia oriental, onde podemos contrastar os chineses cultos com as tribos primitivas do Rio Amur, os japoneses do norte com os ainus, os malaios civilizados com as tribos montanhesas de Sumatra ou das Filipinas. Dentro da raça negra é possível formular comparações semelhantes quando contrastamos a pequena classe instruída de negros na América com os tribais africanos; e, dentro da raça americana, quando comparamos os índios instruídos, especialmente da América espanhola, com as tribos das pradarias e das florestas virgens.

É obvio que em todos estes casos estamos comparando grupos da mesma origem, mas que vivem em diferentes condições geográficas, econômicas, sociais e ambientais. Se encontramos diferenças entre eles, estas só podem dever-se, direta ou indiretamente, ao meio ambiente. Assim apresenta-se o problema fundamental: até que ponto os tipos humanos são estáveis e até que ponto são variáveis sob as influências do ambiente?

É difícil empreender esta investigação com base numa comparação direta entre tipos primitivos e tipos civilizados pertencentes às mesmas raças, em parte porque é difícil conseguir o material e em parte porque a homogeneidade da raça oferece frequentemente motivo de dúvida; mas torna-se imediatamente evidente que as investigações sobre a variabilidade dos tipos humanos que vivem sob o efeito de diferentes tipos de ambiente nos ajudarão a obter uma melhor compreensão do assunto examinado, de modo que somos levados a uma discussão mais geral do problema da estabilidade ou variabilidade da forma do corpo humano.

A tendência geral do estudo antropológico tem sido a de supor a permanência das características anatômicas das raças atuais, começando com as raças europeias do início do neolítico. Kollmann, o mais entusiasta defensor desta teoria, sustenta que os vestígios humanos mais antigos descobertos nos depósitos neolíticos da Europa representam tipos que ainda se encontram inalterados entre a moderna população civilizada do continente. Ele procurou identificar todas as variedades encontradas na população pré-histórica neolítica com aquelas que vivem na época presente.

Todos os estudos da distribuição das formas da cabeça e de outros traços antropométricos mostraram uniformidade em superfícies contínuas consideráveis e através de longos períodos; daí a natural dedução de que a hereditariedade controla as formas antropométricas, e que, portanto, estas são estáveis (DENIKER, 1900).

Nem todas as características do corpo humano podem ser consideradas igualmente estáveis. Mesmo se a forma da cabeça e outras proporções devam ser determinadas inteiramente pela hereditariedade, é fácil ver que o peso depende das condições mais ou menos favoráveis da nutrição. Mais ainda, todo o volume do corpo é parcialmente determinado pelas condições prevalecentes durante o período do crescimento.

Isto ficou demonstrado pelo aumento geral de estatura ocorrido na Europa desde meados do século XIX. Isto foi provado com toda a clareza comparando as medidas dos estudantes de Harvard com as de seus próprios pais, que haviam frequentado a universidade. A diferença a favor da geração mais jovem naqueles indivíduos cujo desenvolvimento pode ser considerado completo é de cerca de 4cm (BOWLES, 1932: 18). Os judeus nativos da cidade de Nova York medidos em 1909 acusaram em todos os aspectos medidas inferiores às dos medidos em 1937 (BOAS, material inédito). A diferença é manifesta tanto nos adultos como nas crianças de idades correspondentes. A tabela seguinte mostra a porcentagem média de aumento em relação à medição de 1909:

	Homens	Mulheres
Estatura	6,5	2,6
Comprimento da cabeça	2,3	1,6
Largura da cabeça	1,3	1,2
Largura do rosto	3,8	2,4

Embora o aumento da estatura total seja maior que o das medidas da cabeça, tanto a série presente como a série de medições de várias partes do tronco e das extremidades feitas em Harvard demonstram que há um aumento em todas as dimensões, aumento que não depende somente da influência indireta do aumento em volume corporal. É uma expressão da variada reação do corpo às mudanças do ambiente.

O período da fome na Europa central, devido ao bloqueio e sua criminosa extensão durante o período da disputa pelo butim de guerra, mostra o efeito da nutrição insuficiente sobre o desenvolvimento do corpo. Um grupo de aprendizes de Viena, medidos em 1919 e 1921, tinha as seguintes medidas (LEBZELTER, s.d.):

Idades	Estatura em cm		Peso em kg	
	1919	1921	1919	1921
14-15	151,8	154,6	40,9	44,3
15-16	155,3	158,7	42,7	45,5
16-17	160,5	162,6	47,5	50,1
17-18	165,3	163,3	51,3	53,6

As diferenças entre os ricos e os pobres são também extraordinárias. Muitas observações mostraram que o tamanho do corpo depende da condição econômica dos pais. Os estudos de Bowditch sobre o crescimento dos escolares de Boston e muitos outros provaram este ponto. As crianças judias de Nova York que frequentam as escolas públicas superam as de um orfanato em 6 ou 7cm (BOAS, 1932, 1933); as crianças negras que frequentam as escolas públicas superam as de um orfanato em proporção semelhante (BOAS, material inédito). Os estudos de Gould provaram que os nativos de todas regiões no Oeste alistados e medidos durante a Guerra da Secessão eram mais altos que os alistados no Leste.

As mudanças no volume do corpo estão, necessariamente, relacionadas com as mudanças de proporções. Deixando de lado o desenvolvimento pré-natal, verificamos que, no momento do nascimento, algumas partes do corpo estão tão plenamente desenvolvidas que não se encontram muito longe do seu tamanho final, enquanto outras estão muito pouco desenvolvidas. Assim, o crânio é, comparativamente falando, grande no momento do nascimento, cresce rapidamente durante um curto período, mas logo se aproxima do seu tamanho final e depois continua a crescer muito lentamente. As extremidades, por outro lado, crescem rapidamente durante muitos anos. Outros órgãos não começam seu rápido desenvolvimento senão muito mais tarde. Assim sucede que as influências retardadoras ou aceleradoras que atuam sobre o corpo em diferentes períodos do crescimento podem dar resultados totalmente diferentes. Depois que o crescimento da cabeça quase se completou, influências retardadoras ainda podem influir sobre o comprimento dos membros. O rosto, que cresce rapidamente durante um período mais prolongado que o crânio, pode ser influenciado mais tarde que este último. Em suma, a influência do ambiente pode ser tanto mais marcada quanto menos desenvolvido for o órgão sujeito a ela.

Mudanças na forma final podem ser determinadas também pela profissão. Um estudo da forma da mão, realizado por Buzina e Lebzelter, demonstrou que a proporção entre largura e comprimento difere consideravelmente segundo as diversas ocupações. A proporção encontrada foi para os:

Ferreiros	46,9
Serralheiros	46,3
Pedreiros	46,4
Tipógrafos	43,3
Empregados dos correios	43,8

A diminuição desta proporção se deve principalmente a uma diminuição da largura da mão.

A tendência geral destes estudos do crescimento acentua assim a importância do efeito do ritmo do desenvolvimento sobre a forma final do corpo. As enfermidades na primeira infância, a desnutrição, a falta de sol, de ar puro e de exercício físico são causas retardadoras, que fazem com que um indivíduo em crescimento de uma certa idade seja, em seu desenvolvimento fisiológico, mais franzino que outro sadio e bem nutrido, que goza de abundante ar puro e exercita convenientemente seu sistema muscular. O retardamento ou a aceleração têm, porém, o efeito de modificar o curso posterior do desenvolvimento, de modo que o estado final será tanto mais favorável quanto menor for o número de causas retardadoras.

Estes fatos relacionados com o crescimento são de fundamental importância para a correta interpretação dos tão discutidos fenômenos da interrupção precoce do crescimento. Entre os membros de uma mesma raça, um período prolongado de crescimento num meio ambiente desfavorável vai de mãos dadas com um desenvolvimento desfavorável, enquanto um período abreviado de crescimento num meio ambiente favorável resulta em dimensões maiores em todas as medidas físicas. Daí que, ao julgar o valor fisiológico da interrupção do crescimento, o simples fato de o crescimento cessar em uma raça mais cedo que em outra não pode ser considerado significativo por si mesmo, sem observar as condições que determinam a rapidez do crescimento.

Até aqui fica ainda por resolver a questão: em que medida pode haver nos tipos humanos mudanças que não podem ser explicadas por aceleração ou retardamento do crescimento?

Rieger procurou atribuir as diferenças na forma da cabeça ao efeito de condições fisiológicas e mecânicas, e Engel destaca o efeito da pressão dos músculos sobre as formas da cabeça. Walcher e Nyström tentam explicar as diferentes formas da cabeça considerando a posição do bebê no berço. Estes autores acreditam que a posição deitado de costas produz cabeças redondas e que a posição lateral produz cabeças alongadas. Parece, no entanto, que as diferenças na forma da cabeça em extensas superfícies da Europa onde as crianças são tratadas da mesma maneira são demasiado grandes para tornar aceitável esta explicação.

Foram feitas numerosas observações que demonstram de modo conclusivo uma diferença entre o tipo urbano e o tipo rural. Estas observações foram efetuadas pela primeira vez por Ammon, que mostrou que a população urbana de Baden difere da população rural na forma da cabeça, na estatura e na pigmentação. Ele pensava que isto se devia à migração seletiva, supondo uma relação entre as atrações da vida citadina e a forma da cabeça. Sua observação está de acordo com as observações realizadas por Livi (1896: 87) nas cidades da Itália, que mostram também uma diferença quando comparadas com o campo circundante.

Um esclarecimento dado por Livi parece explicar adequadamente a diferença entre população da cidade e população do campo, sem que haja necessidade de supor algum efeito considerável da seleção natural, o que pressupõe uma correlação improvável entre a escolha de domicílio, ou entre mortalidade e fertilidade, por um lado, e traços como a forma da cabeça e a pigmentação, por outro. A mudança de tipo nas cidades, pelo que se tem observado, é de tal natureza que o citadino típico sempre mostra grande semelhança com o tipo médio de todo o vasto distrito em que está situado. Se a população rural local é acentuadamente de cabeça arredondada e o tipo geral de uma superfície maior da qual provém a população citadina é de cabeça mais alongada, então a população da cidade será de cabeça mais alongada e vice-versa.

Um estudo mais cuidadoso da população da cidade demonstra que esta explicação não é adequada. Se o movimento para a cidade a partir das regiões distantes do campo fosse a causa das mudanças de tipo, esperaríamos encontrar os habitantes da cidade muito mais heterogêneos que a população rural. Mas não é esse, absolutamente, o caso; a diferença de variabilidade entre a cidade e o campo é muito insignificante. A população de Roma oferece um excelente exemplo desta natureza. Se supusermos que os romanos que por milhares de anos se concentraram na cidade, provenientes de todas as partes do Mediterrâneo e do sul da Europa, mantiveram a forma corporal de seus antepassados, e se seus descendentes ainda sobrevivem, seria de esperar um altíssimo grau de variabilidade. Na realidade, a variabilidade é quase a mesma que a encontrada no campo dos arredores.

Até tempos muito recentes não se possuía prova alguma de verdadeiras mudanças de tipo, exceto as observações de Ammon e as de Livi sobre as características físicas das populações rurais e urbanas a que acabo de referir-me, e algumas outras acerca da influência da altitude sobre a forma física.

Uma influência direta do ambiente sobre a forma corporal do ser humano foi encontrada no caso dos descendentes de imigrantes europeus nascidos na América (BOAS, 1911; GUTHE, 1918; HIRSCH, 1927) e no dos japoneses nascidos no Havaí (SCHAPIRO, 1937: 109ss.). Os traços estudados dos descendentes de imigrantes foram as medidas da cabeça, a estatura, o peso e a cor do cabelo. Entre estes, só a estatura e o peso estão estreitamente vinculados com o ritmo do crescimento, enquanto as medidas da cabeça e a cor do cabelo estão apenas levemente sujeitas a estas influências. As diferenças na cor do cabelo e no desenvolvimento da cabeça não pertencem ao grupo de medidas que dependem, em seus valores finais, das condições fisiológicas existentes durante o período de crescimento. Pelo que se sabe, dependem principalmente da hereditariedade.

A forma da cabeça dos descendentes nascidos na América difere da de seus pais. As diferenças se desenvolvem na primeira infância e persistem durante toda a vida. O índice cefálico do nascido no estrangeiro é praticamente o mesmo, seja qual for a idade do indivíduo no momento da imigração. Poder-se-ia esperar isto quando os imigrantes são adultos ou quase maduros; mas até crianças que chegam aqui com um ano ou poucos anos de idade desenvolvem o índice cefálico característico do nascido no estrangeiro. Para os judeus este índice gira em torno de 83, mas o dos nascidos na América muda subitamente. O valor cai para cerca de 82 para os nascidos imediatamente depois da imigração de seus pais e atinge 79 na segunda geração, isto é, entre os filhos dos filhos de imigrantes nascidos na América. O efeito do ambiente americano se faz sentir de imediato, e aumenta lentamente com o passar do tempo transcorrido entre a imigração dos pais e o nascimento dos filhos. Observações feitas em 1909 e em 1937 dão o mesmo resultado.

As condições entre os sicilianos e os napolitanos são muito semelhantes às observadas entre os judeus. O índice cefálico dos nascidos no estrangeiro permanece constantemente quase no mesmo nível. Os nascidos na América imediatamente após a chegada de seus pais mostram leve aumento do índice cefálico.

A imigração italiana é tão recente que é muito pequeno o número de indivíduos nascidos muitos anos após a chegada de seus pais à América e não tem sido observado nenhum indivíduo da segunda geração. Por esta razão é quase impossível decidir se o aumento do índice cefálico continua com o espaço de tempo transcorrido entre a imigração dos pais e o nascimento dos filhos.

As formas da cabeça dos porto-riquenhos sugerem também instabilidade da forma expressa pelo índice cefálico. Os homens adultos com um dos progenitores nascido na Espanha tinham um índice de 79,7. Os porto-riquenhos nativos, sem nenhuma mescla ou pelo menos com uma mescla muito insignificante de sangue negro, tinham um índice de 82,8, enquanto os que tinham mescla de negro acusavam um índice de 80,8. Já que os negros americanos têm um índice médio de 76,9 e os mulatos de 77,2, deve haver uma causa local para o aumento. Não é provável que subsista suficiente sangue índio para causar o encurtamento da cabeça. Parece sumamente plausível que também aqui estejamos diante de outra mudança devida a causas ambientais. Observações realizadas em Havana não estão totalmente de acordo com as efetuadas em Porto Rico (BOAS, 1920: 247). Georges Rouma encontrou para as crianças brancas um índice de 78,6, para as mulatas 77,5 e para as negras 76,6. Talvez um número maior de elementos de origem espanhola possa explicar o baixo índice dos brancos.

Seria errôneo sustentar que todos os diferentes tipos europeus se converteram em um só na América, sem se mesclar, unicamente pela ação do novo ambiente. Os dados disponíveis demonstram apenas as condições prevalecentes em algumas poucas cidades. A história dos tipos britânicos na América, dos holandeses nas Índias Orientais, dos espanhóis na América do Sul favorece a suposição de uma plasticidade estritamente limitada. Nossa discussão deveria fundar-se nesta base mais conservadora, a menos que se possa provar um leque inesperadamente amplo da variabilidade de tipos.

O efeito do ambiente sobre a forma corporal poderia ser melhor determinado se fosse possível estudar as formas corporais de indivíduos de idêntica constituição genética que vivem em tipos diferentes de ambiente. Esta oportunidade é oferecida pelos gêmeos idênticos, isto é, os gêmeos engendrados em um só óvulo. Infelizmente é pequeno o número de casos em que sabemos com certeza que os gêmeos se desenvolveram deste modo. Geralmente a identidade é deduzida de sua semelhança, e sua semelhança é tomada como resultado de sua identidade. Ainda que seja provável que por este método se possa descobrir a maioria dos gêmeos idênticos, a lógica da seleção é insatisfatória e devemos aceitar seus resultados como aproximações.

Von Verschuer mostrou que, durante o período da adolescência, os gêmeos idênticos são mais dessemelhantes do que na primeira infância ou na idade adulta. Isto é uma expressão daquela parte da variabilidade no ritmo do crescimento que se deve a causas exteriores e que se observa em todos os estudos sobre o crescimento. Um estudo do índice cefálico dos gêmeos, baseado em material recolhido por Dahlberg na Noruega, demonstra que a variabilidade fraternal do índice cefálico de gêmeos considerados idênticos é de ± 1,5, enquanto o de gêmeos fraternos é de ± 2,3[4]. A considerável variabilidade dos gêmeos idênticos deve ser atribuída em parte a causas ambientais e em parte também à provável inclusão de alguns pares não idênticos. Até que ponto causas patológicas externas podem influenciar o desenvolvimento mostra-o o desenvolvimento de um dos gêmeos idênticos, privado da oportunidade de desenvolver-se convenientemente devido à sua posição no útero. Não há razão para supor que, em condições exteriores diferentes, a diversidade dos gêmeos idênticos não poderá aumentar consideravelmente. Uma pesquisa detalhada efetuada por Newman sobre o desenvolvimento corporal e mental dos gêmeos idênticos criados separadamente demonstra que o funcionamento fisiológico e psicológico está marcadamente sujeito a influências ambientais.

A seleção é outra possível causa da mudança de tipo de uma população. A extinção de tribos como os tasmanianos ou os índios californianos, provocada por um excessivo índice de mortalidade, incluindo a impiedosa perseguição por parte dos colonizadores, e por uma taxa cada vez mais baixa de natalidade, não afeta o grupo sobrevivente. Dentro de um grupo devemos esperar mudanças de tipo onde quer que exista uma correlação entre a forma corporal e o índice de natalidade, morbidade, acasalamento e segregação. Estas correlações existem em todas as populações heterogêneas com estratificação social. As linhagens familiares nunca são exatamente as mesmas. Se as linhagens familiares são socialmente estratificadas, as diferenças em índice de natalidade, mortalidade ou migração, que são socialmente determinadas, produzem mudanças no tipo geral. Exemplos de tal estratificação são muito numerosos. Em países como os Estados Unidos, com forte imigração heterogênea, em que o *status* social e a situação do imigrante são determinados principalmente pelo país de origem, tais mudanças seletivas devem ocorrer.

Mesmo em populações heterogêneas a seleção só pode resultar efetiva quando a heterogeneidade dos estratos sociais é devida à hereditariedade. Se for determinada por causas fisiológicas como diferenças na nutrição e na ocupação dos grupos sociais, e não por condições transmitidas hereditariamente, não haverá uma pronunciada mudança de tipo devida à seleção. Esta consideração é frequentemente esquecida e, por este motivo, muitos dos fatos alegados não são significativos.

A seleção atua principalmente através da estratificação social. Não depende de modo imediato da forma corporal. Os efeitos da seleção só podem ser determinados através de um exame acurado em cada estrato socialmente homogêneo dos sobrevi-

---

4. Estas variabilidades são determinadas pelos mesmos métodos que explicamos na p.47 Elas representam a variabilidade que se encontraria se estes não fossem dois gêmeos idênticos, mas sim um número infinito de irmãos ou irmãs idênticos em cada família. Os valores são derivados do coeficiente de correlação para os gêmeos idênticos da série de Dahlberg.

ventes de um dado tipo, comparados com os que morreram, através de um estudo da relação da fecundidade e da tendência a emigrar com a forma corporal.

Quase não conheço exemplos que provem, sem sombra de dúvida, a influência direta da seleção no sentido de que a morbidade, a fecundidade, a emigração e o acasalamento seletivo dependem comprovadamente apenas de formas corporais saudáveis – deixando de lado casos de perseguição de um estrato social que tem uma distribuição hereditária de frequência de tipos diferente da distribuição da população geral.

Também se argumenta que os indivíduos pouco pigmentados estão mais expostos à malária que os de cor escura, e von Luschan (1922: 92) presume uma eliminação gradual dos curdos loiros que migram para as planícies da Mesopotâmia.

A forte insolação dos trópicos é desfavorável aos europeus de escassa pigmentação, enquanto as raças mais escuras estão mais protegidas. Condições desta natureza produzirão uma mudança gradual de tipo numa população exposta a elas por um longo período.

Existem outras provas de uma relação entre a forma corporal e a incidência de certas enfermidades que podem exercer uma leve influência sobre a composição de uma população. As investigações modernas acerca da compleição física estão orientadas neste sentido. Fica por determinar em que medida seus resultados terão influência duradoura.

6
A posição morfológica das raças

Até aqui analisamos a composição das populações, o efeito da hereditariedade e o grau de instabilidade dos tipos humanos. Devemos agora considerar a significação dos tipos fundamentalmente diferentes.

Todo o problema da relação entre as raças se encontra envolto na questão se formas semelhantes estão sempre geneticamente relacionadas, ou se pode ter ocorrido aqui e ali um desenvolvimento paralelo sem parentesco genético. Procuramos demonstrar que o ser humano é uma forma domesticada. As mudanças corporais produzidas pela domesticação têm sido observadas em todas as espécies de animais. São determinadas fisiologicamente pela influência da domesticação sobre o organismo, e todas as diferentes espécies reagem de maneira semelhante. Portanto, é preciso supor que aqueles traços do corpo humano que são determinados pela domesticação podem ter se desenvolvido independentemente em diversas partes do mundo, e que perda de pigmentação (albinismo) e aumento de pigmentação (melanose), cabelo ondulado ou crespo, estatura alta ou baixa e rosto pequeno, quando ocorrem em regiões separadas umas das outras, não provam necessariamente uma comunidade de origem. Este é o ponto de vista adotado também por Eugen Fischer (1914).

Da distribuição das formas domesticadas atuais podemos deduzir que os antepassados do ser humano teriam tido pele amarelada, talvez cabelo levemente ondulado, cabeça moderadamente longa, rosto não tão longo e talvez um pouco mais largo que o dos europeus, com um nariz provavelmente mais baixo, estatura menor e cérebro grande.

Semelhantes reações a causas ambientais são muito frequentes no mundo orgânico. Em plantas, a constituição peculiar da vegetação do deserto não se limita a uma só espécie. A família dos cactos da América e a das *Euphoriaceae* da África são semelhantes em sua aparência exterior.

No seguinte parágrafo Arthur W. Willey cita alguns casos de paralelismo nos animais.

> O exemplo mais notável dos três princípios de divergência, convergência e paralelismo, ao mesmo tempo, é evidentemente o oferecido pelas séries paralelas apresentadas pelos mamíferos marsupiais ou *Metatheria*, por um lado, e pelos mamíferos placentários comuns ou *Eutheria*, por outro. [...] Paralelismos semelhantes são descobertos ao comparar as séries dos insetívoros e dos roedores, a couraça espinhosa dos ouriços assemelhando-se à

dos porcos-espinho, os hábitos arbóreos dos musaranhos das árvores (*Typaiidae*) aos dos esquilos (*Sciuridae*), os hábitos terrestres, noturnos e semidomesticados dos musaranhos da terra aos dos camundongos e ratos, enquanto os hábitos aquáticos e o voo em paraquedas também se encontram em ambas as ordens. O musaranho almíscar (*Crocidura murina*) é muito semelhante ao rato em seu comportamento geral, ainda que seus olhos sejam pequenos e sua dentição seja a dos insetívoros. A evolução paralela acompanhada de convergência é a expressão de formações análogas em dois ou mais animais pertencentes a subdivisões diferentes, que podem ter adquirido uma diferenciação semelhante de aparência exterior ou organização interna independentemente, através de distintas linhagens, não oferecendo os pontos que se assemelham entre si nenhuma indicação de afinidade genética ou sequer de associação bionômica.

Ao considerar as formas raciais de um ponto de vista puramente morfológico, importa sublinhar o fato de que esses traços em que o ser humano se diferencia mais marcadamente dos animais não ocorrem coerentemente numa única raça, senão que cada raça é eminentemente humana a partir de um ponto de vista diferente. Em todos estes traços a distância que separa o ser humano do animal é considerável e as variações entre as raças são insignificantes se comparadas com ela. Assim encontramos que, em relação ao crânio, o rosto do negro é maior que o do índio americano, cujo rosto é, por sua vez, maior que o do branco. A porção inferior do rosto do negro tem dimensões maiores. O prognatismo da arcada alveolar faz com que seu aspecto lembre os antropoides superiores. Não se pode negar que este traço é uma característica mais constante das raças negras e representa um tipo levemente mais próximo do animal que o tipo europeu. Outro tanto se pode dizer dos narizes largos e achatados do negro e em parte do mongol.

Se aceitarmos as teorias gerais de Klaatsch, Stratz e Schoetensack, que consideram o australiano como o tipo de ser humano mais antigo e generalizado, poderíamos também chamar a atenção sobre as vértebras delgadas, o pouco desenvolvimento da curvatura da coluna vertebral, que Cunningham foi o primeiro a observar, e as características do pé, que recordam as necessidades de um animal que vive nas árvores e cujos pés deviam servir ao propósito de subir de ramo em ramo.

Ao interpretar estas observações, é necessário reforçar com insistência o fato de que as raças que estamos acostumados a denominar raças superiores não estão, de modo algum e em todos os aspectos, muito distanciadas do animal. O europeu e o mongol têm os cérebros maiores; o europeu tem o rosto pequeno e o nariz arrebitado – todas características mais distanciadas do provável antepassado animal do ser humano do que os traços correspondentes de outras raças. Por outro lado, o europeu partilha características inferiores com o australiano, conservando ambos em máximo grau a pelagem abundante do antepassado animal, enquanto o desenvolvimento especificamente humano do lábio vermelho é mais marcado no negro. As proporções das extremidades do negro são também mais diferentes das proporções correspondentes nos antropoides superiores que as dos europeus.

Ao interpretar estes dados à luz dos conceitos biológicos modernos, podemos dizer que os traços especificamente humanos aparecem com intensidade variável em diversas raças e que a divergência em relação ao antepassado animal desenvolveu-se em diversas direções. De diferenças estruturais como estas a que nos referimos deduziu-se comumente que as raças que exibem características inferiores devem ser mentalmente inferiores. Esta referência é análoga àquela que atribui traços morfológicos inferiores aos criminosos e outras classes socialmente inadaptadas. Neste último caso não conseguimos encontrar nenhuma comparação meticulosa com os irmãos e irmãs não criminosos ou socialmente adaptados destes grupos, que seria o único meio de se poder verificar a teoria da inferioridade morfológica.

Do ponto de vista estritamente científico, todas estas deduções parecem expostas às mais sérias dúvidas. Foram feitas apenas umas poucas pesquisas em relação a estes problemas, mas seus resultados foram totalmente negativos. A mais significativa delas é o esmerado esforço realizado por Karl Pearson no sentido de pesquisar a relação entre a inteligência e o tamanho e a forma da cabeça. Suas conclusões são tão significativas que vou repeti-las aqui: "A responsabilidade de provar que outras medições e observações psicológicas mais sutis conduziriam a resultados mais nítidos pode ficar agora, a meu juízo, para aqueles que *a priori* consideram provável tal associação. A mim, pessoalmente, o resultado da presente pesquisa convenceu-me de que no ser humano há pouca relação entre as características físicas exteriores e as características psíquicas". Creio que todas as pesquisas feitas até o momento atual nos obrigam a supor que as características do sistema ósseo, muscular, visceral ou circulatório não têm praticamente nenhuma relação direta com a capacidade mental do ser humano (MANOUVRIER, 1890).

Passemos a estudar agora o importante assunto do tamanho do cérebro, que parece ser o único traço anatômico que se relaciona diretamente com o tema em questão. Parece plausível que, quanto maior for o sistema nervoso central, tanto mais elevada será a capacidade da raça e maior sua aptidão para as realizações mentais. Repassemos os fatos conhecidos. Há dois métodos em uso para averiguar o tamanho do sistema nervoso central: a determinação do peso do cérebro e a da capacidade da cavidade craniana. O primeiro destes métodos é o que promete resultados mais exatos. Naturalmente, o número de europeus cujo peso cerebral foi verificado é muito maior que o de indivíduos de outras raças. Dispõe-se, no entanto, de dados suficientes para estabelecer, sem sombra de dúvida, o fato de que o peso do cérebro dos brancos é maior que o da maioria das outras raças, especialmente maior que o dos negros. As pesquisas sobre a capacidade craniana estão totalmente de acordo com estes resultados. Segundo Topinard, a capacidade do crânio dos homens do período neolítico na Europa é em torno de 1.560cm (44 casos); a dos europeus modernos é a mesma

(347 casos); a da raça mongoloide 1.510cm (68 casos); a dos negros africanos[1] 1.405cm (83 casos); e a dos negros do Oceano Pacífico 1.460cm (46 casos). Aqui encontramos, pois, uma decidida diferença a favor da raça branca.

Ao interpretar estes fatos, devemos nos perguntar: O aumento do tamanho do cérebro demonstra um aumento da aptidão? Isto pareceria sumamente provável e poder-se-iam aduzir fatos que falam a favor desta suposição. O primeiro deles é o tamanho relativamente grande do cérebro entre os animais superiores e o tamanho ainda maior no ser humano. Além disso, Manouvrier (1866-1877) mediu a capacidade craniana de trinta e cinco homens eminentes. Descobriu que sua capacidade média era de 1.665cm contra 1.560 da média geral, derivada da medição de 110 indivíduos. Por outro lado encontrou que a capacidade craniana de quarenta e cinco assassinos era de 1.580cm, também superior à média geral. O mesmo resultado se obteve da pesagem dos cérebros de homens eminentes. Os cérebros de trinta e quatro deles demonstraram um aumento médio de 93 gramas acima do peso médio do cérebro de 1.357 gramas. Outro fato que pode ser aduzido em favor da teoria de que os cérebros maiores vão acompanhados de maior aptidão é que as cabeças dos melhores estudantes ingleses são maiores que as dos alunos comuns (GALTON, 1869). Contudo, não se deve exagerar a força dos argumentos proporcionados por estas observações.

Em primeiro lugar, nem todos os cérebros dos homens eminentes são excepcionalmente grandes. Pelo contrário, foram encontrados na série alguns excepcionalmente pequenos. Ademais, a maioria dos pesos de cérebros que constituem a série geral é obtida em institutos anatômicos; e os indivíduos que vão para lá são insuficientemente desenvolvidos em consequência de uma nutrição deficiente e de condições de vida desfavoráveis, enquanto os homens eminentes representam uma classe muito melhor nutrida. Assim como a má nutrição reduz o peso e o tamanho de todo o corpo, reduzirá também o tamanho e o peso do cérebro. Não é seguro, portanto, que a diferença observada se deva inteiramente à aptidão superior dos homens eminentes. Isto pode explicar também o tamanho maior dos cérebros das classes profissionais quando comparadas com as dos trabalhadores incultos (FERREIRA, 1903).

Apesar destas restrições, o aumento do tamanho do cérebro nos animais superiores e a falta de desenvolvimento nos indivíduos microcefálicos são fatos fundamentais que tornam mais que provável que o aumento de tamanho do cérebro acompanhe a um aumento da aptidão, embora a relação não seja tão imediata como frequentemente se supõe.

---

1. O valor para os negros africanos é aqui muito pequeno. Outra série citada por Topinard (1885: 622), que consiste em 100 crânios de cada grupo, dá as seguintes médias: parisienses, 1.551cm; auvérnios, 1.585cm; negros africanos, 1.477cm; neocaledônios, 1.488cm (um erro de imprensa no livro de Topinard traz este último número como 1.588cm).

A razão para a falta de estreita correlação entre o peso do cérebro e as faculdades mentais não deve ser buscada muito longe. O funcionamento do cérebro depende de células e fibras nervosas que não constituem, de modo algum, toda a massa do cérebro. Um cérebro com muitas células e complexas conexões entre elas pode conter menos tecido conjuntivo que outro de estrutura nervosa mais simples. Em outras palavras, se há uma estreita relação entre forma e capacidade, ela deve ser procurada antes nos traços morfológicos do cérebro que no seu tamanho. Existe uma correlação entre o tamanho do cérebro e o número de células e fibras, mas essa correlação é precária (DONALDSON, 1895; PEARL, 1905). Um resumo do estado atual de nossos conhecimentos, oferecido por G. Levin (1937), concorda inteiramente com as afirmações anteriores, demonstrando que "os sinais de inferioridade não têm nenhuma justificativa para serem considerados como tais". Ocorrem nos cérebros de todas as raças, tanto nos cérebros de pessoas eminentes como nos de pessoas de inteligência comum. Mais ainda, o funcionamento do mesmo cérebro depende de sua irrigação sanguínea. Se esta não for adequada, o cérebro não funciona corretamente.

Apesar dos numerosos esforços realizados para encontrar, entre os cérebros de diferentes raças humanas, diferenças estruturais que pudessem ser diretamente interpretadas em termos psicológicos, não se chegou a nenhum resultado conclusivo. O estado em que se encontra o nosso conhecimento foi bem resumido por Franklin P. Mall, que argumenta que, devido à grande variabilidade dos indivíduos que constituem cada raça, as diferenças raciais são sumamente difíceis de descobrir, e que até o presente não se encontrou nenhuma que resista a uma crítica rigorosa.

Entre as populações do mundo encontramos três tipos representados em maior número: o mongoloide, o europeu e o negro. Uma breve consideração da história recente demonstra, todavia, que estas condições são inteiramente modernas. A grande densidade da população da Europa aconteceu durante os últimos poucos milênios. Mesmo nos tempos de César, a população da Europa setentrional deve ter sido muito esparsa. Calcula-se que a população da Gália pode ter sido de 450 habitantes por milha quadrada e a da Germânia de 250 (HOOPS, 1915) e a população da Europa oriental talvez fosse mais esparsa ainda. O grande aumento da população na zona do Mediterrâneo ocorreu num período anterior, mas todo o processo não pode ter durado mais do que uns poucos milênios. O mesmo pode-se dizer da China e da Índia. A grande densidade da população é um fenômeno recente em todas as partes. Está condicionada ao aumento de alimentos produzidos pela aplicação da agricultura intensiva em condições climáticas e culturais favoráveis. Quando estas condições se tornam menos favoráveis, a densidade da população pode decrescer novamente, como aconteceu no norte da África e na Pérsia. Mostraremos mais adiante que a agricultura é um desenvolvimento recente na história humana e que em tempos primitivos o ser humano vivia do alimento que podia recolher e da caça. Em tais condições a densidade da população está necessariamente restringida pelas dimensões do habitat de um povo e por sua produtividade. Em geral, em climas semelhantes haverá o mesmo número máximo que pode viver dos produtos de uma determinada área e este número deverá ser sempre pequeno, por estar limitado pela provisão de alimentos disponíveis em anos desfavoráveis. Podemos concluir, portanto, que em tempos primitivos o número de indivíduos compreendidos em cada raça era aproximadamente proporcional à área habitada por ela, mas com as devidas concessões à excepcional produtividade ou excepcional esterilidade das regiões habitadas.

As migrações europeias para outros continentes só começaram em época bem recente. No século XV a raça europeia ainda não havia pisado na América, na Austrália e no sul da África. Estava estritamente confinada ao Mediterrâneo, isto é, à Europa, ao norte da África e a partes da Ásia ocidental. Num período anterior expandira-se para o leste até o Turquestão. A grande expansão do povo de feições mongoloides é, em parte, igualmente recente, pelo menos falando em números absolutos. A expansão geográfica da raça ocorreu particularmente no sudeste, onde os malaios desenvolveram a arte da navegação e se estabeleceram nas ilhas dos oceanos Índico e Pacífico. Existem, além disso, indícios de invasão do sul da Ásia por povos mongoloides provenientes da Ásia central.

Por outro lado, a área da raça negra parece ter sido invadida por migrações recentes. Na atualidade – deixando de lado o transplante forçado do negro para a América – encontramos negros praticamente em toda a África ao sul do Saara. Mas encontram-se também povos negroides em lugares isolados ao longo da fronteira meridional do continente asiático. O contingente mais numeroso vive na Nova Guiné e nas cadeias de ilhas que se estendem desde a Nova Guiné para leste e sudeste. Outros grupos menores se encontram nas ilhas Filipinas, no interior da Península Malaia e nas ilhas Andaman no Golfo de Bengala. Como sabemos que ocorreram importantes migrações recentes de povos da Ásia central e ocidental para estes territórios, parece verossímil que o território negro na Ásia meridional tenha sido muito mais extenso em tempos passados. Provas desta teoria só podem ser fornecidas pela evidência arqueológica, de que até o momento presente não dispomos.

Estas considerações demonstram de modo conclusivo que as cifras relativas das raças devem ter mudado enormemente no transcurso do tempo e que raças que são na atualidade totalmente insignificantes em número podem ter constituído em tempos antigos uma parte considerável da espécie humana.

Em uma consideração biológica das raças, o número total de indivíduos é irrelevante. A única questão importante é a do grau de diferenciação morfológica.

Os mongoloides e os negros representam as duas formas mais vivamente contrastantes da espécie humana: a pigmentação, a forma do cabelo, a forma do rosto e do nariz, as proporções do corpo, são todas caracteristicamente distintas. A pele do negro é escura, a do mongoloide é clara; o cabelo do primeiro é crespo e sua secção é achatada, o cabelo do segundo é liso e sua secção é arredondada; o nariz do primeiro é achatado, o do segundo é muito mais saliente; os dentes do negro são salientes, os do mongoloide são verticais. Mesmo neste caso, não seria certo afirmar que não existem indivíduos que, em algumas de suas características, diferem tanto de seu próprio grupo a ponto de serem em todos os traços absolutamente diferentes do outro grupo, porém, em suas formas pronunciadas, os dois grupos formam um contraste nítido e definido. É interessante observar que a distribuição geográfica desses dois tipos raciais representa duas áreas bem definidas. O tipo mongoloide, tal como o definimos, encontra-se na Ásia oriental e nas duas Américas; o tipo negroide ocupa a África e pontos isolados da costa norte e nordeste do Oceano Índico. Considerando a Ásia oriental e a América como territórios limítrofes com o Oceano Pacífico e a África limítrofe com o Oceano Índico, e supondo que os negros ocupavam em algum momento todo o sul da Ásia, podemos dizer que estes dois grandes grupos raciais povoavam, em certo momento, a maior parte das terras habitáveis e que um pode ser definido como a raça do Oceano Índico e o outro como a raça do Oceano Pacífico.

Existem, no entanto, alguns tipos importantes que não cabem facilmente dentro deste esquema único. São estes os europeus, os australianos, incluindo presumivelmente antigos habitantes da Índia, e os tipos negros pigmeus. Em pigmentação os europeus oferecem um contraste ainda mais violento com os negros do que os mongoloides, mas em outros traços ocupam uma posição mais ou menos intermediária; a forma do cabelo, as proporções do corpo, a forma dos olhos e as bochechas não são tão diferentes da forma do negro como as formas que se encontram habitualmente entre os mongoloides. Por outro lado, os australianos apresentam uma série de traços um tanto primitivos que os destacam nitidamente de outras raças e nos levam a acreditar que representam um tipo – diferenciado num período muito remoto – que pode ter sido empurrado pelas raças mais bem-sucedidas para confins remotos do mundo.

Os tipos negros pigmeus estão representados na sua forma extrema pelos bosquímanos do sul da África, povo de estatura diminuta, de pele amarelada clara, de nariz e rosto muito achatados e cabelo exageradamente encrespado. Sua aparência física geral é, sem dúvida, a do negro. Devem ser afiliados a esta raça, da qual constituem, todavia, uma divisão à parte. A distribuição atual das tribos pigmeias na África é bastante irregular. Encontravam-se em grande número, até tempos recentes, no sul da África. Tribos esporádicas, cujas características, no entanto, são mais negroides, ocorrem em muitas partes da África: na curva meridional do Congo, na região noroeste do Congo não longe da costa ocidental e nos territórios onde nasce o Nilo Branco.

Povos pigmeus encontram-se também nas ilhas Andaman, na Península Malaia, nas ilhas Filipinas e na Nova Guiné. No que concerne à África, existem provas bastante convincentes de que as tribos pigmeias teriam uma distribuição muito mais ampla em épocas anteriores. Houve um movimento muito geral para o sul das tribos negras que ocupam hoje a África central, o que pode ter resultado na desintegração e dispersão da população mais antiga. A resposta definitiva a este problema será proporcionada pela pesquisa arqueológica, que poderá trazer à luz restos do facilmente reconhecível tipo sul-africano em distritos ocupados agora por negros de alta estatura. A questão não é tão clara a respeito das tribos pigmeias do sudeste da Ásia, cuja relação com o tipo negro de estatura alta é mais obscura.

Os europeus, pelo que sabemos, sempre estiveram limitados a uma área relativamente exígua. Fora do norte da Europa, do noroeste da Ásia e de pequenas regiões do noroeste da África, os tipos loiros e de olhos azuis nunca constituíram populações inteiras ou quase inteiras. Já que nada indica que o tipo seja particularmente primitivo, pois mostra antes traços altamente especializados, sua origem deve ser buscada na Europa ou perto dela.

A fim de entender a posição do tipo, podemos voltar nossa atenção para variações especiais que ocorrem nas raças mongoloides. Ainda que o mongoloide típico tenha o cabelo preto e liso, os olhos escuros, rosto volumoso, nariz moderadamente largo e não muito alto, ocorrem muitas variações. É frequente encontrar, em muitas regiões, indivíduos de pele muito clara. Geralmente os nativos são bem morenos, mas há casos em que a brancura da pele protegida rivaliza com a do europeu. Eu vi entre os haida da Colúmbia Britânica mulheres sem indícios de mescla europeia e que, pelo contrário, têm feições caracteristicamente índias, porém têm pele branca, cabelos castanho-avermelhados e olhos castanho-claros. É difícil apresentar uma prova absoluta da ausência de mescla europeia, mas o alto apreço que os índios tem tradicionalmente por uma pele clara e por cabelos castanhos demonstra que esses devem ser-lhes familiares desde há muito tempo. A pele clara predomina também entre as tribos índias do Mississipi superior. Por outro lado, também ocorrem casos de aumento de pigmentação, como entre os índios yuma do sul da Califórnia, que são tão escuros que em muitos indivíduos a cor da pele pode ser comparada à dos negros mais claros. Considerando todas as variedades locais que ocorrem, poderíamos dizer que a pigmentação europeia representa uma variante extrema da relativa falta de pigmentação que é característica dos tipos mongoloides.

Condições semelhantes prevalecem a respeito da cor e forma do cabelo. Se bem que eu não conheça nenhum caso de cabelo loiro entre os tipos mongoloides, o castanho-avermelhado é certamente comum. Mesmo entre os adultos, o cabelo castanho não é localmente raro. O cabelo ondulado também aparece localmente. Existe em muitos grupos uma nítida tendência a desenvolver narizes grandes e muito proeminentes. O nariz estreito e de linhas graciosas do esquimó e o saliente nariz aquilino do índio das planícies podem ser contrastados com o nariz baixo e arrebitado do índio de Puget Sound. Os narizes salientes, porém, também não são raros entre as tribos do sul da Sibéria. Neste sentido, o nariz europeu está completamente alinhado com as variantes que se encontram na raça mongoloide. O mesmo pode-se dizer a respeito da largura do rosto. Enquanto no tipo mongoloide mais característico o rosto é grande, há muitos casos em que as maçãs do rosto estão recuadas dando a impressão de um rosto estreito. Junto com isto e com o aumento da saliência do nariz, aparece a atenuação de outra característica mongoloide: o olho peculiar que se pode observar em quase todos os jovens chineses e na maioria dos japoneses. A estreiteza do rosto não é, em nenhuma parte, tão notável como entre alguns tipos modernos do noroeste da Europa e a estreiteza e saliência do nariz em nenhum lugar são tão acentuadas como entre os armênios, mas estes tipos são apenas casos exagerados de uma tendência que se pode observar esporadicamente em muitas regiões.

A tendência da raça mongoloide de variar na direção de tipos representados pelos europeus se expressa também nas características de muitos tipos locais anômalos. Assim, assinalou-se a semelhança entre os europeus orientais e os ainu do norte do Japão e, em virtude da fisionomia parecida, tem-se suposto um parentesco entre os tipos indonésios e os europeus.

É muito sugestivo que entre as variantes locais dos negros não encontremos tal aproximação às formas europeias. A pigmentação, o cabelo, o nariz e o rosto variam consideravelmente, mas seria difícil encontrar um caso de população negra pura que represente uma variante que se aproxime notavelmente das formas europeias. Onde se encontra um aumento da saliência do nariz, como na África oriental, há também forte suspeita de mescla asiático-ocidental.

Em virtude destas considerações, o europeu nos parece, muito provavelmente, uma especialização recente da raça mongoloide.

É necessário, aqui, voltar mais uma vez a algumas considerações geográficas gerais. A massa de terra do mundo se estende de forma contínua desde o largo vale formado pelos oceanos Atlântico e Ártico em torno dos oceanos Pacífico e Índico. Poderíamos dizer que, nos tempos geológicos modernos, toda a massa da terra forma o espaço limítrofe entre os oceanos Pacífico e Índico, de modo que o Velho Mundo dá as costas ao Novo Mundo nas margens do Oceano Atlântico. Qualquer intercâmbio que tenha existido deve ter ocorrido ao longo das margens do Oceano Pacífico. Não havia nenhum meio de vencer a distância que separa a costa atlântica da Europa e da África da costa da América. Mesmo aceitando a teoria de Wegener (1926) da separação dos continentes, não existe possibilidade de que ela tenha ocorrido numa época em que o ser humano estava presente.

No período terciário estas condições eram diferentes e, se o ser humano tivesse existido na Europa naquele tempo, poderia ter emigrado para a América através da ponte setentrional que unia a Europa com a América através da Islândia. Embora não tenham sido encontrados restos humanos do período terciário na Europa, afirmou-se que certos objetos de pedra que mostram superfícies fendidas em seus extremos provam a existência pelo menos de um precursor do ser humano durante o período terciário na Europa. Uma vez que a raça americana e a raça mongoloide da Ásia são fundamentalmente parecidas, e como é extremamente improvável que o ser humano se tenha originado na América, somos compelidos a supor que ele chegou à

América ou através da Ásia, ou no período terciário a partir da Europa. É simplesmente concebível que o antepassado da raça mongoloide possa ter vivido na Europa e chegado à América dessa maneira, mas não há provas, além de sua possibilidade, que apoiem tal hipótese. Pelo contrário, a semelhança entre os mongoloides americanos e os mongoloides asiáticos é tão notável que devemos supor uma relação muito estreita e recente entre ambos. É, portanto, muito provável que a área de especialização em que se desenvolveu a forma mongoloide tenha sido algum lugar da Ásia e que a raça tenha chegado à América através da ponte de terra que unia este continente com a Ásia. Se isto for verdade, a América deve ter sido povoada num período recente. Não temos provas que confirmem a opinião de que raças idênticas às raças modernas tenham vivido antes do último período interglacial. O ser humano deve, portanto, ter chegado ao continente americano num tempo em que as raças atuais estavam já estabelecidas e em que era possível a comunicação entre os dois continentes. Durante os períodos glaciais a parte noroeste de nosso continente esteve coberta de gelo. Portanto, temos que supor que a chegada do ser humano à América ocorreu antes de algum dos últimos períodos interglaciais.

Há, contudo, outra possibilidade. Pode-se conceber que o ser humano tenha chegado à América em uma época anterior, mas então deveríamos supor que o desenvolvimento do tipo mongoloide ocorreu na América e que a atual ocupação da Ásia pela dita raça representa uma corrente retrógrada. Do ponto de vista paleontológico e geológico, isto é perfeitamente concebível, porém nenhum destes pontos de vista pode, no presente, ser apoiado por fatos. O problema ficará resolvido quando forem conhecidas melhor as formas primitivas do ser humano no norte da Ásia e na América.

Assim como a área de especialização da raça mongoloide deve ser buscada em alguma região ao redor do Oceano Pacífico, deve-se presumir que o desenvolvimento do tipo negro deva ter ocorrido nas proximidades do Oceano Índico, dado que todas as variantes deste tipo, exceto o esqueleto de Grimaldi, estão localizadas nessa região e não há indicação de características negroides fora dela.

Se nossas teorias estiverem corretas, os europeus representariam uma nova forma especializada, derivada da raça mongoloide; o negro e o negro pigmeu representariam dois tipos, dos quais o pigmeu de pele clara pode ser mais antigo que o negro de estatura alta.

O problema da posição da raça australiana é diferente. Se não fosse pelo fato de que a raça apresenta muitas características aparentemente bem antigas, encontradas tanto na forma do esqueleto como na coluna vertebral e nas extremidades, poderíamos considerar que ela tem com o tipo negro uma relação um tanto semelhante à relação do europeu com o tipo mongoloide, pois há muitos traços comuns a ambas as raças. A pigmentação, a forma do nariz e o tamanho da caixa encefálica apresentam características que distinguem nitidamente ambos os grupos dos grupos mongoloides. O cabelo crespo do negro pode ser considerado uma variante do cabelo ondulado do australiano. As características especiais do australiano são, contudo, de tal natureza que devem ter pertencido a um tipo de ser humano muito antigo e, portanto, o australiano representaria o tipo mais antigo e o negro representaria o tipo mais novo. Se for assim, esperaríamos encontrar formas australianas amplamente distribuídas no sul da Ásia. Na verdade, existem pontos de semelhança entre a antiga população nativa da Índia e os australianos e nosso problema se resolverá quando obtivermos dados sobre os restos ósseos das raças pré-históricas de toda a área confinante com o Oceano Índico.

7
Funções fisiológicas e psicológicas das raças

Nas páginas precedentes descrevemos as características anatômicas das raças. Consideraremos, agora, suas funções fisiológicas e psicológicas segundo são determinadas pela forma corporal.

A função depende da estrutura e da constituição química do corpo e seus órgãos, mas não de tal modo que esteja rigidamente determinada por elas. Pelo contrário, o mesmo corpo funciona de maneira diferente em momentos diferentes. Nossa pulsação e respiração, a ação dos órgãos digestivos, dos nervos e dos músculos não são iguais em todos os momentos. Os músculos são capazes de desenvolver mais trabalho quando estão descansados do que quando estão fatigados e, mesmo depois de um período igual de descanso, não responderão todas as vezes exatamente da mesma maneira. Os batimentos cardíacos mudam de acordo com as condições. A reação a impressões visuais ou de outra natureza não tem sempre a mesma rapidez. O mesmo ocorre com todos os órgãos. Embora as características anatômicas do corpo sejam regularmente estáveis por períodos bastante prolongados, suas funções são variáveis.

Alguns elementos anatômicos do corpo e sua composição química compartilham esta variabilidade, porém os traços morfológicos mais grosseiros podem ser considerados estáveis em comparação com as funções.

O que vale para a atividade fisiológica do corpo vale ainda mais para as funções mentais. Parece que, quanto mais complexas forem estas, tanto mais variáveis serão. O comportamento sentimental, as atividades intelectuais, a energia da vontade estão todos sujeitos a constantes flutuações. Algumas vezes conseguimos realizar tarefas que em outros momentos, sem razão aparente, resultam superiores às nossas forças. Num dado momento estamos expostos a impressões emocionais que em outras ocasiões não nos comovem. Em certos momentos a ação é executada facilmente, em outros com dificuldade.

Enquanto a variabilidade da forma anatômica de uma raça se deve somente a duas fontes – a das linhagens familiares e a das fraternidades –, encontramos aqui um elemento adicional, a saber, a variabilidade do indivíduo. Por esta razão, a variabilidade de funções num grupo racial é maior que a variabilidade de forma anatômica, e uma análise da variabilidade de uma população requer a distinção de três elementos: variabilidade individual, variabilidade fraternal e variabilidade de linhagem familiar.

Contudo, há certos fenômenos fisiológicos que não acusam variabilidade individual porque ocorrem uma só vez na vida. Todos eles são expressões de certos acontecimentos na história fisiológica do indivíduo, tais como nascimento, aparição dos dentes, início da menstruação e morte. Para estes pode-se determinar a variabilidade fraternal e a das linhagens familiares.

A variabilidade da idade em que ocorrem estes fatos aumenta rapidamente à medida que aumenta a idade do indivíduo. Nos primeiros tempos de vida os indivíduos da mesma idade estão mais ou menos na mesma etapa de desenvolvimento fisiológico. Com o transcurso do tempo o retardo de alguns e a aceleração de outros tornam-se consideráveis. Usando o método acima descrito para expressar a variabilidade, verificamos que a escala de variabilidade no período da gestação não ultrapassa uns poucos dias; o da aparição dos primeiros dentes chega a dois meses e o da aparição dos dentes permanentes chega a mais de um ano. A época da maturidade sexual pode variar em um ano e meio e a morte por velhice pode variar em mais de uma década.

Seria um erro supor que o ritmo de desenvolvimento do corpo segue como uma unidade. As condições que determinam a aparição dos dentes, o período da adolescência, as mudanças no esqueleto e no sistema vascular não são iguais.

É particularmente notável que a aparição dos dentes segue leis completamente diferentes das leis que controlam o comprimento dos ossos. Quanto a este último ponto, as meninas são sempre fisiologicamente mais maduras que os meninos. Com relação aos dentes, o que se pode dizer é que os meninos são mais adiantados que as meninas. No entanto, existe certa medida de correlação. Assim, num grupo socialmente bastante uniforme, as crianças cujos dentes permanentes aparecem cedo são também altas (cf. HELLMAN, 1932; SPIER, 1918; BOAS, 1932b, 1933b), enquanto aquelas que têm um desenvolvimento tardio dos dentes permanentes são baixas; as crianças que amadurecem cedo são mais altas e pesadas que as que ficam atrasadas.

A tabela seguinte oferece uma visão destes dados:

	Idade e variabilidade (ano)		
	Homens	Ambos os sexos	Mulheres
	Anos	Anos	Anos
Gravidez (BOAS & WISSLER, 1905)		0,0 ± 0,04	
Primeiro dente		0,6 ± 0,21	
Primeiro molar	7,0 ± 0,9	1,6 ± 0,31	
Aparição de 3 ou mais primeiros molares (BOAS, 1932b: 441)			7,7
Aparição dos caninos permanentes, 1 ou 2 pré-molares	9,5 ± 1,0		9,8 ± 1,1
Aparição do segundo molar	11,5 ± 1,1		11,8 ± 1,1
Aparição de 3 ou mais segundos molares	12,7 ± 1,4		12,9 ± 1,3
Ossificação completa da mão (HELLMAN, 1928)			
Aparição do pelo pubiano (CRAMPTON, 1908)	13,4 ± 1,5		13,8 ± 0,8
Desenvolvimento completo do pelo pubiano (BOAS, 1911: 509-525)	14,6 ± 1,7		
Desenvolvimento completo do pelo pubiano (CRAMPTON, 1908)	14,5 ± 1,3		
Puberdade (Cidade de Nova York)			13,3 ± 1,6
Menopausa			44,5 ± 5,3
Morte devida a enfermidades arteriais		62,5 ± 13,2	

A rapidez do desenvolvimento fisiológico é determinada pela organização biológica do corpo, pois as crianças que na tenra idade estão adiantadas em seu desenvolvimento fisiológico percorrem todo o período de desenvolvimento rapidamente. Não se sabe ainda se o ritmo geral do ciclo da vida fisiológica continua através da vida inteira, mas parece provável, porque aqueles que mostram sinais prematuros de senilidade morrem habitualmente mais cedo de enfermidades inerentes à velhice do que aqueles em quem os sinais de degeneração senil aparecem em idade mais avançada (BERNSTEIN, 1931).

Além disso, o ritmo do ciclo vital é evidentemente determinado pela hereditariedade, pois irmãos e irmãs têm um ritmo de vida semelhante. Isto foi demonstrado por um estudo sobre irmãos e irmãs internados em um orfanato nas mesmas condições, de modo que não pode ser atribuído à influência de um tipo de ambiente diferente para cada família (BOAS, 1935). Isso também concorda com a observação de que os membros de algumas famílias morrem em idade extraordinariamente prematura, enquanto os de muitas outras vivem até uma idade bem avançada (BELL, 1918; PEARL, 1922).

Em nossa análise das formas anatômicas (p.47) verificamos que a variabilidade das linhagens familiares é menor que a variabilidade fraternal ou, no máximo, igual a ela. Parece que nos traços fisiológicos, na medida em que estes ocorram num ambiente uniforme, acontece a mesma coisa. Por exemplo, a variabilidade da época da primeira menstruação é de ± 1,2 anos na cidade de Nova York. A variabilidade das irmãs é ± 0,93, a das linhagens familiares é ± 0,76. A variabilidade das irmãs é, portanto, 1,2 vezes a das linhagens familiares.

As observações precedentes valem somente quando comparamos grupos que vivem em ambiente idêntico. Uma vez que as condições exteriores influenciam marcadamente as funções fisiológicas, diferentes grupos raciais se comportam do mesmo modo quando estão expostos ao mesmo ambiente. Assim, por exemplo, a vida a grandes alturas requer certas mudanças típicas. Schneider as resume da seguinte maneira: "A falta de oxigênio pode causar transtornos no organismo que, rapidamente, são seguidos por ações compensatórias que, finalmente, se mantida a residência, levam à aclimatação. [...] A capacidade de compensar as baixas pressões de oxigênio das grandes altitudes varia segundo os indivíduos e a adaptação pode ser mais rápida em um momento que em outro. A adaptação consiste em aumento da respiração, alteração química do sangue e aumento da hemoglobina".

Observações sobre a maturidade das meninas apontam resultados semelhantes. Na cidade de Nova York, a média da idade da primeira menstruação e sua variabilidade são, praticamente, idênticas para as meninas do norte da Europa, as judias e as negras (Boas, material inédito), enquanto existem diferenças consideráveis entre o campo e a cidade (PLOSS, 1927). As meninas de um internato bem administrado de Nova York não diferem das que frequentam uma escola para filhas de famílias abastadas.

O ritmo do desenvolvimento tem aumentado um pouco durante os últimos quarenta anos. Em média a aceleração na cidade de Nova York para o começo da puberdade das meninas em orfanatos chega a seis meses por década (Boas, material inédito). Bolk observou uma aceleração semelhante na Holanda.

As diferenças nos grupos sociais também se manifestam no desenvolvimento dos dentes. Os incisivos permanentes das crianças pobres se desenvolvem mais tarde que os das crianças ricas, enquanto seus pré-molares se desenvolvem consideravelmente mais cedo (HELLMAN, 1932), talvez porque a prematura perda dos dentes de leite por causa de cáries estimula o desenvolvimento dos dentes permanentes.

As funções fisiológicas, como os batimentos cardíacos, a respiração, a pressão sanguínea e o metabolismo, que apresentam constantes mudanças de acordo com a condição do sujeito, só podem ser comparadas quando se toma o maior cuidado para que as condições sejam estáveis. Isto se faz, geralmente, determinando uma medida básica, que se presume constante quando o sujeito está absolutamente descansado e permanece em repouso. A suposição de que este valor é estável é dificilmente confirmada pelos fatos, embora as variações sejam muito menores do que aparecem em outras condições parcialmente controladas (LEWIS, 1936). Dados que nos permitem distinguir entre variabilidade individual, variabilidade fraternal e variabilidade de linhagem familiar são tudo, menos inexistentes.

Os dados psicológicos, com exceção dos fenômenos mais simples da psicologia fisiológica, não podem ser tratados do ponto de vista do indivíduo, pois em todos eles a variedade de ambiente cultural desempenha um papel importante. Isto não pode ser negligenciado em assuntos como o desenvolvimento dos sentidos. Quando se mantém uma criança enfaixada e presa a um berço por mais de um ano, sua experiência sensorial fica limitada em muitos aspectos e ela não se desenvolve como outra que desde a mais tenra infância pode mover a cabeça e os membros livremente. As crianças internadas em um orfanato, dispondo dos melhores cuidados médicos, mas de tal maneira que todas as de uma mesma idade estão confiadas a uma enfermeira muito atarefada, não ouvem a fala humana e não aprendem a falar enquanto não forem postas em contato com crianças mais velhas.

Os testes de inteligência, emotividade e personalidade são expressões de características tanto inatas como adquiridas por experiência baseada na vida social dos grupos a que pertence o sujeito. Assim o mostram claramente os testes de Klineberg sobre a inteligência de crianças negras em diversas cidades americanas. As recém-chegadas de distritos rurais, e que não estavam adaptadas à vida urbana, apresentaram resultados muito medíocres. Aquelas que haviam vivido na cidade durante alguns anos demonstraram que haviam se aclimatado às exigências da vida citadina e dos testes planejados para a cidade. O teste de inteligência mostrou um constante progresso. Quanto mais tempo havia transcorrido desde a imigração para a cidade, tanto melhor era o desempenho do grupo. O progresso não pode ser explicado por um processo seletivo que tenha trazido melhor material à cidade em anos anteriores, pois o mesmo fenômeno se encontra em testes análogos realizados em diversas épocas. Os negros sulistas do campo, sujeitos a testes na Guerra Mundial, igualavam-se aos negros da cidade. As observações de Brigham (1930) sobre os italianos que haviam vivido nos Estados Unidos durante cinco, dez, quinze ou mais anos e cujos testes de inteligência mostravam resultados tanto melhores quanto mais longo o tempo que haviam vivido aqui, também podem ser explicados por uma melhor adaptação. Neste caso as dificuldades linguísticas dos recém-chegados e a aquisição gradual do inglês devem ter sido uma causa adicional do progresso gradual, muito mais que entre os negros do sul, cujo dialeto e vocabulário limitado devem ser considerados também como uma desvantagem.

Outro teste efetuado por Klineberg é instrutivo. Ele testou a habilidade de um grupo de meninas índias e brancas de reproduzir desenhos como os feitos pelas mulheres índias em bordados de contas. Os resultados evidenciaram uma clara dependência da familiaridade com o tema, não com sua técnica, porque a indústria havia caído em desuso no grupo. As meninas índias saíram-se melhor do que as meninas brancas.

Destas e de outras observações semelhantes se deduz que as reações devidas à inteligência inata – se admitirmos este termo que abarca uma infinidade de elementos – diferem enormemente segundo a experiência social do grupo e mostram, ao menos no caso dos negros da cidade, que, com uma experiência social semelhante, negros e brancos se comportam de maneira semelhante e que a raça está inteiramente subordinada ao marco cultural.

Outra observação efetuada por Klineberg é significativa. Os testes de inteligência assim como também a vida citadina tendem à velocidade, enquanto a vida rural permite um ritmo de ação mais pausado. As observações de Klineberg puseram em evidência, para brancos, negros e índios, rapidez e inexatidão nos grupos citadinos, menos velocidade e maior precisão nos grupos rurais.

Destes estudos concluímos que em todas as observações psicológicas nos deparamos com influências em parte orgânicas e em parte culturais. Se quisermos fazer alguma inferência a respeito do elemento orgânico, a fase cultural deve ser excluída. A variabilidade com que um indivíduo responde pode ser testada observando-o em condições diversas, em repouso e na agitação, na alegria e na tristeza, após uma forte comoção e em equilíbrio mental, com boa saúde e durante uma enfermidade.

Para as raças ou populações, um estudo de setores de um mesmo povo que vivem em condições diferentes e a comparação entre os pais e seus filhos criados num novo ambiente proporcionarão material digno de confiança. Para todos estes casos, temos observações ao nosso alcance.

Os hábitos motores são uma das manifestações mais simples da vida susceptíveis de estudo. Não se conhece muito sobre os hábitos motores dos diferentes povos, mas observou-se o suficiente para indicar que existem inegáveis variações locais. As posições de descanso são uma indicação de tais hábitos. Os chineses, os melanésios e alguns africanos dormem com o pescoço apoiado num suporte estreito, posição quase insuportável para nós; a maioria dos povos primitivos adotam a posição de cócoras; os esquimós e muitos índios sentam sobre os calcanhares. Os cabos das ferramentas indicam as múltiplas maneiras de executar os movimentos. O índio puxa a faca em direção ao corpo, o branco americano corta em direção oposta ao corpo. Um estudo cuidadoso do lançamento da flecha revela a quantidade de métodos diferentes difundidos em áreas continentais (MORSE, 1885; KROEBER, 1927).

Ida Frischeisen-Köhler procurou mostrar que cada pessoa tem um ritmo estável que é mais agradável a seus ouvidos. Embora isto possa valer até determinado ponto, as investigações realizadas pelo Dr. John Foley Jr. demonstram que tanto o ritmo mais aceitável como o modo mais natural de bater com as mãos ou com os pés dependem, em parte, de circunstâncias exteriores, tais como o ambiente ruidoso ou tranquilo, e também, em parte, da profissão habitual. Os datilógrafos têm ritmos rápidos, outros que se adaptaram a movimentos pausados têm ritmos mais lentos. Ele descobriu também que a velocidade do passo depende do ambiente social. A pessoa do campo caminha lenta e calculadamente; nas grandes cidades o passo é rápido. O agricultor mexicano que leva carga sobre as costas anda depressa; a mulher acostumada a transportar cântaros de água sobre a cabeça caminha ereta com passo firme.

A postura dos grupos de imigrantes não assimilados tem nuanças locais. O italiano caminha e fica em pé ereto, com os ombros levantados e um pouco jogados para trás. O judeu fica de pé desleixadamente, com os joelhos levemente dobrados, os ombros caídos e a cabeça levemente inclinada para a frente. Entre os descendentes americanizados destes imigrantes, a postura muda. Os que vivem entre os americanos adotam a postura ereta destes.

Postura e gesto foram cuidadosamente examinados por David Efron e Stuyvesant van Veen. O americano usa gestos enfáticos, didáticos e descritivos muito mais do que geralmente se acredita. Seus gestos diferem dos do imigrante italiano e judeu. Estes dois grupos são compostos em grande parte por pessoas pobres, que têm os hábitos dos grupos europeus dos quais provêm. O italiano tem uma rica coleção de gestos simbólicos com significado definido: "comer" é indicado tocando a boca com os dedos cerrados; a fome é expressa com a mão direita aberta batendo horizontalmente o lado direito do corpo. O polegar e o indicador apoiados contra os dentes e abaixados com rapidez expressam ira. Os dedos indicadores colocados um ao lado do outro significam "esposo e esposa" ou "juntos"; os dedos de ambas as mãos, ligeiramente fechados, ambas as mãos postas em contato e logo separadas e voltando a unir-se repetidas vezes, significam "o que você quer?" O indicador e o dedo mindinho estendidos, os outros fechados e a mão voltada para baixo significa "mal-olhado"; sacudir a gravata significa "não sou nenhum tonto".

O número destes gestos simbólicos é muito grande e muitos remontam à Antiguidade. O judeu tem poucos gestos simbólicos. Os movimentos seguem um pouco suas linhas de pensamento para dentro e para fora, para a direita e para a esquerda. Acompanha os movimentos das mãos com outros de cabeça e ombros. As formas de movimento nos dois grupos são também diferentes. O italiano move os braços a partir dos ombros, com gestos amplos, levantando-os acima da cabeça e estendendo-os em todas as direções. Seus movimentos são uniformes. O judeu mantém os cotovelos colados ao corpo e gesticula com o antebraço e os dedos. Seus movimentos são bruscos e irregulares e seguem linhas muito mais complicadas que os dos italianos. Henri Neuville e L.F. Clauss argumentam que a posição e o movimento pertencem aos traços característicos da raça. As pesquisas do Dr. Efron refutam esta teoria, pois os gestos mudam com grande facilidade. É uma observação muito corrente que os americanos que viveram algum tempo no México empregam gestos mexicanos. O Dr. Efron observou um estudante escocês que se criou num ambiente judeu e usava gestos judeus, e um inglês criado na Itália, casado com uma judia e vivendo em um círculo de amigos judeus, que havia adotado uma mistura de gestos judeus e italianos. O prefeito de Nova York, La Guardia, ao falar em inglês aos americanos, usa gestos americanos e, ao dirigir-se aos italianos em italiano, usa gestos italianos.

As observações feitas em descendentes de imigrantes não deixam lugar a dúvidas. O estudo dos grupos de italianos e judeus que vivem entre americanos nativos demonstra que os hábitos de gesticulação que eles ou seus pais trouxeram da Europa desaparecem e que finalmente acontece uma assimilação completa dos hábitos americanos.

Inferimos disso que os hábitos motores de grupos de pessoas são determinados culturalmente e não devidos à hereditariedade.

Também a arte traz provas em apoio desta conclusão. Cada época tem sua postura favorita. Assim, a posição de pernas afastadas foi durante um tempo a postura do herói e deu lugar a outras.

Seguimos o processo de assimilação por outros métodos. Cada país tem sua peculiar distribuição da criminalidade. Embora a frequência de crimes entre os imigrantes não seja a mesma que a do país de origem, difere acentuadamente da dos americanos nativos. Em todos os países europeus os atentados contra a propriedade são bem menos frequentes que entre a população do Estado de Nova York. Já que os crimes são cometidos com frequência variada segundo a faixa etária dos grupos, foi necessário reduzir todos os índices a uma distribuição de idade padrão. Um estudo deste assunto referente à população da cidade de Nova York, dirigido pelo Dr. Elliott Stofflet, mostra que na segunda geração, isto é, entre os descendentes de imigrantes, a taxa de criminalidade se aproxima ou excede a dos americanos nativos. Desde há muito tempo se sabe que as taxas de criminalidade diferem notavelmente de acordo com a ocupação, e a mudança de ocupação é, sem dúvida, uma das causas da rápida mudança. A diferença entre as gerações foi provada para os italianos, os alemães e os irlandeses.

As enfermidades mentais também indicam que uma mudança nas condições sociais influi sobre sua incidência. O assunto é mais difícil do que outros porque, conforme as leis americanas de imigração, os que padecem de enfermidades mentais não são admitidos no país. No entanto, é considerável o número dos que são vítimas de enfermidades mentais. Uma pesquisa feita pelo Dr. Bruno Klopfer, abarcando italianos, alemães e irlandeses, demonstra que, no conjunto, a segunda geração tem uma incidência mais semelhante à dos americanos nativos do que os próprios imigrantes. Neste caso também a comparabilidade teve que ser alcançada reduzindo a frequência à de uma população padrão.

A língua oferece um exemplo um tanto complexo, porém instrutivo, mostrando que as diferenças anatômicas entre os indivíduos são niveladas em seu funcionamento devido à pressão de condições culturais uniformes. Em qualquer comunidade determinada, as formas anatômicas dos órgãos da articulação variam de maneira acentuada. A boca pode ser pequena ou grande, os lábios finos ou grossos, o palato alto ou baixo, os dentes podem variar de posição e tamanho, a língua pode variar de forma. No entanto, a articulação do grosso da população dependerá, essencialmente, da maneira tradicional de falar do distrito. Num distrito vizinho ocorrerão as mesmas variedades de forma anatômica, mas encontrar-se-á um modo diferente de articulação. Os indivíduos diferem no timbre de voz e em peculiaridades menores que podem ou não ser determinadas anatomicamente, mas estas variações não determinam o caráter essencial da produção do som.

O próprio fato de que a língua não depende da raça e de que na literatura de muitas nações os mestres de estilo não foram de berço aristocrático – Dumas e Puchkin são bons exemplos disso – prova a independência do estilo cultural e da língua.

Seria sumamente desejável completar estas observações com os resultados de pesquisas que mostrassem em que medida a personalidade é influenciada pelas condições sociais. Infelizmente, os métodos para estudar a personalidade são muito insatisfatórios, em parte porque as características a serem pesquisadas carecem de clareza. Um estudo de Leopold Macari sobre imigrantes italianos, todos naturais de uma mesma aldeia, e seus descendentes na América, demonstra uma ampla brecha entre as personalidades das duas gerações, o que confirma os resultados de nossos estudos sobre a criminalidade e as enfermidades mentais. Outro estudo, realizado pelo Dr. Harriet Fjeld sobre as personalidades de crianças de diferentes tipos de escolas, mostra também diferenças marcadas nas manifestações da personalidade. Miss Weill estudou crianças das mesmas famílias, levando em conta a situação interna da família. Suas observações apontam para os mesmos resultados. A dificuldade da pesquisa reside na necessidade de estudar a personalidade em suas manifestações. Se pudéssemos demonstrar que, em uma população perfeitamente homogênea do ponto de vista social, os indivíduos de diferentes tipos reagem de maneiras diferentes às mesmas circunstâncias, o problema poderia ser resolvido. É duvidoso que estas condições possam um dia ser obtidas.

H.H. Newman estudou gêmeos idênticos criados separadamente em ambientes um tanto diferentes. Observou ele que a diferença de ambiente tinha uma nítida influência sobre o comportamento mental dessas duplas. Num determinado número de duplas de gêmeos idênticos, A.N. Mirenova submeteu um dos gêmeos a um treinamento e o outro não. O resultado foi uma acentuada diferença nas reações a testes correspondentes. Diz ela: "As observações demonstram que ocorreram alterações notáveis em todo o comportamento e no desenvolvimento geral dos gêmeos submetidos ao treinamento. Estes se tornaram mais ativos, mais independentes e mais disciplinados. O nível intelectual dos gêmeos que receberam treinamento também aumentou em comparação com os gêmeos que serviram de controle. Algumas das características pareciam desenvolver-se devido à influência direta do treinamento, enquanto outras provavelmente evoluíram através da organização dos processos de treinamento".

O material etnológico não favorece a teoria de que tipos humanos diferentes tenham personalidades diferentes, de outro modo não encontraríamos uma mudança como a existente entre o índio belicoso dos primeiros tempos e seu descendente degradado, cujo destino ficou selado quando ruiu sua vida tribal. Igualmente convincentes são as diferenças de comportamento cultural entre grupos biologicamente muito semelhantes, como o pueblo sedentário do Novo México e o navajo nômade, ou o comportamento daqueles índios mexicanos habitantes de aldeias que estão completamente hispanizados. A história oferece argumentos igualmente persuasivos. Os escandinavos da Idade do Bronze são, sem dúvida alguma, os antepassados dos escandinavos modernos; no entanto, são grandes as diferenças em seu comportamento cultural. Suas antigas obras de arte e atividades guerreiras, comparadas com suas modernas conquistas intelectuais, são indícios de uma mudança na estrutura da personalidade. A ruidosa alegria de viver da Inglaterra elisabetana e o puritanismo da era vitoriana ou a transição do racionalismo do final do século XVIII para o romantismo dos princípios do século XIX são outros exemplos notáveis de mudança da personalidade de um povo num curto período, para não falar da mudança acelerada que está ocorrendo diante de nossos próprios olhos.

Nossas considerações tanto sobre a forma anatômica quanto sobre as funções do corpo, incluindo as atividades mentais e sociais, não proporcionam apoio algum à opinião de que os hábitos de vida e as atividades culturais sejam determinados, de forma considerável, pela origem racial. Há famílias que possuem características acentuadas, em parte devidas à hereditariedade, em parte à oportunidade cultural, mas uma grande população, por mais uniforme que seja seu tipo aparente, não refletirá uma personalidade inata. A personalidade – na medida em que é possível falar da personalidade de uma cultura – dependerá de condições exteriores que governam a sorte de um povo: de sua história, de indivíduos poderosos que surgem de tempos em tempos, de influências estranhas.

A tendência emocional a ver a vida de um povo em seu enquadramento completo, incluindo a natureza e a estrutura corporal, sustentada pela insistência moderna em reconhecer uma unidade estrutural dos fenômenos concomitantes, levou a descuidar totalmente a questão da natureza e grau de sua inter-relação e a supor infundadamente que não somente em indivíduos e em linhagens hereditárias, mas em populações inteiras, a estrutura corporal determina a personalidade cultural. A existência de uma unidade de estrutura corporal até nas populações mais homogêneas que conhecemos pode ser contestada e a existência de uma personalidade cultural que abarque toda uma "raça" é, quando muito, uma ficção poética.

Durante a última década reuniram-se meticulosos estudos sobre as histórias de vida de indivíduos pertencentes a raças e culturas diferentes. Estes estudos provam que as generalizações a que costumam entregar-se os estudiosos especulativos já não podem mais ser sustentadas. Ainda assim, é preciso discutir algumas das teorias amplamente difundidas referentes à psicologia dos povos primitivos, segundo as quais existem diferenças notáveis entre os processos mentais das tribos culturalmente primitivas e o ser humano civilizado. Poderíamos ser tentados a interpretá-las como determinadas racialmente, porque, no momento atual, nenhuma tribo primitiva pertence à raça branca. Se, por outro lado, pudermos mostrar que os processos mentais entre os primitivos e os civilizados são essencialmente os mesmos, não se poderá manter a teoria de que as atuais raças humanas estão situadas em diferentes etapas da série evolutiva e que o ser humano civilizado alcançou, na organização mental, um plano mais elevado que o ser humano primitivo.

Selecionarei apenas algumas das características mentais do ser humano primitivo que ilustrarão nosso ponto de vista: inibição dos impulsos, capacidade de atenção, pensamento lógico e originalidade.

Primeiro analisaremos em que medida o ser humano primitivo é capaz de inibir seus impulsos (cf. SPENCER, 1893: 55ss.).

É impressão geral recolhida por numerosos viajantes, e baseada também em experiências obtidas em nosso próprio país, que o ser humano primitivo de todas as raças e o menos instruído em nossa própria raça têm em comum uma falta de domínio de suas emoções, cedendo a um impulso mais facilmente que o ser humano civilizado e o de educação superior. Esta impressão baseia-se em grande parte no descuido em considerar as ocasiões nas quais várias formas de sociedade exigem um forte domínio dos impulsos.

A maioria das provas desta suposta peculiaridade se funda na inconstância e instabilidade da disposição do ser humano primitivo e na violência de suas paixões despertadas por causas aparentemente triviais. Frequentemente o viajante ou o estudioso mede a inconstância pelo valor que ele próprio atribui às ações e propósitos em que o ser humano primitivo não persevera, e mede o impulso para explosões de paixão e cólera segundo seu próprio padrão. Por exemplo: um viajante desejoso de chegar quanto antes a certo destino contrata um grupo de homens para partir em viagem num determinado momento. Para ele o tempo é sumamente valioso. Porém, o que é o tempo para o ser humano primitivo, que não sente a compulsão de completar uma tarefa determinada num tempo determinado? Enquanto o viajante se encoleriza e se exaspera por causa da demora, os homens contratados prosseguem suas alegres conversas e risadas e é impossível induzi-los a aplicar-se exclusivamente a satisfazer ao seu senhor. Não teriam eles razão em estigmatizar muitos viajantes por sua impulsividade e falta de domínio quando se irritam por uma causa tão insignificante como a perda de tempo? Ao invés, o viajante se queixa da inconstância dos nativos, que perdem rapidamente o interesse pelos objetos que a ele tanto lhe interessam.

A maneira correta de comparar a volubilidade do ser humano tribal e a do branco é comparar sua conduta em empreendimentos que cada qual, a partir do seu ponto de vista, considera importantes. Falando de modo mais geral, quando queremos avaliar realmente a capacidade do ser humano primitivo de dominar seus impulsos, não devemos comparar o domínio requerido em certas ocasiões entre nós com o domínio que ele exerce nas mesmas ocasiões. Se, por exemplo, nossa etiqueta social proíbe a expressão de sentimentos de desconforto pessoal e de ansiedade, devemos recordar que a etiqueta pessoal entre os primitivos pode não exigir tal inibição. Antes, devemos buscar aquelas ocasiões em que os costumes do ser humano primitivo exigem tal inibição. Tais são, por exemplo, os numerosos casos de tabu – isto é, de proibições do uso de certos alimentos, ou da execução de determinados tipos de trabalho – que algumas vezes exigem um grau considerável de domínio de si mesmo. Quando uma comunidade de esquimós está à beira da inanição e suas crenças religiosas lhes proíbem fazer uso das focas que tomam sol sobre o gelo, o grau de domínio das pessoas que obedecem às exigências do costume em lugar de satisfazer sua fome é certamente muito grande. Outros exemplos sugestivos são a perseverança do ser humano primitivo na fabricação de seus utensílios e armas; sua disposição para suportar privações e penúrias com a esperança de ver cumpridos seus desejos – como, por exemplo, a disposição e o prazer com que o jovem índio jejua nas montanhas, esperando a aparição do seu espírito guardião; ou a coragem e resistência que demonstra a fim de ser admitido nas fileiras dos homens de sua tribo; ou também a tantas vezes descrita capacidade de resistência mostrada por índios cativos torturados nas mãos de seus inimigos.

Também se tem afirmado que o ser humano primitivo manifesta falta de domínio em seus ataques de ira causados por provocações triviais. Também neste caso, a diferença de atitude entre o ser humano civilizado e o ser humano primitivo desaparece se atribuirmos o devido valor às condições sociais em que vive o indivíduo. Temos amplos indícios de que as paixões do primitivo são tão controladas como as nossas, só que em condições diferentes. Os numerosos costumes e restrições que regulam as relações dos sexos podem servir de exemplo. A diferença de impulsividade numa determinada situação pode ser explicada de forma cabal pelo diferente peso dos motivos implicados. Perseverança e inibição dos impulsos são exigidas do ser humano primitivo tanto como do ser humano civilizado, porém em ocasiões diferentes. Se estas não são exigidas com a mesma frequência, deve-se buscar a causa não na incapacidade inata de produzi-las, mas sim na estrutura social que não as exige na mesma medida.

Spencer menciona como um caso particular desta falta de domínio a imprevidência do ser humano primitivo. Seria mais apropriado dizer, não imprevidência, e sim otimismo. "Por que não haveria eu de ser tão bem-sucedido amanhã como fui hoje?" – é o sentimento dominante do ser humano primitivo. Este sentimento não é menos poderoso no ser humano civilizado. O que é que possibilita a atividade comercial senão a confiança na estabilidade das condições existentes? Por que os pobres não vacilam em constituir família sem se assegurar, de antemão, de algumas economias? A fome extrema é um caso muito excepcional entre os povos mais primitivos, da mesma forma que as crises financeiras na sociedade civilizada; para os tempos difíceis, que ocorrem com regularidade, sempre se tem provisão preparada. O *status* social da maioria dos membros de nossa sociedade é mais estável no que se refere à aquisição das necessidades elementares da vida, de modo que as condições excepcionais não ocorrem frequentemente; mas ninguém afirmaria que a maioria dos seres humanos civilizados estão sempre preparados para enfrentar emergências. A depressão econômica de 1929 e dos anos seguintes mostrou como uma grande parte de nossa população está muito mal preparada para enfrentar uma emergência de tal magnitude. Podemos reconhecer uma diferença no grau de imprevidência causado pela diferença de condição social, mas não uma diferença específica entre tipos inferiores e tipos superiores de ser humano.

Relacionada com a falta de capacidade de inibição está outro traço característico atribuído ao ser humano primitivo de todas as raças: sua incapacidade de concentração quando se exige certo esforço das faculdades mais complexas do intelecto. Um exemplo mostrará claramente o erro cometido nesta suposição. Em sua descrição dos nativos da costa oeste da Ilha de Vancouver, Sproat diz: "Aos olhos do ser humano instruído, a mente do nativo parece estar em geral adormecida. [...] Quando sua atenção é despertada plenamente, ele mostra frequentemente muita rapidez na resposta e habilidade na discussão. Mas uma breve conversa o fatiga, em particular se lhe fazem perguntas que exigem de sua parte esforços de pensamento ou memória. A mente do selvagem parece, então, balançar de um lado para o outro, por pura debilidade". Spencer, que cita essa passagem, acrescenta diversas outras para corroborar este ponto. Acontece que conheço pessoalmente as tribos mencionadas por Sproat. As perguntas feitas pelo viajante parecem extremamente fúteis ao índio, que naturalmente se cansa rapidamente de uma conversa mantida num idioma estrangeiro e na qual não encontra nada que lhe interesse. Na realidade, o interesse destes nativos pode chegar à máxima intensidade, e muitas vezes quem se cansou primeiro fui eu. Também a gestão do seu intricado sistema de intercâmbios mostra que não há inércia mental em questões que lhes dizem respeito. Sem ajuda de truques mnemônicos importantes, planejam a distribuição sistemática de suas propriedades de maneira a aumentar sua fortuna e posição social. Estes planos requerem grande perspicácia e dedicação constante.

Recentemente debateu-se muito a questão se os processos de pensamento lógico do ser humano primitivo e do ser humano civilizado são os mesmos. Lévy-Bruhl desenvolveu a tese de que, do ponto de vista cultural, o ser humano primitivo pensa pré-logicamente, de que ele é incapaz de isolar um fenômeno como tal, de que existe antes uma "participação" em todo o conjunto da experiência subjetiva e objetiva que impede uma distinção clara entre assuntos logicamente não relacionados. Esta conclusão não é fruto de um estudo da conduta individual, mas sim das crenças e costumes tradicionais do povo primitivo. Acredita-se que ela explica a identificação entre o ser humano e o animal, os princípios da magia e as crenças na eficácia das cerimônias. É provável que, se não levarmos em conta o pensamento do indivíduo em nossa sociedade e só prestarmos atenção às crenças correntes, chegaríamos à conclusão de que prevalecem entre nós as mesmas atitudes características do ser humano primitivo. A quantidade de material acumulado nas coleções de superstições modernas (cf. Von NEGELEIN, 1931 e 1935) confirma este ponto de vista e seria um erro supor que estas crenças são exclusivas dos ignorantes. O material recolhido entre alunos de universidades norte-americanas (TOZZER, 1925) demonstra que tais crenças podem persistir como uma tradição emocionalmente carregada entre pessoas que gozam da melhor formação intelectual. A existência dessas crenças não distingue os processos mentais do ser humano primitivo dos do ser humano civilizado.

Frequentemente aduziu-se a falta de originalidade como a razão fundamental por que certas raças não conseguem alcançar níveis mais altos de cultura. Afirma-se que o conservadorismo do ser humano primitivo é tão forte que o indivíduo nunca se desvia dos costumes e crenças tradicionais (SPENCER, 1893). Malinowski (1926) e outros mostraram que de modo algum estão ausentes conflitos entre as normas da tribo e a conduta individual. O descrente tem seu lugar na vida real e nas lendas populares.

Além disso, não falta, em absoluto, originalidade na vida do povo primitivo. Em tribos recém-convertidas, como também em tribos pagãs, aparecem profetas que introduzem novos dogmas. Estes podem, frequentemente, remontar à influência das ideias de tribos vizinhas, mas são modificados pela individualidade da pessoa e enxertados nas crenças correntes do povo. É bem sabido que mitos e crenças tem-se difundido e passam por mudanças no processo de difusão (BOAS, 1896). A crescente complexidade das doutrinas esotéricas confiadas ao cuidado de um clero sugere que isto foi muitas vezes realizado pelo pensamento independente de indivíduos. Creio que um dos melhores exemplos de tal pensamento independente é proporcionado pela história da dança do fantasma (MOONEY, 1896) e pelas cerimônias do peiote (WAGNER, 1932; PETRULLO, 1934) na América do Norte. As doutrinas dos profetas da dança do fantasma eram novas, mas baseadas nas ideias de seu próprio povo, de seus vizinhos e nos ensinamentos dos missionários. A noção da vida futura de uma tribo índia da Ilha de Vancouver experimentou uma mudança desta natureza, na medida em que surgiu a ideia do retorno dos mortos nos filhos de suas próprias famílias. A mesma atitude independente pode ser observada nas respostas dos índios nicaraguenses às perguntas sobre sua religião, formuladas a eles por Bobadilla e referidas por Oviedo.

A atitude mental dos indivíduos que desenvolvem assim as crenças de uma tribo é exatamente análoga à do filósofo civilizado. O estudioso da história da filosofia compreende bem o quanto influi na mente do maior gênio o pensamento vigente de sua época. Isto foi muito bem expressado por um escritor alemão (LEHMANN, 1894), que diz: "O caráter de um sistema de filosofia é, tal como o de qualquer outra obra literária, determinado em primeiro lugar pela personalidade de seu criador. Toda verdadeira filosofia reflete a vida do filósofo, assim como toda verdadeira poesia reflete a vida do poeta. Em segundo lugar, leva as marcas gerais do período a que pertence; e quanto mais poderosas as ideias que ela proclama, tanto mais fortemente estará impregnada das correntes de pensamento que flutuam na vida do período. Em terceiro lugar, é influenciada pela tendência particular do pensamento filosófico do período".

Se isto acontece nas maiores mentes de todos os tempos, por que deveríamos surpreender-nos de que na sociedade primitiva o pensador seja fortemente influenciado pelo pensamento vigente de seu tempo? A imitação consciente e a imitação inconsciente são fatores que influem na sociedade civilizada, não menos que na sociedade primitiva, como demonstra G. Tarde, que provou que o ser humano primitivo, e também o ser humano civilizado, imita não só as ações que são úteis e para cuja imitação se podem encontrar causas lógicas, mas também outras para cuja adoção ou conservação não se pode aduzir nenhuma razão lógica.

Creio que estas considerações ilustram que as diferenças entre ser humano civilizado e ser humano primitivo são, em muitos casos, mais aparentes do que reais e que as condições sociais, devido às suas características peculiares, transmitem facilmente a impressão de que a mentalidade do ser humano primitivo atua de forma completamente diferente da nossa, enquanto, na realidade, os traços fundamentais da mente são os mesmos.

Isto não significa que as reações mentais de diversas populações, quando observadas em condições absolutamente iguais, não possam acusar diferenças. Já que os indivíduos, de acordo com sua constituição física, reagem de forma diferente, e já que os membros de uma linhagem familiar são constitucionalmente semelhantes, parece provável que em indivíduos e em linhagens familiares existam diferenças nas reações mentais. Contudo, toda grande população está composta de um grande número de linhagens familiares constitucionalmente diferentes. Portanto, todas estas diferenças estariam muito atenuadas e só encontrariam expressão em uma diferente distribuição de frequência de qualidades. Ademais, devemos ter em conta a extrema sensibilidade das reações mentais às condições culturais, de modo que se deve ter o maior cuidado ao tentar eliminar diferenças de *status* social. O fato de não terem levado em conta tais diferenças na população de cor da Jamaica induziu em erro Davenport e Steggerda. Pelo mesmo motivo resultam de duvidoso valor as observações de Porteus sobre os japoneses, os chineses, os portugueses e os porto-riquenhos, como também sua comparação entre os australianos e os africanos. Se fosse tomado o mesmo cuidado na avaliação da educação dos indivíduos testados, em seu contexto social, em seus interesses e em suas inibições, como na manipulação de testes artificiais, estaríamos dispostos a aceitar os resultados com maior confiança. No estado atual das pesquisas, não se pode afirmar que existam comprovadamente diferenças consideráveis nos traços mentais fundamentais.

Após termos assim verificado que as pretensas diferenças específicas entre o ser humano civilizado e o ser humano primitivo, na medida em que são deduzidas de complexas respostas psíquicas, podem ser reduzidas às mesmas formas psíquicas fundamentais, temos o direito de rejeitar como inútil a discussão dos traços mentais hereditários dos vários ramos da raça branca. Muito se falou sobre as características hereditárias dos judeus, dos ciganos, dos franceses e dos irlandeses. Deixando de lado a insuficiência de tais descrições, em que a diversidade existente em cada grupo é minimizada de acordo com a ênfase subjetiva que se atribui a vários aspectos da vida cultural, não vejo que as causas externas e sociais que moldaram o caráter de membros destes povos tenham sido alguma vez eliminadas satisfatoriamente; e, mais ainda, não vejo como se possa fazer isso. Resulta-nos muito fácil nomear um número de fatores exteriores que influem sobre o corpo e a mente – clima, nutrição, ocupação – mas, logo que se começa a considerar os fatores sociais e as condições mentais, somos incapazes de determinar de modo preciso o que é causa e o que é efeito.

Um estudo aparentemente excelente das influências externas sobre o caráter de um povo é oferecido por A. Wernich em sua descrição do caráter dos japoneses. Constata ele que algumas de suas particularidades são causadas pela falta de vigor do sistema muscular e do sistema alimentar, que por sua vez se deve à nutrição inadequada, ao mesmo tempo em que reconhece como hereditários outros traços fisiológicos que exercem influência sobre a mente. Contudo, parecem débeis suas conclusões à luz do moderno desenvolvimento econômico, político e científico do Japão, que adotou em toda sua extensão os melhores e os piores traços da civilização ocidental.

Os efeitos da desnutrição continuada ao longo de muitas gerações podem ter afetado a vida mental dos bosquímanos e dos lapônios (VIRCHOW, 1875); e, ainda assim, depois da experiência recém-citada, bem podemos hesitar antes de formular quaisquer conclusões definitivas.

Falta ainda estudar um aspecto adicional de nossa pesquisa acerca da base orgânica da atividade mental, a saber, a questão se a base orgânica das faculdades do ser humano melhorou através da civilização e, especialmente, se a das raças primitivas pode ser melhorada através da civilização. Devemos considerar tanto o aspecto anatômico como o psicológico desta questão. Vimos que a civilização causa mudanças anatômicas da mesma natureza daquelas que acompanham a domesticação dos animais. É provável que mudanças de caráter mental ocorram simultaneamente com elas. As mudanças anatômicas observadas limitam-se, contudo, a este grupo de fenômenos. Não podemos provar que tenham ocorrido mudanças progressivas do organismo humano; e não se descobriu nenhum avanço no tamanho ou na complexidade da estrutura do sistema nervoso central causado pelos efeitos cumulativos da civilização.

A dificuldade de provar um progresso nos dotes mentais é ainda maior. Superestimou-se demasiadamente o efeito da civilização sobre a mente. As mudanças psíquicas resultantes imediatamente da domesticação inicial podem ter sido consideráveis. É duvidoso que, fora destas, tenham ocorrido outras mudanças progressivas, como as que são transmitidas por hereditariedade. O número de gerações submetidas à influência da civilização ocidental parece, em conjunto, demasiado pequeno. Para grandes regiões da Europa não podemos supor mais de quarenta ou cinquenta gerações; e mesmo este número é consideravelmente alto demais, já que na Idade Média o grosso da população vivia em estágios de civilização muito baixos.

Ademais, a tendência recente da multiplicação humana é tal que as famílias mais cultas tendem a desaparecer, enquanto outras que estiveram menos submetidas às influências que regulam a vida da classe mais culta ocupam seu lugar. É muito mais provável que o progresso não seja hereditário e sim transmitido através da educação.

Deveríamos ter um conceito claro a respeito da diferença entre os próprios fenômenos da cultura e os conceitos abstratos de qualidades da mente humana que são deduzidas dos dados culturais, mas não têm nenhum significado cultural se concebidas como absolutas, como existindo fora de uma cultura. A suposição de que em certa época as qualidades mentais do ser humano existiram *in vacuo* é insustentável, pois todo o nosso conhecimento do ser humano deriva de sua conduta em determinadas condições culturais. Podemos dizer que a condição nervosa de um indivíduo tende a fazê-lo estável ou instável, lento para atuar ou rápido nas decisões, mas só podemos deduzir isso através de sua reação a determinadas condições culturais. A forma como se manifestam estas características depende da cultura em que vivem os indivíduos.

A existência de uma mente absolutamente independente das condições de vida é inconcebível. A psicologia experimental foi estéril em suas primeiras etapas porque operava com a teoria da existência de uma mente absoluta, não sujeita ao quadro ambiental em que vive.

A situação na morfologia é análoga. A identificação estrita de um tipo morfológico exige uma afirmação da variedade de formas que um organismo pode assumir em condições variáveis, pois não existe e é inconcebível um tipo morfológico sem condições ambientais. Nos animais superiores nós o postulamos porque as variações produzidas pelo ambiente são pequenas se comparadas com as características fundamentais estáveis. Em contraste com isto, as características fisiológicas e psicológicas dos animais superiores, e particularmente do ser humano, são altamente variáveis e só podem ser determinadas em relação às condições ambientais, incluídas as condições físicas e culturais. Os traços da personalidade pertencem a esta categoria e só têm sentido quando se expressam como reações do indivíduo aos diversos tipos de ambiente, dos quais a cultura existente é o mais importante.

Algumas das abstrações derivadas da conduta do ser humano no mundo inteiro são básicas em todas as formas de cultura. São duas as mais importantes: a inteligência humana – isto é, a capacidade de extrair conclusões de premissas e o desejo de procurar relações causais – e a sempre presente tendência a avaliar o pensamento e a ação conforme as ideias de bom e de mau, bonito e feio, liberdade individual ou subordinação social. Seria tarefa difícil provar um aumento da inteligência, ou um aumento da capacidade de avaliar as experiências. Um estudo honesto das invenções, observações e avaliações do ser humano nas mais diversas formas de cultura não nos proporciona base alguma para sustentar que tenha havido qualquer desenvolvimento destas qualidades. Só encontramos uma expressão da aplicação destas faculdades a culturas mais ou menos altamente individualizadas.

Para provar o efeito cumulativo da civilização através da transmissão, atribui-se geralmente muita importância ao retorno às condições primitivas de indivíduos instruídos, pertencentes a raças primitivas. Estes casos são interpretados como provas de que o filho de uma raça inferior é incapaz de se adaptar à nossa alta civilização, mesmo se lhe forem proporcionadas as melhores vantagens. É verdade que foram registrados diversos exemplos deste tipo. Entre estes está o fueguino de Darwin, que viveu na Inglaterra alguns anos e regressou a seu país onde voltou a adotar os costumes de seus compatriotas primitivos; e a garota do oeste da Austrália que se casou com um homem branco, mas fugiu subitamente para a selva depois de matar o marido, retomando a vida com os nativos. Nenhum destes casos foi descrito com suficientes detalhes. As condições sociais e mentais do indivíduo nunca foram submetidas a uma análise minuciosa. A meu juízo, mesmo em casos extremos, apesar de sua melhor educação, sua posição social foi sempre de isolamento, enquanto os vínculos de consanguinidade formavam um elo de união com seus irmãos incivilizados. A força com que a sociedade nos refreia e nos impede de ultrapassar seus limites talvez não tenha conseguido atuar com a mesma intensidade sobre eles como atua sobre nós.

A posição conquistada por muitos negros em nossa civilização tem exatamente o mesmo valor que os poucos casos de reincidência recolhidos com tanto empenho e cuidado. Eu colocaria ao lado deles esses homens brancos que vivem sozinhos entre tribos nativas e que quase invariavelmente mergulham em uma condição semibárbara e os membros de famílias abastadas que preferem a liberdade ilimitada às cadeias da sociedade e fogem para o deserto, onde levam uma vida de modo nenhum superior à do ser humano primitivo.

No estudo do comportamento de membros de outras raças educados na sociedade europeia, deveríamos também ter presente a influência dos hábitos de pensamento, sentimento e ação adquiridos na primeira infância e dos quais não se conserva nenhuma lembrança. Graças, em grande parte, a Freud (1910), compreendemos a importância destes incidentes esquecidos que continuam sendo uma força viva durante toda a vida, tanto mais potente quanto mais completamente esquecidos. Devido a suas influências duradouras, muitos dos hábitos de pensamento e traços da personalidade que todos nos apressamos a interpretar como devidos à hereditariedade são adquiridos sob a influência do ambiente em que a criança passa os primeiros anos de sua vida. Todas as observações a respeito da força do hábito e da intensidade da resistência às mudanças de hábito falam a favor desta teoria.

Nossa breve consideração sobre algumas das atividades mentais do ser humano na sociedade civilizada e na sociedade primitiva nos levou à conclusão de que as funções da mente humana são comuns a toda a humanidade. De acordo com nosso método atual de considerar os fenômenos biológicos e psicológicos, devemos presumir que estes se desenvolveram a partir de condições inferiores anteriores e que em dado momento deve ter havido raças e tribos em que as propriedades aqui descritas não estiveram desenvolvidas de modo algum ou apenas em forma rudimentar; mas também é verdade que entre as raças atuais do ser humano, por mais primitivas que possam ser em comparação conosco, estas faculdades estão altamente desenvolvidas.

A capacidade média da raça branca se encontra no mesmo grau numa grande proporção de indivíduos de todas as outras raças e, embora seja possível que algumas destas raças possam não produzir tão elevada proporção de grandes homens como a nossa raça, não há razão para supor que sejam incapazes de adquirir o nível de civilização representado pelo grosso de nossa própria população.

É provável que a distribuição dos traços aqui descritos não seja a mesma em todas as populações. Particularmente nos grupos pequenos, de origem não mesclada, certos traços podem ser bastante proeminentes. Cabe admitir que em casos excepcionais, onde uma população quase coincide com uma linhagem familiar, as diferenças inatas talvez cheguem a ser importantes – como entre a aristocracia nos melhores tempos de Atenas – mas a esmagadora importância das condições exteriores, culturais, é tão grande, como vimos, e as diferenças raciais quantitativas entre grandes populações são comparativamente tão mesquinhas, que nenhuma das teorias sobre diferenças substanciais entre as raças parece ser cientificamente sólida.

8
Raça, língua e cultura

O exposto nos capítulos precedentes demonstrou que a forma corporal não pode ser considerada absolutamente estável e que as funções fisiológicas, mentais e sociais são altamente variáveis, uma vez que dependem das condições exteriores, de modo que não parece plausível uma relação estreita entre raça e cultura.

Resta pesquisar este problema a partir de outro ângulo, por meio de um estudo que evidencie se tipos, línguas e culturas estão vinculados de maneira tão íntima que cada raça humana se caracterize por certa combinação de tipo físico, língua e cultura.

Resulta óbvio que, se esta correlação existisse num sentido estrito, as tentativas de classificar a humanidade a partir de qualquer um dos três pontos de vista conduziriam necessariamente aos mesmos resultados; em outras palavras, cada ponto de vista poderia ser usado independentemente ou em combinação com os outros para estudar as relações entre os diferentes grupos da humanidade. Na verdade, fizeram-se frequentes tentativas desta natureza. Diversas classificações das raças humanas baseiam-se totalmente em características anatômicas, ainda que frequentemente combinadas com considerações geográficas; outras baseiam-se no estudo de uma combinação de traços anatômicos e culturais considerados característicos de certos grupos da humanidade; enquanto outras, ainda, baseiam-se principalmente na observação dos idiomas falados por pessoas representativas de determinado tipo anatômico.

As tentativas assim efetuadas conduziram a resultados completamente diferentes[1]. Blumenbach, um dos primeiros homens de ciência que procurou classificar a humanidade, distinguia cinco raças: a caucásica, a mongoloide, a etíope, a americana e a malaia. É fácil notar que esta classificação se baseia em considerações tanto geográficas como anatômicas, ainda que a descrição de cada raça seja primordialmente anatômica. Cuvier distinguia três raças: a branca, a amarela e a negra. Huxley procedeu mais estritamente sobre uma base biológica. Combinou parte das raças mongoloide e americana de Blumenbach em uma só, atribuiu parte dos povos do sul da Ásia ao tipo australiano e subdividiu a raça europeia numa porção escura e outra clara. A preponderância numérica dos tipos europeus levou-o, evidentemente, a fazer distinções mais sutis nesta raça, que ele dividiu em raça xantocroica ou loira e raça melanocroica

---

1. A história destas tentativas pode ser consultada em Topinard, 1885: 1-147.

ou morena. Seria fácil estabelecer subdivisões de igual valor em outras raças. Ainda mais evidente é a influência de pontos de vista culturais numa classificação como a de Klemm, que dividiu as raças em ativas e passivas, de acordo com as conquistas culturais dos diversos tipos de ser humano.

A tentativa mais típica de classificar o gênero humano a partir de uma consideração do ponto de vista tanto anatômico quanto linguístico é a de Friedrich Müller, que toma como base de suas divisões primárias a forma do cabelo, enquanto todas as divisões menores são baseadas em considerações linguísticas.

Estas e outras numerosas classificações propostas revelam claramente um estado de total confusão e contradição; por tudo isso somos levados a concluir que tipo físico, língua e tipo cultural não estão ligados de maneira estreita e permanente.

Considerações históricas e etnográficas comprovam a veracidade desta maneira de ver.

No período atual podemos observar muitos casos em que ocorre uma mudança completa de língua e de cultura sem uma correspondente mudança de tipo físico. Isto é certo, por exemplo, quanto aos negros norte-americanos, povo em geral de origem africana, mas essencialmente europeus em cultura e língua. Apesar de se encontrarem algumas sobrevivências da cultura e da língua africanas entre os negros americanos, a cultura da maioria é essencialmente a cultura das classes incultas das pessoas entre as quais convivem e seu idioma é, no conjunto, idêntico ao de seus vizinhos – ingleses, franceses, espanhóis e portugueses, de acordo com a língua predominante nas diversas partes do continente. Poder-se-ia objetar que o transplante da raça africana para a América foi artificial e que em tempos mais antigos não ocorreram migrações e transplantes extensos desta natureza.

A história da Europa medieval ensina, todavia, que muitas vezes aconteceram amplas mudanças no idioma e na cultura sem mudanças correspondentes no sangue.

Recentes pesquisas sobre os tipos físicos da Europa mostraram com grande clareza que a distribuição dos tipos permaneceu igual por um longo período. Sem considerar os detalhes, pode-se dizer que um tipo alpino pode ser distinguido facilmente, por um lado, de um tipo do norte da Europa e, por outro, de um tipo do sul da Europa (RIPLEY, 1899; DENIKER, 1900). O tipo alpino aparece de maneira bastante uniforme numa área extensa, qualquer que seja o idioma falado e a cultura nacional predominante no distrito particular. Os franceses, alemães, italianos e eslavos da Europa central são de tipo tão semelhante que podemos supor neles, sem temor de nos equivocarmos, um grau considerável de consanguinidade, apesar de suas diferenças linguísticas.

Casos de natureza semelhante, em que encontramos permanência de sangue com amplas modificações na língua e na cultura, encontram-se em outras partes do mundo. Podemos mencionar, como exemplo, os vedás do Ceilão, povo fundamentalmente diferente, quanto ao tipo, de seus vizinhos cingaleses, cuja língua parecem ter adotado e de quem também copiaram evidentemente diversos traços culturais (SARASIN,

1892-1893; SELIGMANN & SELIGMANN, 1911). Outros exemplos da mesma natureza são os japoneses da parte norte do Japão, que são sem dúvida, em boa medida, de sangue ainu (BÄLZ, 1901; TEN KATE, 1902); e os yukaghir da Sibéria, que, embora conservem em grande parte o antigo sangue, foram assimilados na cultura e na língua por seus vizinhos tungus (JOCHELSON, 1910).

Embora seja evidente, portanto, que em muitos casos um povo, mesmo sem experimentar considerável mudança de tipo em consequência de miscigenação, mudou completamente sua língua e sua cultura, podemos aduzir outros casos que provam que um povo conservou seu idioma apesar das mudanças essenciais sobrevindas no sangue ou na cultura, ou em ambos. Cabe mencionar, como exemplo deste processo, os magiares da Europa, que conservaram seu idioma, mas se mesclaram com povos de idiomas indo-europeus e, para todos os efeitos, adotaram a cultura europeia.

Condições semelhantes devem ter prevalecido entre os atabascos, uma das grandes famílias linguísticas da América do Norte. A grande massa de povos que fala idiomas pertencentes a este grupo vive na parte noroeste da América, entre o Alasca e a Baía de Hudson, enquanto algumas pequenas tribos da Califórnia falam outros dialetos e um grande contingente de povos no Arizona e no Novo México[2] falam outros ainda. A relação entre todos estes dialetos é tão estreita que devem ser considerados ramos de um único grande grupo e cabe supor que todos surgiram de um idioma falado em certa época em alguma área contínua. Atualmente, os povos que falam estes idiomas diferem fundamentalmente no tipo, sendo os habitantes da região do Rio Mackenzie muito diferentes das tribos da Califórnia, e estas, por sua vez, diferentes das tribos do Novo México (BOAS 1895, 1901). As formas de cultura nestas diversas regiões são também totalmente distintas: a cultura dos atabascos da Califórnia se parece com a de outras tribos californianas, enquanto a cultura dos atabascos do Novo México e do Arizona está influenciada pela de outros povos desse território (GODDARD, 1903-1904; REICHARD, 1928; MORICE, 1906/1907/1909; MATTHEWS, 1897). Parece plausível que certos ramos deste tronco migraram de uma parte a outra desta vasta extensão, onde se mesclaram com os povos vizinhos e mudaram assim suas características físicas, enquanto conservaram seu próprio idioma. Sem testemunhos históricos, evidentemente, este processo não pode ser provado.

Estes dois fenômenos – retenção de tipo com mudança de idioma e retenção de idioma com mudança de tipo –, aparentemente opostos um do outro, muitas vezes ocorrem simultaneamente. Exemplo disto é a distribuição dos árabes ao longo da costa setentrional da África. Em geral, o elemento árabe conservou sua língua; mas ao mesmo tempo eram comuns os matrimônios com as raças nativas, de tal modo que os descendentes dos árabes conservaram seu antigo idioma e mudaram seu tipo.

---

2. Cf. mapa em *Handbook of American Indians* [Bulletin 30 of the Bureau of American Ethnology, parte I, 1907].

Por outro lado, os nativos abandonaram, até certo ponto, seus próprios idiomas, mas continuaram casando entre eles e, assim, conservaram o seu tipo. Na medida em que alguma mudança desta natureza está ligada à miscigenação, ambos os tipos de mudanças sempre ocorrerão ao mesmo tempo e serão classificados como mudança de tipo ou mudança de idioma, conforme nossa atenção se dirija a um povo ou ao outro ou, em alguns casos, conforme seja mais pronunciada uma mudança ou a outra. Os casos de assimilação completa, sem mescla alguma do povo implicado, parecem ser muito raros, senão absolutamente inexistentes.

Casos de permanência de tipo e idioma e de mudança de cultura são muito mais numerosos. Na realidade, toda a evolução histórica da Europa, desde os tempos pré-históricos em diante, é uma série incessante de exemplos deste processo, que parece ser muito mais fácil, já que a assimilação de culturas ocorre em todas as partes sem verdadeira mescla de sangue, como um efeito da imitação. Provas de difusão de elementos culturais podem ser encontradas em toda parte. Nem diferenças de raça nem de idioma são barreiras eficazes para conter sua expansão. Na América do Norte, a Califórnia oferece um bom exemplo desta natureza, pois se falam ali muitos idiomas e existe certo grau de diferenciação de tipo, mas, ao mesmo tempo, prevalece uma considerável uniformidade de cultura (KROEBER, 1904-1907, 1925). Outro exemplo relevante é o caso da costa da Nova Guiné, onde, apesar de acentuadas diferenciações locais, predomina um tipo de cultura bastante característico que vem acompanhado de forte diferenciação de idiomas. Entre povos com civilização mais desenvolvida, toda a área que se encontra sob a influência da cultura chinesa merece ser citada como exemplo.

A cultura da África demonstra que as diferenças raciais não são obstáculos para a difusão. A pecuária da Ásia tem modificado a vida cultural de uma grande parte da África. As formas políticas e jurídicas do negro são, em grande medida, a réplica das da Europa feudal. Seria inútil tentar entender as instituições africanas sem ter presente sua íntima vinculação com os continentes vizinhos. No extremo sul da África, os bosquímanos e os bantos representam dois povos que diferem em tipo e idioma. Não obstante, os sons do idioma do banto do sul apresentam uma semelhança com os sons das línguas bosquímanas que não se repete em nenhuma outra parte do continente; esta semelhança consiste na ocorrência de sons que são produzidos absorvendo o ar com força em lugar de expeli-lo. Sons muito fracos desta natureza aparecem em outras partes do continente e talvez indiquem a existência, em certa época, de um antigo hábito linguístico que abarcava uma extensão maior; mas sua ocorrência particular entre os bantos do sul só pode ser explicada por uma assimilação recente.

Estas considerações demonstram que, ao menos na atualidade, o tipo anatômico, a língua e a cultura não têm necessariamente o mesmo destino; que um povo pode permanecer constante no tipo e na língua e mudar de cultura; que pode permanecer constante no tipo, mas mudar de língua; ou pode permanecer constante na língua e mudar de tipo e de cultura. É óbvio, portanto, que as tentativas de classificar a humanidade com base na distribuição atual de tipo, língua e cultura devem conduzir a resultados diferentes, segundo o ponto de vista adotado; que uma classificação baseada essencialmente apenas no tipo conduzirá a um sistema que representa mais ou menos acuradamente o parentesco de sangue do povo; mas este parentesco não precisa coincidir com suas vinculações culturais. Do mesmo modo, as classificações que se baseiam no idioma e na cultura não precisam necessariamente coincidir com uma classificação biológica.

Se isto for verdade, então não existe um problema como o problema ariano, pois este se refere à história dos idiomas arianos; e tanto a suposição de que determinado povo, cujos membros sempre tiveram parentesco de sangue, deve ter sido o portador deste idioma através da história, quanto a outra suposição de que certo tipo cultural deve ter sempre pertencido a povos que falam línguas arianas, são puramente arbitrárias e não estão de acordo com os fatos observados.

Devemos, não obstante, reconhecer que, numa consideração teórica da história dos tipos humanos, dos idiomas e das culturas, somos levados de volta a supor condições primitivas, durante as quais cada tipo estava muito mais isolado do resto da humanidade do que se encontra atualmente. Por esta razão, a cultura e a língua pertencentes a um tipo único devem ter estado muito mais nitidamente separadas das de outros tipos do que as que encontramos no presente. Tal condição não foi observada em nenhuma parte; mas o conhecimento da evolução histórica quase nos obriga a supor sua existência num período muito antigo da evolução da humanidade. Se isto fosse verdade, surgiria a questão se num período primitivo um grupo isolado estaria caracterizado essencialmente por um único tipo, uma única língua e uma única cultura, ou se nesse grupo poderiam ter estado representados diferentes tipos, diferentes línguas e diferentes culturas.

A evolução histórica da humanidade ofereceria um quadro mais claro e mais simples se fosse justificada nossa crença de que, nas comunidades primitivas, os três fenômenos estiveram intimamente associados. No entanto, não existe prova alguma a favor desta suposição. Pelo contrário, a distribuição atual dos idiomas, comparada com a distribuição dos tipos, torna plausível supor que mesmo nos tempos mais remotos, dentro das unidades biológicas, estivessem representados mais de um idioma e mais de uma cultura. Creio que se pode afirmar com certeza que em todo o mundo a unidade biológica – deixando de lado pequenas diferenças locais – é muito maior do que a unidade linguística; em outras palavras, que grupos de seres humanos tão estreitamente relacionados na aparência corporal a ponto de devermos considerá-los representantes de uma mesma variedade do gênero humano abarcam um número de indivíduos muito maior que o número de seres humanos que falam idiomas que sabemos estarem geneticamente relacionados. Podemos encontrar exemplos ilustrativos em muitas partes do mundo. Assim, a raça europeia – incluindo neste termo aproximadamente todos os indivíduos que sem titubear classificamos como membros da raça branca – incluiria povos que falam idiomas indo-europeus, o idioma basco, idiomas semíticos e uralo-altaicos. Os negros da África ocidental representariam indivíduos de certo tipo negro, mas que falam os idiomas mais diversos; e o mesmo poder-se-ia dizer, entre os tipos asiáticos, dos siberianos; entre os tipos americanos, de uma parte dos índios californianos.

De acordo com os testemunhos históricos de que dispomos, não existe razão para acreditar que o número de idiomas que, por sua forma e conteúdo, não podem ser atribuídos hoje a uma língua-mãe comum tenha sido em algum tempo menor do que o é neste momento. Todas as nossas provas vão antes no sentido de demonstrar que o número de idiomas aparentemente não relacionados era muito maior em tempos anteriores do que na atualidade. Não dispomos, no momento presente, de meios para determinar se existiu uma condição ainda mais antiga em que os idiomas aparentemente distintos estiveram, de certo modo, relacionados. Por outro lado, o número de tipos que presumivelmente se extinguiram parece ser bastante pequeno, de maneira que não há razão para supor que em alguma época deva ter havido uma correspondência mais estreita entre o número de tipos linguísticos e anatômicos diferentes; e assim somos levados a concluir que, num período distante, presumivelmente existiram pequenos grupos isolados de pessoas de tipo semelhante, cada um dos quais pode ter possuído uma língua e uma cultura próprias.

Incidentalmente podemos observar aqui que, deste ponto de vista, a grande diversidade de idiomas encontrados em muitas zonas montanhosas remotas não deveria ser explicada como resultante do fato de os remanescente de tribos serem gradualmente empurrados para distritos inacessíveis, senão que apareceria melhor como uma sobrevivência de uma anterior condição geral da humanidade, quando cada continente era habitado por pequenos grupos de pessoas que falavam idiomas diferentes. As condições presentes ter-se-iam desenvolvido mediante a extinção gradual de muitas das velhas linhagens e sua absorção ou extinção por outras, que assim chegaram a ocupar um território mais vasto.

Seja como for, as probabilidades estão decididamente contra a teoria de que, originalmente, cada idioma e cultura limitou-se a um único tipo, ou que cada tipo e cultura se limitou a um único idioma; em resumo, que tenha havido em alguma época, estreita relação entre estes três fenômenos.

Se tipo, idioma e cultura tivessem estado intimamente vinculados por sua origem, seguir-se-ia que estes três traços teriam evoluído aproximadamente no mesmo período e conjuntamente. Isto não parece absolutamente plausível. Os tipos fundamentais de ser humano representados nas raças negroide e mongoloide devem ter-se diferenciado muito antes do desenvolvimento daquelas formas de linguagem que agora reconhecemos nas famílias linguísticas do mundo. Creio que até a diferenciação das subdivisões mais importantes das grandes raças precede a formação das famílias linguísticas reconhecíveis. De qualquer forma, nesse longínquo período, a diferenciação biológica e a formação da linguagem estiveram sujeitas às mesmas causas que atuam sobre elas agora, e toda nossa experiência demonstra que estas causas podem provocar grandes mudanças no idioma muito mais rapidamente que no corpo humano. Nesta consideração se funda a principal razão para a teoria da falta de correlação entre tipo e idioma, mesmo durante o período de formação dos tipos e das famílias linguísticas[3].

Se o idioma é independente da raça, isto se aplica mais ainda à cultura. Em outras palavras, quando um grupo de certo tipo racial migrou sobre uma área extensa antes de seu idioma adquirir uma forma que possamos reconhecer como uma família linguística única e antes de sua cultura adotar formas das quais ainda possamos reconhecer vestígios entre seus descendentes atuais, será impossível descobrir uma relação entre tipo, idioma e cultura, mesmo que tenha essa relação existido num tempo remoto.

É bem possível que povos de um tipo comum se tenham espalhado sobre um vasto território e que durante este processo seu idioma se tenha modificado tão profundamente em cada localidade que o parentesco com as formas modernas – ou melhor, sua origem comum a partir de uma língua comum – já não pode ser descoberto. Da mesma maneira sua cultura pode ter-se desenvolvido de formas distintas, independentemente de sua antiga cultura, ou ao menos de tal maneira que as relações genéticas com a forma primitiva, se por acaso existiram, já não podem mais ser averiguadas.

Se aceitarmos estas conclusões e rejeitarmos a hipótese de uma estreita associação original entre tipo, idioma e cultura, segue-se que qualquer tentativa de classificar a humanidade a partir de mais de um destes pontos vista deve conduzir a contradições.

Não devemos esquecer que o vago termo "cultura", tal como é aqui empregado, não é uma unidade que significa que todos os aspectos da cultura devam ter tido o mesmo destino histórico. Os pontos de vista que aplicamos ao idioma podem aplicar-se igualmente aos vários aspectos da cultura. Na há razão que nos obrigue a acreditar que as invenções técnicas, a organização social, a arte e a religião se desenvolvem precisamente do mesmo modo, ou que estejam orgânica e indissoluvelmente vinculadas. Como exemplo ilustrativo de sua independência podemos mencionar os chukchee marítimos e os esquimós, que têm uma cultura material semelhante, quase idêntica, mas diferem em sua vida religiosa; ou as diversas tribos índias das planícies ocidentais; ou aquelas tribos bantos que têm uma vida econômica parecida, mas diferem na estrutura social. A falta de coesão ressalta com maior evidência nas tentativas de traçar um mapa dos traços culturais tal como fizeram Ankermann (1905), Frobenius

---

[3]. Isto não deve ser entendido no sentido de que todo idioma primitivo se encontra em constante estado de rápida modificação. Existem muitas provas de uma grande permanência dos idiomas. Quando, porém, devido a certas causas internas ou externas, ocorrem mudanças, elas são capazes de provocar uma completa modificação na forma da linguagem.

(1921, 1926) e Wieschoff (1933) para a África e Erland Nordenskiöld (1918, 1924) para a América do Sul. Não obstante a aparência de áreas unidas, as descontinuidades de distribuição são uma das características mais notáveis destes mapas. Os limites de distribuição não concordam, nem com referência à distribuição de tipos e idiomas, nem com referência a outros fenômenos culturais como organização social, ideias religiosas, estilo da arte, etc. Cada um destes tem sua área de distribuição própria.

Nem sequer o idioma pode ser tratado como uma unidade, porque seus materiais fonéticos, gramaticais e lexicográficos não estão indissoluvelmente unidos, já que diferentes idiomas podem tornar-se, por assimilação, semelhantes em algumas características. A história da fonética e a da lexicografia não estão necessariamente ligadas à história da gramática.

As assim chamadas "áreas de cultura" são uma expressão usada para designar os traços generalizados da cultura, comumente baseados na identidade de condições geográficas e econômicas e em semelhanças de cultura material. Se as áreas de cultura estivessem baseadas no idioma, na religião ou na organização social, difeririam de modo fundamental das áreas geralmente aceitas.

Aplicando esta consideração à história dos povos que falam idiomas arianos, concluímos que este idioma não surgiu necessariamente num dos tipos de ser humano que hoje falam idiomas arianos; que nenhum deles pode ser considerado um descendente puro e sem mescla do povo original que falou o idioma ariano dos antepassados; e que, ademais, o tipo original pode ter desenvolvido outros idiomas ao lado do ariano.

Poder-se-ia perguntar se é possível ordenar as realizações culturais das raças em uma série progressiva, em que umas raças produziram valores inferiores e outras criaram valores mais nobres. Se pudéssemos estabelecer uma progressão da cultura e se, ao mesmo tempo, pudéssemos demonstrar que as formas mais simples aparecem sempre em algumas raças e as mais elevadas em outras, talvez fosse possível concluir que existem diferenças de aptidão racial. Mas é fácil observar que as mais variadas formas culturais aparecem na maioria das raças. Na América pode-se comparar as civilizações superiores do Peru e do México com as tribos primitivas da Terra do Fogo ou com as do norte do Canadá. Na Ásia, os chineses, os japoneses e os primitivos yukaghir e, na África, os negros do Sudão e os caçadores das selvas virgens vivem lado a lado. Só na Austrália não se encontram formas superiores de cultura; e nossa própria civilização moderna não conheceu nada comparável a ela entre as outras raças até tempos muito recentes em que o Japão e a China passaram a participar de muitas de nossas atividades mais valiosas, assim como antigamente nós adotamos muitas de suas realizações.

Os erros subjacentes a todas as conclusões fundadas nas realizações das diversas raças foram já discutidos acima (p.10s.). Devemos enfatizar novamente que nunca podemos estar seguros se o caráter mental de uma tribo primitiva é a causa de sua cultura inferior, de tal modo que em condições favoráveis ela não poderia alcançar uma vida cultural mais avançada, ou se seu caráter mental é resultado de sua baixa cultura e mudaria com o avanço da cultura. É quase impossível encontrar material para responder a esta pergunta, exceto em relação aos povos da Ásia oriental, porque hoje em dia não existem populações numerosas de raça estranha situadas em posição de igualdade social e política com os brancos e que gozem das mesmas oportunidades de desenvolvimento intelectual, econômico e social. O abismo entre a nossa sociedade e a deles é tanto mais profundo quanto maior o contraste na aparência exterior. Por este motivo não podemos esperar o mesmo tipo de evolução mental nestes grupos.

As considerações que no começo de nosso estudo nos levaram à conclusão de que nos tempos modernos as tribos primitivas não têm oportunidade de desenvolver suas habilidades inatas nos impedem de formar qualquer opinião a respeito da sua capacidade racial hereditária.

A fim de responder a esta questão precisamos entender com maior clareza a evolução histórica da cultura. Deste assunto nos ocuparemos nos capítulos seguintes.

9
Primeiras manifestações culturais

Pode-se definir a cultura como a totalidade das reações e atividades mentais e físicas que caracterizam a conduta dos indivíduos que compõem um grupo social, coletiva e individualmente, em relação ao seu ambiente natural, a outros grupos, a membros do mesmo grupo e de cada indivíduo para consigo mesmo. Também inclui os produtos destas atividades e sua função na vida dos grupos. A simples enumeração destes vários aspectos da vida não constitui, no entanto, a cultura. Ela é algo mais que tudo isso, pois seus elementos não são independentes, têm uma estrutura.

As atividades aqui enumeradas não são de modo algum propriedade exclusiva do ser humano, porque a vida dos animais também está regulada por suas relações com a natureza, com outros animais e pelas relações recíprocas entre os indivíduos que compõem a mesma espécie ou grupo social.

Costumou-se descrever a cultura, pela ordem, como cultura material, relações sociais, arte e religião. As atitudes éticas e as atividades racionais têm sido tratadas em geral muito superficialmente e raras vezes se incluiu a língua na descrição da cultura. Sob o primeiro destes tópicos se descrevem a coleta, conservação e preparação dos alimentos, a habitação e o vestuário, processos e produtos de manufatura e meios de locomoção. O conhecimento racional é quase sempre incluído como parte desta matéria. Sob o título relações sociais se discutem as condições econômicas gerais, os direitos de propriedade, as relações com as tribos estranhas na guerra e na paz, a posição do indivíduo na tribo, a organização da tribo, formas de comunicação, relações individuais de ordem sexual e outras. A arte decorativa, pictórica e plástica, o canto, a narrativa e a dança são a esfera da arte; as atitudes e atividades que giram em torno a tudo o que se considera sagrado ou fora da esfera dos atos humanos ordinários constituem a esfera da religião. Também se inclui aqui, geralmente, o comportamento habitual a respeito do que se considera bom, mau, próprio ou impróprio e outros conceitos éticos fundamentais.

Muitos fenômenos de cultura material e de relações sociais são comuns ao ser humano e aos animais (ALVERDES, 1925). Cada espécie animal tem seu próprio método de procurar alimento. A maneira de caçar do lobo é diferente da do leão; o alimento do esquilo e a forma de procurá-lo diferem dos da marmota. Certos animais como a formiga-leão e a aranha constroem armadilhas para caçar sua presa. Outros ainda investem contra outros animais e se apropriam do alimento recolhido por eles.

As gaivotas de Jaeger roubam o peixe capturado por outras gaivotas ou pássaros pescadores. Os urubus vivem dos restos abandonados por animais predadores. Muitos roedores costumam armazenar provisões para o inverno; insetos como as abelhas chegam até a preparar alimento para a geração seguinte.

As reações ao clima são completamente diferentes em diversos grupos. O urso passa a estação invernal hibernando, alguns pássaros emigram para climas mais temperados, outros suportam os rigores do frio.

Muitas espécies de animais constroem ninhos ou refúgios para proteger-se a si mesmos e as suas crias. Os antílopes preparam esconderijos e os macacos vivem em abrigos temporários. Nem sequer a conquista fundamental do ser humano – a invenção de objetos construídos artificialmente para servir a seus propósitos – está inteiramente ausente do mundo animal. Os ninhos de certos pássaros são feitos com mais arte do que as moradias de alguns seres humanos primitivos. São entrelaçados e rebocados com grande habilidade. Os insetos e as aranhas fabricam complicadas estruturas para nelas habitar. Uma espécie de formiga até prepara solo apropriado em seus formigueiros para cultivar fungos e mantém os ninhos escrupulosamente limpos. Segundo os experimentos de Köhler (1917) os macacos usam ferramentas. Às vezes quebram um pau de comprimento adequado para alcançar um objeto desejado que se encontra demasiado longe para ser alcançado com a mão. Também presenciou chimpanzés unindo paus ocos a fim de obter uma ferramenta suficientemente comprida. Contudo, estes são provavelmente os únicos casos em que animais preparam ferramentas não instintivamente, mas para servir a um propósito específico.

No mundo animal encontramos também hábitos sociais paralelos aos do ser humano. O rebanho ou manada de animais gregários forma uma unidade compacta hostil aos estranhos, mesmo que sejam da mesma espécie. Uma matilha de cachorros não admite um cachorro forasteiro em seu meio; se o aceita, será somente depois de longas e contínuas brigas. Os pinguins da mesma colônia não permitem que outros desconhecidos se aproximem do local de suas ninhadas. As formigas de um formigueiro que inclui espécies estranhas que vivem em simbiose mantêm-se unidas, mas atacam todas as forasteiras que tentam transpor os limites de seu território.

Nas sociedades de macacos e de aves domésticas há uma ordem bem definida de categoria, onde as "personalidades" mais fortes são reconhecidas como superiores pelas mais fracas. Entre os insetos a atribuição de obrigações sociais está vinculada à forma corporal e cada classe tem sua característica anatômica própria. As diferentes classes de operárias das saúvas são anatomicamente diferentes. Entre os animais superiores, os deveres sociais cabem ao chefe do bando, macho ou fêmea, às sentinelas ou vigias. Alguns animais vivem em monogamia mais ou menos permanente, como alguns pássaros, outros vivem em manadas em que o chefe masculino tem seu harém, ainda outros vivem em uniões temporárias de curta duração. Em alguns casos, tanto o macho como a fêmea cuidam dos filhotes, em outros só o macho ou só a fêmea têm que velar por eles.

O sentimento de propriedade manifesta-se particularmente no período da reprodução. O peixe espinhela, também conhecido como esgana-gata, afugenta outros peixes e moluscos para longe do lugar em que fez o seu ninho; muitos pássaros não permitem a nenhum outro indivíduo da mesma espécie visitar o território em que habitam. Os patos defendem sua lagoa particular contra os intrusos. Outros animais "possuem" territórios permanentes durante todo o ano; os macacos permanecem em uma área definida onde outros não são admitidos. A mesma coisa fazem as águias e os falcões. Os animais que armazenam provisões, como algumas espécies de pica-paus, esquilos e marmotas, são donos de seus depósitos de víveres e os defendem.

Os animais que vivem num grupo social também têm suas amizades e inimizades, seus chefes enérgicos e fracos e suas relações sociais são da mesma categoria geral como as que se encontram na sociedade humana.

A distribuição de hábitos entre os animais demonstra que estes devem ser, comparativamente falando, aquisições recentes, pois se conhecem muitos exemplos de espécies estreitamente relacionadas cujos modos de vida diferem em aspectos importantes. Encontramos vespas solitárias e outras que vivem em colônias primorosamente organizadas. Espécies aparentadas de formigas apresentam hábitos fundamentalmente diferentes. Alguns pássaros são gregários e se aninham em colônias, enquanto outras espécies estreitamente aparentadas são solitárias. As migrações de pássaros ao longo de rotas definidas só podem ser entendidas como resultado de um longo processo histórico e não é possível absolutamente explicá-las com base em sua estrutura anatômica.

As mudanças de hábitos parecem depender do modo de vida de incontáveis gerações. Não é necessário analisar aqui a questão de como tais hábitos podem ter chegado a se fixar pela hereditariedade. Os fatos indicam que os hábitos podem modificar a estrutura – como no caso das abelhas que desenvolvem uma rainha pelo adequado tratamento de um ovo ou de uma larva, ou no daquelas formigas que têm formas corporais diferentes para indivíduos que executam funções sociais diferentes. A distribuição destes fenômenos entre formas aparentadas sugere uma instabilidade de hábitos muito maior que a da forma corporal. Também pode ser um indício de que mudanças relativamente pequenas na estrutura podem modificar o modo de vida. Não há, no entanto, indicação alguma de que certos tipos de estrutura determinem hábitos definidos. Sua distribuição parece completamente errática.

Não designamos as atividades dos animais como cultura, sejam elas intencionais ou organicamente determinadas ou aprendidas. Antes, falamos de "modo de vida" ou "hábitos" dos animais. Poderia haver certa justificação em empregar o termo cultura para atividades que se adquirem por tradição, mas seria estender em demasia o significado do termo se o aplicarmos ao canto do pássaro ou a qualquer outra atividade animal adquirida. Se, como afirma Köhler (1921), os chimpanzés gostam de enfeitar-se e chegam até a executar intencionalmente certos movimentos rítmicos, uma espécie de "dança", o termo pode parecer mais aplicável. É difícil traçar uma linha bem nítida entre "modo de vida" e "cultura".

Se quiséssemos definir a cultura observando somente o comportamento, encontraríamos pouca coisa nos elementos fundamentais da conduta humana que não tenha certo paralelismo no mundo animal.

É característica do ser humano a grande variabilidade de conduta no tocante às suas relações com a natureza e com seus semelhantes. Enquanto entre os animais o comportamento da espécie inteira é estereotipado, ou, como dizemos, instintivo, não aprendido, e só muito pouco variável e dependente da tradição local, o comportamento humano não é estereotipado no mesmo sentido e não pode ser qualificado como instintivo. Depende da tradição local e é aprendido. Ademais, até onde conseguimos entender as ações dos animais, não há raciocínio retrospectivo a respeito de suas ações. São ações intencionais na medida em que se adaptam a certos requisitos e na medida em que muitos animais podem aproveitar a experiência, mas todo o problema da causalidade e a questão do motivo por que ocorrem certas coisas são estranhos aos animais e comuns a toda a humanidade. Em outras palavras, a cultura humana se diferencia da vida animal pela capacidade de raciocinar e, associada a ela, pelo uso da linguagem. É também peculiar ao ser humano avaliar as ações do ponto de vista da ética e da estética.

Um exame dos mais antigos vestígios do ser humano dá a impressão de um paralelismo objetivo com o comportamento animal. Deixando de lado os duvidosos eólitos do fim do período terciário – já que não apresentam nenhuma forma definida, mas estão simplesmente munidos de bordas afiadas, aptas para cortar e entalhar, que podem ter sido formados pelo uso – encontramos ferramentas nitidamente modeladas no período quaternário. Estas são pedras quebradiças transformadas em formas toscas mediante o golpe de uma pedra mais pesada e resistente. Os estratos em que se encontram estas pedras representam um período de vários milhares de anos. Não ocorre mudança alguma na forma das ferramentas desde os princípios até fins deste período. Geração após geração desenvolvia as mesmas atividades. Não sabemos se suas atividades que não deixaram vestígios podem ter-se modificado durante esse tempo. Não sabemos se o ser humano desse período possuía linguagem organizada e o conceito de relações causais. Se consideramos somente o material de que atualmente dispomos, as atividades do ser humano durante todo esse período podem ter sido tão permanentes como as dos animais. A forma corporal também era ainda pré-humana e diferia da de qualquer das raças humanas atuais. De acordo com os fatos observados, seria possível afirmar que o ser humano desse período teria desenvolvido uma tendência orgânica para complementar o uso das mãos e dos dentes mediante o emprego de objetos aos quais conferia uma forma mais ou menos útil e que a forma usada era aprendida por imitação.

Oswald Menghin mostra que nesse longínquo período as indústrias da humanidade não seguiam o mesmo padrão em toda parte, mas é impossível determinar se tal diferenciação teria algo a ver com a distribuição das raças.

Em épocas posteriores podemos estudar não só os fragmentários restos arqueológicos, únicos indícios da vida cultural de eras passadas, mas conhecer também os idiomas, costumes e pensamentos das pessoas.

A partir deste momento encontramos não só emoção, intelecto e vontade do ser humano em toda parte por igual, mas também semelhanças de pensamento e ação entre os mais diversos povos. Estas semelhanças são tão detalhadas e de tão vasto alcance, tão absolutamente independentes de raça e idioma, que induziram Bastian a falar da espantosa monotonia das ideias fundamentais da humanidade no mundo inteiro.

A arte de produzir fogo por fricção, o cozer alimentos, o uso de ferramentas como a faca, o raspador e a broca ilustram a universalidade de certos inventos.

Certos traços elementares da estrutura gramatical são comuns a todos os idiomas. As distinções entre aquele que fala, a pessoa a quem se fala e a pessoa de quem se fala são universais, como também o são os conceitos de espaço, tempo e forma.

Também é universal a crença no sobrenatural. Os animais e as formas ativas da natureza são vistos em forma antropomórfica e dotados de poderes sobre-humanos. A outros objetos são atribuídas qualidades benéficas e maléficas. O poder mágico está constantemente presente.

A crença numa multiplicidade de mundos – um ou mais estendidos acima de nós, outros situados debaixo de nós, e o central sendo o lar do ser humano – é muito geral. A ideia de uma alma humana em várias formas é muito universal; e um país dos mortos é geralmente localizado no oeste e só pode ser alcançado após uma viagem cheia de perigos.

Tylor (1874), Spencer (1893), Frazer (1910, 1911-1919), Bastian (1896), Andree (1878, 1889), Post (1894) e muitos outros reuniram exemplos de tais semelhanças em grande número e relativos a muitos temas, de modo que é desnecessário entrar em detalhes.

Analogias curiosas especiais ocorrem em regiões muito afastadas entre si. Exemplos delas são: a predição do futuro pelas fissuras das omoplatas de um animal (ANDREE, 1906; SPECK, 1935); a aparição da lenda de Faetonte na Grécia e no noroeste da América (BOAS, 1895); a sangria dos animais por meio de um pequeno arco e flecha (HEGER, 1893); o uso de uma correia para atirar lanças na Antiga Roma (o *pilum*) e nas ilhas do Almirantado; o desenvolvimento de uma sofisticada astrologia no Velho Mundo e no Novo; a invenção do zero em Yucatán e na Índia; a invenção da zarabatana na América e na Malásia; a semelhança na técnica e no padrão da fabricação de cestos na África e na América (DIXON, 1902); a balança no Peru pré-espanhol (NORDENSKIÖLD, 1921; JOYCE, 1912) e no Velho Mundo; o uso do zunidor para assustar e afastar os profanos das cerimônias sagradas na Austrália e na América do Sul.

Pode-se também observar certos paralelismos na forma linguística. Entre estes, vale mencionar aqui o emprego de sons por aspiração de ar na África ocidental e na Califórnia (DIXON, 1911; ULDALL); o uso do tom musical para diferenciar o sentido de palavras na África, na Ásia oriental e em muitas partes da América; a distribuição do masculino, feminino e neutro nos idiomas indo-europeus e no Rio Colúmbia da América do Norte; o uso da duplicação ou reduplicação para expressar repetição e outros conceitos em alguns idiomas da América e na Polinésia; a acentuada distinção de movimento em direção a quem fala e para longe de quem fala.

A causa comum destas semelhanças na conduta do ser humano pode ser explicada por duas teorias. Fenômenos semelhantes podem ocorrer porque estão historicamente relacionados ou podem surgir independentemente por causa da identidade da estrutura mental do ser humano. A frequência com que formas análogas se desenvolvem independentemente em plantas e animais (cf. p.74ss.) indica que não é nada improvável a origem independente de ideias semelhantes entre os mais diversos grupos humanos.

As relações históricas podem ser de dois tipos. Podem ser invenções e ideias mais antigas que representam primitivas conquistas culturais pertencentes a um período anterior à dispersão geral da humanidade ou podem ser devidas a acontecimentos posteriores.

A distribuição universal das realizações culturais sugere a possibilidade de uma grande antiguidade. Essa teoria deveria aplicar-se só a traços que aparecem no mundo inteiro e cuja grande antiguidade pode ser demonstrada por testemunhos arqueológicos ou outros indícios mais indiretos. Diversos traços etnológicos preenchem estas condições. O uso do fogo, perfurar, cortar, serrar e trabalhar a pedra pertencem a este período antigo e têm sido a herança sobre a qual cada povo construiu seu próprio tipo individual de cultura (WEULE, 1910; RATZEL, 1891: 693). O surgimento do cachorro como animal domesticado praticamente em todas as partes do mundo pode ser de igual antiguidade. Parece verossímil que a convivência entre o ser humano e o cachorro se tenha desenvolvido no período mais antigo da história humana, antes de as raças da Ásia setentrional e da América se separarem das do sudeste da Ásia. A introdução do dingo (o cachorro nativo) na Austrália parece explicar-se mais facilmente pela teoria de que ele acompanhou o ser humano para aquele distante continente.

A língua é também um traço comum a toda a humanidade e deve ter suas raízes nos tempos mais remotos.

As atividades dos antropoides superiores favorecem a suposição de que algumas artes possam ter pertencido ao ser humano antes de sua dispersão. Seus hábitos de construir abrigos, isto é, habitações, e o uso de paus e pedras apontam nesta direção.

Tudo isso torna plausível que certas realizações culturais remontem à origem da humanidade.

Também possuímos claros testemunhos da difusão de elementos culturais de uma tribo para outra, de um povo para outro, de um continente para outro. Pode-se provar que estes elementos existiram sempre, desde os tempos mais remotos. A história moderna de certas plantas cultivadas nos oferece um exemplo da rapidez com que se transmitem as conquistas culturais. O tabaco e a mandioca foram introduzidos na África depois do descobrimento da América e levou pouco tempo para estas plantas se disseminarem por todo o continente, de tal modo que atualmente estão tão integralmente arraigadas na cultura do negro que ninguém desconfiaria de sua origem estrangeira (E. HAHN, 1896: 464-465; DE CANDOLLE, 1886). Do mesmo modo, o uso da banana penetrou em quase toda a América do Sul (von den STEINEN, 1886, 1894). A história do milho é outro exemplo da incrível rapidez com que uma aquisição cultural útil pode se difundir pelo mundo inteiro. É mencionado como conhecido na Europa em 1539 e, segundo Laufer, chegou à China através do Tibete entre 1540 e 1570[1].

É fácil demonstrar que prevaleceram condições semelhantes em tempos mais antigos. As pesquisas de Victor Hehn, assim como a evidência arqueológica, indicam o aumento gradual e constante do número de animais domesticados e plantas cultivadas, devido à sua importação da Ásia. O mesmo processo ocorreu em tempos pré-históricos. A difusão do cavalo asiático, usado primeiro como animal de tração e mais tarde como montaria, a difusão do gado na África e na Europa, o cultivo de grãos europeus, muitos dos quais derivam de formas asiáticas silvestres, podem servir de ilustração. A área pela qual se estenderam estes acréscimos ao patrimônio da cultura humana é vastíssima. Vemos a maioria deles propagar-se para o oeste até alcançar a costa do Atlântico e para o leste até às margens do Oceano Pacífico. Também penetraram no continente africano. Pode ser que o uso do leite se propagou de forma semelhante, porque, quando os povos do mundo entram em nosso conhecimento histórico, encontramos o leite usado em toda a Europa, a África e a parte ocidental da Ásia.

Talvez a melhor prova da transmissão esteja contida no folclore das tribos de todo o mundo. Nada parece viajar tão rápido como os contos imaginativos. Sabemos de certos contos complexos que não podem absolutamente ter sido inventados duas vezes, contos que são narrados pelos berberes do Marrocos, pelos italianos, pelos russos, nas selvas da Índia, nos planaltos do Tibete, nas tundras siberianas, nas pradarias da América do Norte e na Groenlândia; de maneira que as únicas partes do mundo que talvez não tenham sido alcançadas por estes contos sejam o sul da África, a Austrália, a Polinésia e a América do Sul. Os exemplos dessa transmissão são muito numerosos e começamos a ver que a antiga inter-relação entre as raças humanas foi quase universal.

Desta observação decorre que a cultura de qualquer tribo, por mais primitiva que seja, só pode ser explicada cabalmente quando levamos em consideração seu cresci-

---

1. A respeito da introdução do tabaco na Ásia oriental, J. Rein afirma que ele já era conhecido na parte mais meridional do Japão durante a última metade do século XVI e em Nagasaki em 1607.

mento interior bem como os efeitos de suas relações com as culturas de seus vizinhos próximos e distantes. Podemos determinar duas áreas imensamente grandes de extensa difusão. Nossas breves considerações acerca da distribuição das plantas cultivadas e dos animais domesticados provam a existência de relações entre a Europa, a Ásia e o norte da África, desde o Oceano Atlântico até o Pacífico. Outros traços culturais corroboram esta conclusão. A difusão gradual do bronze a partir da Ásia central para o oeste e para o leste, por toda a Europa e pela China; a área em que se usa a roda; a área onde se pratica a agricultura com arado e com a ajuda de animais domesticados – mostram todas o mesmo tipo de distribuição (Ed. HAHN, 1909). Podemos também reconhecer outros traços característicos nesta área. O juramento e o ordálio estão altamente desenvolvidos na Europa, na África e na Ásia, excetuada a parte nordeste da Sibéria, enquanto na América são pouco conhecidos (LAASCH, 1908). Outros traços comuns dos tipos culturais do Velho Mundo aparecem também com toda clareza por contraste com as condições prevalecentes na América. Um deles é a importância do procedimento judicial formal e a elaborada organização administrativa do Velho Mundo e seu fraco desenvolvimento entre aquelas tribos do Norte e do Sul da América que, pelo desenvolvimento geral de sua cultura, podem bem ser comparadas com os negros africanos. No domínio do folclore o enigma, o provérbio e a fábula moralizadora são característicos de uma grande parte do Velho Mundo, enquanto estão ausentes no nordeste da Sibéria e são raros na América. Em todos estes aspectos, a Europa, uma grande parte da África e a Ásia, excetuado seu extremo nordeste, e o arquipélago malaio formam uma unidade.

De modo semelhante podemos descobrir certos traços muito gerais numa grande parte da América aborígine. O mais convincente deles é o uso do milho como base da agricultura americana. Originou-se nos altiplanos do México, mas em data muito antiga seu uso se espalhou para o continente, através da ponte continental para a América do Sul até a Argentina, e em direção nordeste quase até o limite onde as condições climáticas impedem seu cultivo. Uma impressão semelhante é produzida pela distribuição da cerâmica, que ocorre em todas as partes do duplo continente excetuando as áreas marginais de seus extremos noroeste e sul[2], e também pelas formas peculiares de arte decorativa americana que floresceram na América do Sul, na América Central, no México e no sudoeste dos Estados Unidos. Não obstante a individualidade de cada região, elas têm certo grau de semelhança estilística suficientemente forte, capaz de induzir alguns estudiosos a buscar uma relação direta entre as antigas culturas da Argentina e do Novo México. Parece que as regiões de culturas avançadas no México, na América Central e no Peru desempenharam um papel parecido ao da Ásia central, na medida em que sobre uma antiga base cultural americana comum desenvolveram-se novos traços que influenciaram todo o continente.

---

2. Existe uma intrusão da cerâmica no Alasca ártico e territórios adjacentes.

A interpretação dos fenômenos culturais que ocorrem esporadicamente em regiões afastadas entre si oferece sérias dificuldades. Alguns autores se inclinam a considerá-los também como sobrevivências de um período muito antigo, em que os povos que têm em comum esses traços ainda habitavam um mesmo território. Ou supõem que, devido a acontecimentos históricos, os costumes se perderam em áreas intermediárias. Sem fundamento mais sólido que o oferecido até agora, estas teorias devem ser usadas com a máxima cautela, porque, se admitirmos em nosso argumento a perda de um traço aqui e de outro acolá, ou a perda de conjuntos inteiros de traços, deixaríamos a porta aberta para as conclusões mais extravagantes. Se quisermos atribuir uma grande antiguidade a certos fenômenos de aparição esporádica, é necessário primeiro provar que eles sobrevivem inalterados em várias culturas, por períodos extraordinariamente prolongados. Se são mutáveis, a igualdade não pode ser explicada por uma grande antiguidade. Pode-se fazer esta objeção à maioria dos argumentos em favor de uma antiga conexão histórica entre os costumes e invenções que ocorrem esporadicamente em regiões tão afastadas umas das outras como a América do Sul, a Austrália e o sul da África.

Em muitos casos, é completamente impossível aduzir argumentos incontestáveis que provariam que estes costumes não se devem a um desenvolvimento paralelo e independente e sim a uma comunidade de origem: em alguns casos os resultados da arqueologia pré-histórica ajudarão a encontrar a solução deste problema.

Frequentemente se supõe que, pelo fato de as culturas modernas serem complexas e as dos grupos culturalmente mais pobres serem mais simples, a sequência cronológica de toda a história cultural levou do simples ao complexo. É óbvio que a história do desenvolvimento industrial é, em quase todo seu transcurso, a de uma complexidade crescente. Por outro lado, as atividades humanas que não dependem do raciocínio não revelam um tipo semelhante de evolução.

Seria talvez mais fácil esclarecer isso mediante o exemplo da língua, que em muitos aspectos é uma das provas mais importantes da história do desenvolvimento humano. Muitas línguas primitivas são complexas. Pequenas diferenças de ponto de vista são expressas por meio de formas gramaticais; e as categorias gramaticais do latim, e mais ainda as do inglês moderno, parecem rudimentares quando comparadas com a complexidade das formas psicológicas ou lógicas que as línguas primitivas reconhecem, mas que em nossa linguagem são negligenciadas. No conjunto, a evolução dos idiomas parece ser de tal natureza que as distinções mais sutis são eliminadas e que ela começa com formas complexas e termina em formas simples, embora devamos admitir que tendências opostas não estão, de modo algum, ausentes (cf. exemplos em BOAS, 1911).

Observações semelhantes podem ser feitas acerca da arte do ser humano primitivo. Tanto na música como nos desenhos decorativos encontramos uma complexa estrutura rítmica, sem igual na arte popular de nossos dias. Na música, particularmente, esta complexidade é tão grande que até a arte de um hábil virtuoso é posta à prova para imitá-la (STUMPF, 1911). Por outro lado, a aplicação dos intervalos, a estrutura melódica e harmônica mostram uma complexidade sempre crescente.

O sistema de obrigações sociais determinadas pelo *status* de um indivíduo no grupo de parentes consanguíneos e afins é, com frequência, extremamente complexo. O comportamento de irmãos e irmãs, tios e sobrinhos, sogros e genros está frequentemente cercado por regras minuciosas que não existem na civilização moderna. Existe uma perda geral na variedade das obrigações dos indivíduos para com a sociedade na medida em que estas são reguladas pelo *status*.

O desenvolvimento da religião também não vai das formas simples para as complexas. A falta de sistema no comportamento religioso do ser humano primitivo submete-o a uma infinidade de regras e costumes desconexos e aparentemente arbitrários. O dogma como também as atividades religiosas são múltiplos e, frequentemente, sem coerência aparente. Quando uma única ideia clara e dominante controla a vida religiosa, o aspecto da religião se torna mais claro e mais simples e pode conduzir a uma religião sem dogma nem ritual. A tendência oposta, de uma religião sistemática que assume complexas formas rituais, é também frequente.

De forma semelhante, a observação de que nas culturas modernas pode-se observar uma maior consistência lógica ou psicológica levou a concluir que o grau de coesão lógica ou psicológica tem um valor cronológico, de modo que a sequência histórica pode ser reconstruída a partir de uma análise lógica ou psicológica das ideias das tribos primitivas. A evolução da visão antropomórfica da natureza e da mitologia foi reconstruída sobre esta base por Spencer e Tylor. Na realidade, o curso da história pode ter sido muito diferente. É fácil ver que os conceitos envolvidos, representados por termos como sobrenatural, alma, pecado, existiram muito antes de desenvolver-se um conceito correspondente claramente definido. Uma análise de seu conteúdo complexo não poderia nos oferecer uma história da evolução de seu significado. Se pudermos determinar que o sobrenatural inclui as ideias de qualidades maravilhosas dos objetos e as outras de faculdades antropomórficas, mas sobre-humanas, isto não demonstra que um aspecto seja necessariamente mais antigo que o outro. Mais ainda, as fontes das quais se desenvolvem estes conceitos vagos são múltiplas e não podem ser explicadas como uma conclusão lógica fundada numa série única de experiências. Uma vez desenvolvida a ideia de animismo e antropomorfismo, a transferência das experiências sociais ao mundo antropomórfico deve ocorrer e não pode ter outra forma senão a da sociedade com a qual o ser humano está familiarizado. Quando uma condição como a enfermidade ou a fome é concebida como um objeto que pode estar presente ou ausente e leva uma existência independente, enquanto outras são concebidas como atributos, devem desenvolver-se confusas linhas de pensamento nas quais um dos grupos será afetado pelas opiniões particulares sustentadas a respeito dos objetos e o outro pelas que se referem aos atributos, mas não está implicada nenhuma sequência cronológica.

10
As interpretações da cultura

Desde que o estudo das culturas humanas foi reconhecido como problema, tentou-se interpretá-lo como um fenômeno unitário, antes mesmo de se ter recolhido um volume de material razoavelmente suficiente. A sociedade foi considerada como um organismo e suas diversas funções foram explicadas do mesmo modo que os órgãos do corpo. Sob a influência do darwinismo sua mudança de forma foi interpretada como a evolução de um organismo, sendo o pensamento racional a força motriz de seu desenvolvimento. As atividades mentais do ser humano primitivo foram comparadas com as das crianças e vice-versa, de maneira que se viu no desenvolvimento da mente da criança uma recapitulação do desenvolvimento da mente da humanidade. Acredita-se assim que a mente da criança pode explicar-nos a mente primitiva. Recentemente a mente primitiva está sendo comparada com a dos doentes mentais, como se as atividades mentais de pessoas perfeitamente normais de culturas estranhas pudessem ser explicadas pelos doentes mentais de nossa própria cultura.

São bem recentes os esforços para entender a cultura primitiva como um fenômeno que requer uma análise meticulosa antes de aceitar uma teoria que tenha validade geral.

Só alguns dos pontos de vista a que acabamos de aludir são relevantes para o nosso problema. A sugerida analogia com um organismo não nos ajudará a esclarecer a conduta do ser humano primitivo. A analogia com a vida mental da criança é difícil de aplicar, porque a cultura da vida da criança na Europa e a vida do adulto na sociedade primitiva não são comparáveis. Deveríamos, no mínimo, comparar o primitivo adulto com a criança de sua própria cultura. As crianças de todas as raças oferecem indubitavelmente analogias de desenvolvimento dependentes do desenvolvimento do corpo e diferenças de acordo com as exigências impostas por sua gradual iniciação na cultura em que vivem. A única questão a resolver seria se uma cultura tende a desenvolver qualidades que outra descuida.

A comparação entre formas de psicoses e vida primitiva parece ainda mais infeliz. A manifestação das perturbações mentais deve depender necessariamente da cultura em que as pessoas vivem e deve ser de grande valor para o psiquiatra estudar a expressão das formas de psicoses em diferentes culturas, mas a tentativa de comparar formas de vida primitiva saudável com as formas de perturbações verificadas em nossa civilização não se baseia em nenhuma analogia tangível. A jactância e o comportamento megalomaníacos dos índios da costa noroeste não os levam a comportar-se como um louco megalomaníaco, mas sua cultura provavelmente dá uma forma particular a esse tipo de insânia. Particularmente as comparações feitas por Freud (1918) entre a cultura primitiva e as interpretações psicanalíticas da conduta dos europeus parecem-me carecer de fundamento científico. São, no meu entender, fantasias em que nem o aspecto da vida primitiva nem o da vida civilizada estão apoiados por provas concretas. A tentativa de conceber todo estado mental ou ação como determinados por causas detectáveis confunde os conceitos de causalidade e de possibilidade de predição. Evidentemente, cada acontecimento tem sua causa, mas as causas não têm coesão tal que representem um único fio. Intervêm inumeráveis fatores acidentais que não podem ser previstos e tampouco podem ser reconstruídos como determinantes do curso do passado.

Devemos prestar atenção mais minuciosa às tentativas de considerar a vida cultural como evoluindo de formas primitivas para a civilização moderna, seja como uma linha evolutiva única, ou num pequeno número de linhas separadas. Cabe perguntar se, independentemente de raça, tempo e espaço, seria possível reconhecer uma série de estágios de cultura que representam para a humanidade inteira uma sequência histórica, de modo que se pudesse identificar alguns dos estágios como tipos pertencentes a um período antigo e outros como tipos mais recentes.

As pesquisas de Tylor, Bachofen, Morgan e Spencer concentraram a atenção sobre os dados antropológicos como ilustrativos do gradual desenvolvimento e avanço da civilização. O desenvolvimento deste aspecto da antropologia foi estimulado pela obra de Darwin e seus sucessores, e as ideias subjacentes só podem se entendidas como uma aplicação da teoria da evolução biológica aos fenômenos mentais. A concepção de que as manifestações da vida étnica representam uma série cronológica, que progrediu, numa única linha, de inícios simples para o complexo tipo de civilização moderna, tem sido o pensamento subjacente a este aspecto da ciência antropológica.

Os argumentos a favor desta teoria se fundam nas semelhanças de tipos de cultura observados em diferentes raças do mundo inteiro e na ocorrência de costumes peculiares em nossa própria civilização, que só podem ser explicados como sobrevivências de costumes mais antigos que tinham um significado mais profundo num período distante e que ainda se encontram em pleno vigor entre os povos primitivos (TYLOR, 1874, vol. I: 16).

Um excelente exemplo da teoria geral da evolução da civilização se encontra na teoria do desenvolvimento da agricultura e da domesticação de animais, esboçada por Otis T. Mason (1895), W.J. McGee (1897) e Eduard Hahn (1896, 1909). Estes autores mostram como, nos mais antigos inícios da vida social, animais, plantas e ser humano viviam juntos em um meio ambiente comum e como as condições de vida fizeram com que certas plantas se multiplicassem na vizinhança do acampamento humano com exclusão de outras, e que certos animais foram tolerados como vivandeiros do acampamento. Através desta condição de tolerância mútua e promoção de interesses mútuos, se me for permitido usar esta expressão, desenvolveu-se uma associação mais estreita entre plantas, animais e ser humano, que finalmente conduziu aos inícios da agricultura e à verdadeira domesticação dos animais.

A evolução da arte tem sido reconstruída por métodos semelhantes. Já que os vestígios mais antigos de arte representam animais e outros objetos e a eles seguem-se formas geométricas, deduziu-se que todos os motivos geométricos se desenvolveram a partir de desenhos representativos.

De maneira análoga deduziu-se que a religião é o resultado de especulação a respeito da natureza.

O método essencial consistiu em ordenar os fenômenos observados de acordo com princípios admitidos e interpretar isto como uma ordem cronológica.

Devemos procurar entender mais claramente o que implica a teoria de um desenvolvimento cultural unilinear. Significa que diferentes grupos de seres humanos partiram, em tempos muito remotos, de uma condição geral de falta de cultura e, devido à unidade da mente humana e da consequente resposta semelhante a estímulos externos e internos, evoluíram em toda parte aproximadamente da mesma maneira, obtendo inventos semelhantes e desenvolvendo costumes e crenças semelhantes. Também envolve uma correlação entre desenvolvimento industrial e desenvolvimento social e, portanto, uma sequência definida de invenções como também de formas de organização e crença.

Na falta de dados históricos a respeito dos primeiros passos do ser humano primitivo no mundo inteiro, temos apenas três fontes de evidência histórica para esta suposição: os testemunhos contidos na história mais antiga dos povos civilizados do Velho Mundo, as sobrevivências na civilização moderna e a arqueologia. Esta última é a única via pela qual podemos abordar o problema a respeito dos povos que não têm história.

Embora seja indubitavelmente certo que se pode descobrir analogias entre os tipos de cultura representados pelos povos primitivos e as condições reinantes entre os antepassados dos atuais povos civilizados nos albores da história e que estas analogias são corroboradas pela evidência fornecida por sobrevivências, os testemunhos arqueológicos não justificam a completa generalização. Para que a teoria do desenvolvimento paralelo tenha algum significado, seria preciso que, entre todos os ramos da humanidade, os passos da invenção tenham seguido, pelo menos aproximadamente, a mesma ordem e que não se encontrem brechas consideráveis. Os fatos, pelo que sabemos hoje, contradizem totalmente esta hipótese.

O exemplo do desenvolvimento da agricultura e da pecuária ilustrará algumas das objeções que podem ser levantadas contra a teoria geral. Nas condições simples da vida primitiva a provisão de alimentos para a família é obtida por ambos os sexos.

As mulheres coletam plantas e animais que são estacionários ou que não podem mover-se rapidamente tais como as larvas e os vermes. Isto se deve, sem dúvida, ao obstáculo imposto a elas pela maternidade e pelo cuidado dos filhos pequenos. Os homens obtêm a caça veloz, as aves e os peixes. Eles caçam e pescam. A tentativa de sintetizar as formas de vida dos povos primitivos nos induz a situar os coletores e caçadores no começo da escala. Em seguida vêm outros que estão mais adiantados nos meios técnicos de obter o sustento ou que alcançaram uma relação mais estreita com o mundo vegetal, desenvolvendo direitos de propriedade sobre plantas que crescem próximas de sua moradia. Todas estas relações giram em torno da vida da mulher e de sua ocupação com as plantas e assim chegamos, sem nenhuma brecha importante, à condição da agricultura mais primitiva. A razão psicológica para aceitar esta explicação como dotada de valor cronológico reside na convicção da continuidade do progresso técnico e no outro fato significativo a que nos estamos referindo continuamente: as atividades de uma mesma parte da população, a saber, das mulheres. A interpretação cronológica é confirmada pela observação de que os começos da agricultura são apoiados geralmente pela coleta de plantas silvestres; e que, embora a coleta de plantas possa ocorrer sem agricultura, a condição oposta é desconhecida.

As atividades dos homens relacionaram-se originalmente com os animais. A transição da caça para a formação de rebanhos não pode ser demonstrada com tanta facilidade como a transição da coleta de plantas para a agricultura. No entanto, é pelo menos plausível que a domesticação de animais – que são quase exclusivamente animais gregários – se baseie na relação do caçador com o rebanho selvagem. Tão logo o caçador começou a obter seu alimento do mesmo rebanho e impediu sua dispersão matando os animais que o perseguiam, desenvolveram-se condições semelhantes às que se encontram entre os chukchee e koryak da Sibéria. Já que, também neste caso, uma mesma parte da população, a saber, os homens, estava envolvida na relação entre ser humano e animal, é possível um desenvolvimento continuado.

Estas considerações têm a seu favor testemunhos arqueológicos. Se nossas suposições forem corretas, as plantas cultivadas devem ter-se originado das plantas selvagens com que o ser humano se familiarizou. Esta transição tem sido demonstrada no caso das plantas nativas europeias. De acordo com nossa teoria, deveríamos esperar frequentes cruzamentos entre formas selvagens e formas domesticadas. Viu-se que isto é plausível para as formas europeias antigas. Entre os animais domesticados, pode-se ainda observar condições semelhantes na rena da Sibéria e no cachorro do esquimó.

Chegamos com isto a uma questão de fundamental importância para a teoria de uma evolução unilinear: Qual é a relação cronológica entre a agricultura e a pecuária? Quando abordamos esta questão do ponto de vista psicológico, surge a dificuldade de que já não estamos tratando com um único tipo de atividade levada a cabo pelo mesmo grupo, mas temos duas ocupações, distintas em técnica e praticadas por grupos distintos. As atividades que levam à domesticação de animais não têm nada em comum com as que levam ao cultivo de plantas. Não há laço que torne plausível uma conexão entre o desenvolvimento cronológico destas duas ocupações. Falta esse laço porque as pessoas implicadas não são as mesmas e porque as ocupações são completamente distintas. Do ponto de vista psicológico, não há nada que nos ajude a estabelecer uma sequência cronológica para a agricultura e a pecuária.

Creio que este exemplo ilustra uma das dúvidas principais que se podem levantar contra uma aplicação sistemática e onímoda de uma teoria da evolução da cultura. Os passos do desenvolvimento devem estar relacionados com um aspecto da cultura em que esteja implicado o mesmo grupo de pessoas e em que persista o mesmo tipo de atividade. Uma relação constante entre aspectos da cultura vagamente relacionados ou completamente desconexos é improvável quando são grandes as diferenças entre as atividades e diferentes grupos de indivíduos participam nas atividades envolvidas. Em todos estes casos, os dados cronológicos devem basear-se em outras fontes.

A evidência arqueológica é a única base para conclusões fidedignas. Além disso, certas condições observáveis entre os primitivos podem servir de guias. Se pudermos demonstrar que algumas indústrias ocorrem exclusivamente em conexão com outras mais simples, e estas últimas ocorrem sozinhas, porém as primeiras nunca sem as mais simples, pareceria provável que o tipo simples de trabalho seja o mais antigo. Se isto não ocorrer com absoluta regularidade, mas ainda assim com suficiente frequência, poderíamos falar de tendências reconhecíveis de evolução.

A distribuição geográfica pode servir também de ajuda, pois onde quer que exista uma distribuição contínua de uma indústria é possível, ainda que não necessário, que a mais amplamente difundida seja a mais antiga. Não é seguro que este argumento possa aplicar-se fora do domínio da técnica.

Quanto mais diferentes forem os vários fenômenos, tanto menor será sua correlação, de modo que finalmente, apesar da tendência ao desenvolvimento histórico em determinadas fases da cultura, não se encontra um esquema harmonioso para a totalidade da cultura que seja válido em toda parte (THOMAS, 1909).

Assim, não se pode assegurar que todo povo altamente civilizado deva ter passado por todas as etapas da evolução, o que é possível deduzir de uma investigação dos diversos tipos de cultura que aparecem em todo o mundo.

Objeções semelhantes podem ser feitas contra a validade geral da teoria do desenvolvimento da família. Tem-se sustentado que a organização da família começou com relações irregulares e mutáveis entre os sexos, que mais tarde mãe e filhos formaram a unidade familiar que permaneceu ligada à dos pais, irmãos e irmãs da mãe e que só muito mais tarde se desenvolveu uma forma em que o pai era o chefe da família, que ficou ligada aos pais, irmãos e irmãs dele. Se a evolução da cultura tivesse prosseguido em uma linha única, as formas mais simples da família estariam associadas aos tipos mais simples de cultura. Mas não é isso que acontece, pois um estudo comparativo revela a mais irregular distribuição. Algumas tribos muito primitivas, como os esquimós e as tribos indígenas dos planaltos norte-ocidentais da América do Norte, contam o parentesco bilateralmente, por parte do pai e da mãe; outras tribos de cultura altamente desenvolvida reconhecem somente a linha materna, enquanto outras ainda, cuja vida econômica e industrial é de tipo mais simples, reconhecem a linha paterna (SWANTON, 1905). Os dados são contraditórios e não nos permitem concluir que vida econômica e organização familiar estejam intimamente relacionadas quanto à sua forma interna.

Considerações teóricas sugerem que os costumes não se desenvolvem necessariamente de uma única maneira. A relação entre incesto e totemismo pode nos servir de exemplo. Os grupos incestuosos variam de acordo com o sistema de parentesco predominante e ideias afins. Com frequência se acredita que o grupo incestuoso está em relação íntima com algum animal, planta ou outro objeto, seu totem. Em outros casos não existe tal relação. Na teoria antropológica o totemismo foi descrito como uma antiga etapa da sociedade da qual se desenvolveram formas posteriores. O conceito de incesto é tão universal que deve ter pertencido ao ser humano antes de sua dispersão ou ter-se desenvolvido independentemente num período muito remoto. Onde quer que exista um grupo incestuoso é possível um desenvolvimento em duas direções: o grupo pode continuar formando um todo apesar de seu crescimento numérico, ou dividir-se em diversos grupos separados. Deve existir uma unidade conceitual do grupo, de outro modo os subgrupos perderão a consciência de seu primitivo parentesco quando se separam de outros subgrupos. A conceitualização pode ser produzida por meio de denominação do grupo inteiro, por meio de costumes ou funções comuns reconhecíveis, ou por meio de uma nomenclatura de parentesco que diferenciará os membros dos não membros. Tal nomenclatura pode incluir um número muito considerável de indivíduos, porque mediante referência a algum intermediário conhecido podem ser identificados até membros distantes. Disto resulta que, quando não existe conceitualização de unidade, o totemismo de todo o grupo não pode se desenvolver. A única forma favorável a ele é aquela em que um grupo se caracteriza por um nome ou por costumes comuns.

Se, como o ilustra este exemplo, é possível que de uma fonte única se desenvolvam costumes diferentes, não temos o direito de supor que todo povo que alcançou um alto grau de evolução deva ter passado por todas as etapas encontradas entre tribos de cultura primitiva.

Uma objeção ainda mais séria baseia-se em outra observação. A validade da igualdade geral da evolução da humanidade se baseia na hipótese de que os mesmos traços culturais devem ter-se desenvolvido sempre das mesmas causas únicas e de que uma sequência lógica ou psicológica de passos representa também uma sequência cronológica (cf. p. 122 e 152). Salientamos que em campos especiais, quando os mesmo grupos sociais desenvolvem ininterruptamente certas atividades, pode haver razão para sustentar esta teoria. Mas isto não acontece quando estas condições não existem. Assim, a dedução de que as instituições maternas precedem as paternas, a que me referi anteriormente, baseia-se na generalização de que, pelo fato de em diversos casos famílias paternas terem-se desenvolvido a partir das maternas, todas as famílias paternas devem ter-se desenvolvido na mesma forma. Não há prova demonstrativa de que a história da organização familiar seja governada por um conjunto único de condições específicas, de que a família do homem ou da mulher ou qualquer outro grupo tenha exercido uma influência dominante, nem de que haja alguma razão intrínseca para que um tipo deva ter precedido o outro. Portanto, podemos concluir igualmente que famílias paternas originaram-se, em alguns casos, de instituições maternas, e que, em outros casos, originaram-se de outra maneira.

De forma semelhante, presume-se que, pelo fato de muitas concepções de vida futura terem-se desenvolvido evidentemente de sonhos e alucinações, todas as ideias desta natureza tiveram a mesma origem. Isto é verdade somente se se puder provar que nenhuma outra causa poderia ter levado às mesmas ideias.

Vejamos outro exemplo. Tem-se afirmado que, entre os índios do Arizona, a cerâmica desenvolveu-se a partir da fabricação de cestos, e daí se deduz que toda cerâmica deve, portanto, no desenvolvimento cultural da humanidade, ser posterior à fabricação de cestos. É óbvio que esta conclusão não é defensável, pois a cerâmica pode desenvolver-se de outras maneiras.

Na realidade, é possível citar um bom número de exemplos em que uma evolução convergente, partindo de diferentes começos, conduziu aos mesmos resultados. Referi-me, anteriormente, ao caso da arte primitiva e mencionei a teoria de que a forma geométrica se desenvolve a partir de representações realistas, que conduzem, através de um convencionalismo simbólico, a motivos puramente estéticos. Se isto for certo, uma grande diversidade de objetos poderiam deste modo ter dado origem aos mesmos motivos decorativos, de modo que o motivo sobrevivente não teria tido a mesma origem realista; porém, mais importante do que isto é que motivos geométricos do mesmo tipo desenvolveram-se da tendência do artista de brincar com sua técnica, assim como o virtuoso brinca com seu instrumento; assim, o fabricante exímio de cestos, ao variar a disposição de seu trançado, chegou ao desenvolvimento de desenhos geométricos da mesma forma que aqueles que foram desenvolvidos em outros lugares a partir de representações realistas. Podemos até dar um passo adiante e reconhecer que formas geométricas desenvolvidas da técnica sugeriam formas animais e foram modificadas de modo a assumirem formas realistas; de modo que, no caso da arte decorativa, as mesmas formas podem estar situadas tanto no princípio de uma série evolutiva como no final (BOAS, 1927).

Uma séria objeção ao raciocínio daqueles que procuram estabelecer linhas de evolução das culturas reside na frequente falta de comparabilidade dos dados com os quais estamos lidando. A atenção é dirigida fundamentalmente à semelhança dos fenômenos étnicos, enquanto negligenciamos as variações individuais. Tão logo voltamos nossa atenção para estas, notamos que a igualdade dos fenômenos étnicos é mais superficial que essencial, mais aparente que real. As semelhanças inesperadas atraíram nossa atenção a tal ponto que não reparamos nas diferenças. No estudo dos traços físicos de diferentes grupos sociais, manifesta-se a atitude mental inversa. Sendo evidente a semelhança dos traços principais da forma humana, nossa atenção se dirige às pequenas diferenças de estrutura.

É fácil encontrar exemplos de tal falta de comparabilidade. Quando falamos da vida após a morte como uma das ideias que se desenvolvem na sociedade humana como uma necessidade psicológica, estamos lidando com um grupo sumamente complexo de dados. Um povo crê que a alma continua existindo na forma que a pessoa tinha no momento de morrer, sem nenhuma possibilidade de mudança; outro acredita que a alma se reencarnará mais tarde como um filho da mesma família; um terceiro acredita que as almas se introduzem no corpo de animais; e outros ainda acreditam que os vultos ou espíritos prosseguem nossos empenhos humanos, esperando ser novamente trazidos de volta ao nosso mundo num distante porvir. Os elementos emocionais e racionais que integram estes vários conceitos são totalmente diferentes; e percebemos que as várias formas da ideia de uma vida futura vieram a existir através de processos psicológicos que não são, de modo algum, comparáveis. Em certos casos as semelhanças entre crianças e seus parentes falecidos, em outros casos a lembrança do falecido como foi durante os últimos dias de sua vida, em outros casos ainda a saudade do filho ou progenitor querido, e novamente o temor da morte – tudo isso pode ter contribuído, um elemento aqui e outro acolá, para o desenvolvimento da ideia da vida após a morte.

Outro exemplo irá corroborar este ponto de vista. Já nos referimos ao "totemismo" – a forma de sociedade em que certos grupos sociais se consideram relacionados de algum modo com determinadas espécies de animais ou com um tipo de objetos. Esta é a definição de "totemismo" geralmente aceita; mas eu estou convencido de que nesta forma o fenômeno não é um problema único, mas abarca os elementos psicológicos mais diversos. Em alguns casos o povo acredita ser descendente do animal de cuja proteção desfruta. Em outros, um animal ou algum outro objeto apareceu a um antepassado do grupo social e prometeu tornar-se seu protetor, e a amizade entre o animal e o antepassado foi então transmitida a seus descendentes. Em outros casos ainda, acredita-se que certo grupo social numa tribo tem o poder de assegurar, por meios mágicos e com grande facilidade, certa categoria de animais, ou de aumentar seu número, e desta forma se estabelece uma relação sobrenatural. Reconhecer-se-á que também aqui os fenômenos antropológicos semelhantes na aparência exterior são, psicologicamente falando, completamente diferentes e que, por conseguinte, não podemos deduzir deles leis psicológicas que os abarquem a todos (GOLDENWEISER, 1910).

Outro exemplo pode vir a propósito. Num exame geral das normas morais observamos que, paralelamente ao aumento da civilização, ocorre uma mudança gradual na avaliação das ações. Entre os seres humanos primitivos, a vida humana tem pouco valor e é sacrificada à menor provocação. O grupo social, entre cujos membros as obrigações altruístas são vinculantes, é pequeno; e, fora do grupo, qualquer ação que possa ter como resultado vantagens pessoais não só é permitida, como aprovada. Deste ponto em diante encontramos uma valorização cada vez maior da vida humana e uma ampliação do tamanho do grupo entre cujos membros as obrigações altruístas são vinculantes. As modernas relações entre as nações mostram que esta evolução não alcançou ainda sua etapa final. Pareceria, portanto, que um estudo da consciência social em relação a delitos como o assassinato poderia ter interesse psicológico e levar a importantes resultados, esclarecendo a origem dos valores éticos. De um ponto de vista etnológico, o assassinato não pode ser considerado um fenômeno isolado. A unidade é estabelecida introduzindo nosso conceito jurídico de assassinato. Enquanto ato, o assassinato deve ser considerado como o resultado de uma situação em que o respeito habitual pela vida humana é sobrepujado por motivos mais poderosos. Ele só pode ser considerado uma unidade no tocante à reação da sociedade frente ao assassinato, que se expressa na autorização de vingança, no pagamento de compensação ou no castigo. A pessoa que mata um inimigo como vingança de agravos recebidos, o jovem que mata seu pai antes de ele se tornar decrépito a fim de permitir-lhe continuar uma vida vigorosa no mundo do além, um pai que sacrifica o filho pelo bem-estar de seu povo atuam movidos por motivos tão diferentes que, psicologicamente, não parece admissível uma comparação de seus atos. Pareceria muito mais adequado comparar o assassinato de um inimigo por vingança com a destruição de sua propriedade com o mesmo propósito, ou comparar o sacrifício de um filho em benefício da tribo com qualquer outra ação realizada por fortes motivos altruístas, do que basear nossa comparação no conceito comum de assassinato (WESTERMARCK, 1906).

Estes poucos dados serão suficientes para demonstrar que um mesmo fenômeno étnico pode desenvolver-se a partir de fontes diferentes; e podemos inferir que, quanto mais simples o fato observado, tanto mais provável é que se tenha desenvolvido de uma fonte aqui, de outra ali.

Quando fundamentamos nosso estudo nestas observações, verifica-se que graves acusações podem ser levantadas contra a hipótese da ocorrência de uma sequência geral de etapas culturais em todas as raças humanas; que, ao contrário, reconhecermos tanto uma tendência de diversos costumes e crenças convergirem para formas semelhantes quanto uma evolução de costumes em direções divergentes. Para interpretar corretamente estas semelhanças de forma é necessário pesquisar seu desenvolvimento histórico; e só quando este for idêntico em diferentes áreas será admissível considerar os fenômenos em questão como equivalentes. Deste ponto de vista os fatos do contato cultural assumem uma nova importância (cf. p. 120).

A cultura tem sido também interpretada de outras maneiras. Os geógrafos procuram explicar as formas de cultura como um resultado necessário do ambiente geográfico.

Não é difícil ilustrar a importante influência do ambiente geográfico. Toda a vida econômica do ser humano está limitada pelos recursos do país em que habita. A localização das aldeias e seu tamanho dependem da provisão disponível de alimentos; a comunicação depende dos caminhos ou cursos d'água disponíveis. As influências do meio ambiente são evidentes nos limites territoriais de tribos e povos; mudanças na provisão de alimentos durante as diversas estações podem determinar migrações sazonais. A variedade de habitações usadas por tribos de diferentes áreas demonstra sua influência. A casa de neve do esquimó, a choça de cortiças do índio, o morar em cavernas das tribos do deserto podem servir para ilustrar a maneira como, de acordo com os materiais disponíveis, se consegue proteção contra as intempéries. A escassez de alimento pode determinar uma vida nômade e a necessidade de transportar os utensílios domésticos sobre as costas favorece o uso de recipientes de couro e de cestos como substitutos da cerâmica. As formas especiais dos utensílios podem ser modificadas pelas condições geográficas. Assim, o arco complexo do esquimó, que está relacionado com formas asiáticas, adota uma forma peculiar devido à falta de material longo e elástico para a vara do arco. Até nas formas mais complexas da vida mental pode-se descobrir a influência do meio ambiente, como nos mitos acerca da natureza que explicam a atividade dos vulcões ou a presença de curiosas formas terrestres, ou nas crenças e costumes relacionados com a caracterização local das estações.

No entanto, as condições geográficas têm apenas o poder de modificar a cultura. Por si mesmas não são criadoras. Isto é mais perceptível onde a natureza do país restringe o desenvolvimento da cultura. Uma tribo que vive sem comércio exterior num determinado ambiente está restrita aos recursos de sua região natal. O esquimó não tem alimentos vegetais em quantidades significativas; o polinésio que vive num atol não dispõe de pedras nem de peles de grandes mamíferos; os povos do deserto não contam com rios que lhes forneçam peixes ou lhes proporcionem meios de locomoção. Estas limitações evidentes são muitas vezes de grande importância.

Outra questão é se as condições exteriores são a causa imediata de novos inventos. Podemos compreender que um solo fértil induzirá um povo agrícola, cujo número aumenta rapidamente, a melhorar sua técnica de agricultura, mas não que essa possa ser a causa da invenção da agricultura. Por mais rico em minérios que seja um país, ele não cria técnicas para a manipulação dos metais; por mais rico que seja em animais suscetíveis de domesticação, isso não levará ao desenvolvimento da pecuária se o povo for inteiramente alheio aos usos de animais domesticados.

Se afirmarmos que o ambiente geográfico é o único determinante a atuar sobre a mente supostamente idêntica em todas as raças da humanidade, deveríamos necessariamente chegar à conclusão de que um mesmo meio produzirá os mesmos resultados culturais em toda parte.

Obviamente, isto não é verdade, pois muitas vezes as formas das culturas de povos que vivem no mesmo tipo de ambiente mostram acentuadas diferenças. Não preciso ilustrar isto comparando o colono americano com o índio norte-americano, ou as sucessivas raças de povos que se estabeleceram na Inglaterra e evoluíram desde a Idade da Pedra até o inglês moderno. Mas pode ser útil mostrar que, entre as tribos primitivas, o ambiente geográfico sozinho não determina absolutamente o tipo de cultura. Prova disso podemos encontrar no modo de vida do esquimó pescador e caçador e do chukchee criador de renas (BOGORAS, 1904-1909; BOAS, 1888), do hotentote pastor e do bosquímano caçador na África em sua antiga distribuição mais ampla (SCHULTZE, 1907), do negrito e do malaio no sudeste da Ásia (MARTIN, 1905).

O ambiente sempre atua sobre uma cultura preexistente, não sobre um hipotético grupo sem cultura. Portanto, ele é importante só na medida em que limita ou favorece atividades. Pode-se até mostrar que antigos costumes, que podem ter estado em harmonia com um certo tipo de ambiente, tendem a sobreviver em condições novas, onde representam mais um obstáculo do que uma vantagem para o povo. Um exemplo deste tipo, tomado de nossa própria civilização, é como fracassamos na utilização de tipos desconhecidos de alimentos que podem ser encontrados em países recém-colonizados. Outro exemplo é oferecido pelo chukchee criador de renas, que transporta em suas andanças de vida nômade uma tenda de complicadíssima estrutura, que em seu tipo corresponde à antiga casa permanente dos moradores da costa e apresenta o mais vivo contraste com a simplicidade e a leveza da tenda do esquimó (BOGORAS, 1904-1909: 177s.; BOAS, 1888: 551). Mesmo entre os esquimós, que conseguiram adaptar-se tão maravilhosamente bem a seu meio geográfico, costumes como o tabu a respeito do uso promíscuo do caribu e da foca impedem o total aproveitamento das oportunidades que o território oferece.

Parece, pois, que o ambiente tem um efeito importante sobre os costumes e as crenças do ser humano, mas só enquanto ajuda a determinar as formas especiais de costumes e crenças. Estas, porém, se baseiam primordialmente em condições culturais que, em si mesmas, se devem a outras causas.

Neste ponto, os estudiosos da antropogeografia, que procuram explicar todo o desenvolvimento cultural com base nas condições ambientais geográficas, estão acostumados a proclamar que estas mesmas causas se fundam em condições anteriores, nas quais se originaram sob a pressão do ambiente. Esta teoria é inadmissível, porque a pesquisa de cada traço cultural individual demonstra que a influência do ambiente produz certo grau de adaptação entre o ambiente e a vida social, mas que nunca é possível encontrar uma explicação completa das condições prevalecentes, com base unicamente na ação do meio ambiente. Devemos recordar que, por maior que seja a influência que possamos atribuir ao ambiente, essa influência só pode tornar-se efetiva se for exercida sobre a mente; de modo que as características da mente devem entrar nas resultantes formas de atividade social. É tão pouco concebível que a vida mental possa ser explicada satisfatoriamente só pelo meio ambiente, já que esse meio ambiente pode ser explicado pela influência das pessoas sobre a natureza, que, como todos sabemos, tem provocado mudanças nos cursos de água, a destruição de florestas e mudanças da fauna. Em outras palavras, parece inteiramente arbitrário negligenciar a parte que desempenham os elementos psíquicos ou sociais na determinação das formas de atividades e crenças que ocorrem com grande frequência em todo o mundo.

A teoria do determinismo econômico da cultura não é mais adequada que a do determinismo geográfico. É mais atraente porque a vida econômica é uma parte integral da cultura e está intimamente relacionada com todas as suas fases, enquanto as condições geográficas constituem sempre um elemento externo. Contudo, não há razão para dizer que todas as outras fases da cultura são uma superestrutura sobre uma base econômica, pois as condições econômicas atuam sempre sobre uma cultura preexistente e elas próprias dependem de outros aspectos da cultura. Não é mais justificável dizer que a estrutura social é determinada pelas formas econômicas que alegar o inverso, pois uma estrutura social preexistente influenciará as condições econômicas e vice-versa, e jamais se observou um povo que não possua nenhuma estrutura social e não esteja sujeito a condições econômicas. A teoria de que as forças econômicas precederam todas as outras manifestações de vida cultural e exerceram suas influências sobre um grupo sem quaisquer traços culturais é insustentável. A vida cultural está sempre condicionada pela economia e a economia está sempre condicionada pela cultura.

A semelhança de elementos culturais, independentemente de raça, ambiente e condições econômicas, pode também ser explicada como resultado de um desenvolvimento paralelo baseado na semelhança da estrutura psíquica do ser humano em todo o mundo.

Bastian (apud ACHELIS, 1896: 189s.) reconhece a grande importância do meio geográfico na modificação dos fenômenos étnicos análogos, mas não lhes atribui poder criador. Para ele, a identidade das formas de pensamento encontradas em regiões muito afastadas entre si sugeria a existência de certos tipos definidos de pensamento, seja qual for o meio em que viva o ser humano e sejam quais forem suas relações sociais. Estas formas fundamentais de pensamento, "que se desenvolvem com necessidade inflexível onde quer que viva o ser humano", foram denominadas por ele "ideias elementares". Ele nega que seja possível descobrir as fontes últimas de inventos, ideias, costumes e crenças, que ocorrem em âmbito universal. Podem ter surgido de uma variedade de fontes, podem ser autóctones ou podem ser importadas, mas estão aí. A mente humana está formada de tal modo que as produz espontaneamente, ou as aceita sempre que lhe são apresentadas. O número de ideias elementares é limitado. No pensamento primitivo, como também nas especulações dos filósofos, as mesmas ideias aparecem frequentemente na forma especial que lhes dá o ambiente em que encontram expressão como "ideias populares" (*Völkergedanken*).

As ideias elementares parecem a Bastian entidades metafísicas. É improvável que um pensamento ulterior possa elucidar sua origem, porque nós mesmos somos compelidos a pensar nas formas destas mesmas ideias elementares.

Em muitos casos uma enunciação clara da ideia elementar nos dá a razão psicológica de sua existência. Por exemplo: a mera declaração de que o ser humano primitivo considera os animais dotados de todas as qualidades do ser humano mostra que a analogia entre muitas das qualidades dos animais e as qualidades humanas levou a supor que todas as qualidades dos animais são humanas. O fato de que tão frequentemente se situa o reino das sombras no oeste sugere sua localização como o lugar onde desaparecem o sol e as estrelas. Em outros casos as causas não são tão evidentes; por exemplo, nos difundidos costumes de restrições ao matrimônio que têm sido motivo de perplexidade para muitos pesquisadores. A prova da dificuldade deste problema está nas muitas hipóteses que foram inventadas para explicá-lo em todas as suas variadas fases.

Não há razão para aceitar a renúncia de Bastian. As forças dinâmicas que moldam a vida social são hoje as mesmas que aquelas que moldaram a vida há milhares de anos. Podemos seguir os impulsos intelectuais e emocionais que movem o ser humano na atualidade e que conformam suas ações e pensamentos. A aplicação destes princípios irá esclarecer muitos de nossos problemas.

Nossas considerações anteriores nos permitem também avaliar a teoria de que o caráter biológico de uma raça determina sua cultura. Admitamos por ora que a estrutura genética de um indivíduo determine sua conduta. As ações de suas glândulas, seu metabolismo basal etc. são elementos que encontram expressão em sua personalidade. A personalidade neste sentido significa as características emocionais, volitivas e intelectuais biologicamente determinadas que governam a maneira como um indivíduo reage à cultura em que vive. A constituição biológica não faz a cultura. Ela influencia as reações do indivíduo à cultura. Assim como o meio geográfico ou as condições econômicas não criam uma cultura, tampouco o caráter biológico de uma raça cria uma cultura de um tipo definido. A experiência tem demonstrado que membros da maioria das raças colocados numa certa cultura conseguem participar dela. Na América, homens como Juárez, presidente do México, ou os índios de excelente formação na América do Norte e do Sul são exemplos disto. Na Ásia a história moderna do Japão e da China e na América os êxitos de negros cultos como cientistas, médicos, advogados, economistas são ampla prova de que a condição racial de um indivíduo não é um obstáculo à sua participação na civilização moderna. A cultura é, assim, o resultado de inúmeros fatores que interagem entre si e não existe evidência de que as diferenças entre as raças humanas, particularmente não entre os membros da raça branca, tenham qualquer influência diretiva sobre o curso do desenvolvimento da cultura. Tipos individuais têm encontrado sempre, desde o período glacial, uma cultura existente à qual reagiram.

A gama de diferenças individuais que ocorrem dentro de uma raça nunca foi pesquisada de maneira satisfatória. Mostramos que a variabilidade da forma corporal dos indivíduos componentes de cada raça é grande. Não podemos, no entanto, oferecer dados exatos a respeito da variabilidade dos traços fisiológicos fundamentais e menos ainda de traços mais intangíveis tais como a personalidade fisiologicamente determinada, mas até a observação qualitativa demonstra que a variabilidade em cada unidade racial é grande. A dificuldade quase insuperável radica no fato de que os processos fisiológicos e psicológicos e especialmente a personalidade não podem ser reduzidos a um padrão absoluto que esteja livre de elementos ambientais. É, portanto, injustificado sustentar que uma raça tem uma personalidade definida. Vimos que, como consequência da variabilidade de indivíduos que compõem uma raça, as diferenças entre grupos maiores de tipos humanos ligeiramente variáveis são bem menores que as diferenças entre os indivíduos que compõem cada grupo, de modo que qualquer influência considerável da distribuição biologicamente determinada das personalidades sobre a forma de cultura parece muito pouco provável. Nunca foi apresentada nenhuma prova de que uma série suficientemente grande de indivíduos normais de um meio social idêntico, porém representativo de diferentes tipos europeus – por exemplo, um grupo composto por indivíduos loiros, altos, de cabeça alongada e nariz grande e outro composto por indivíduos mais escuros, mais baixos, de cabeça redonda e nariz menor – se comporte de maneira diferente. O oposto, isto é, que povos do mesmo tipo – como os alemães da Boêmia e os tchecos – se comportem de maneira muito diferente, acontece muito mais facilmente. A mudança da personalidade do altivo índio do tempo anterior à chegada dos brancos para seu descendente degenerado é outro exemplo notório.

11
A mente do ser humano primitivo e o progresso da cultura

Vimos que as tentativas de reconstruir a história da cultura mediante a aplicação do princípio de que o simples precede o complexo e através da análise lógica ou psicológica dos dados da cultura conduzem a erros no que corresponde aos fenômenos culturais particulares. Não obstante, as crescentes conquistas intelectuais, que se expressam no pensamento, nas invenções, nos expedientes para oferecer maior segurança à existência e no alívio da sempre urgente necessidade de obter alimento e habitação, produzem nas atividades da comunidade diferenciações que dão à vida um tom mais variado e mais rico. Neste sentido, podemos aceitar a expressão "avanço da cultura". Corresponde ao uso comum do dia a dia.

Poderia parecer que com esta definição encontramos também a definição de primitivo. São primitivos aqueles povos cujas atividades estão pouco diversificadas, cujas formas de vida são simples e uniformes e cuja cultura em seu conteúdo e em suas formas é pobre e intelectualmente inconsequente. Suas invenções, sua ordem social, sua vida intelectual e emocional seriam também pouco desenvolvidas. Isto seria aceitável se existisse uma estreita relação recíproca entre todos estes aspectos da vida étnica; mas estas relações são variadas. Há povos, como os australianos, cuja cultura material é muito pobre, mas possuem uma organização social altamente complexa. Outros, como os índios da Califórnia, produzem excelente trabalho técnico e artístico, mas não revelam uma correspondente complexidade em outros aspectos de sua vida. Ademais, esta medida adquire um sentido diferente quando uma população extensa se encontra dividida em estratos sociais. Assim, as diferenças entre o *status* cultural da população rural pobre de muitas regiões da Europa e da América e, sobretudo, dos estratos mais baixos do proletariado, por um lado, e as mentes atuantes representativas da cultura moderna, por outro, são enormes. Dificilmente se poderá encontrar em qualquer lugar uma maior ausência de valores culturais do que na vida interna de alguns estratos de nossa própria população moderna. Contudo, estes estratos não são unidades independentes como as tribos que carecem de uma multiplicidade de invenções, porque eles utilizam as conquistas culturais obtidas pelo povo em conjunto. Este contraste aparente entre a independência cultural das tribos primitivas e a dependência dos estratos sociais em relação ao complexo total da cultura é tão somente a forma extrema da dependência mútua das unidades sociais.

Ao nos ocuparmos da difusão dos valores culturais mostramos que não há nenhum povo que esteja inteiramente imune a influências estrangeiras, mas todos eles assumiram e assimilaram inventos e ideias de seus vizinhos. Há também casos em que as realizações dos vizinhos não são assimiladas, mas sim incorporadas sem alterações. Em todos estes casos se produz uma dependência econômica e social da tribo. Exemplos desta natureza podem ser encontrados particularmente na Índia. Os vedás caçadores do Ceilão constituem, certamente, uma tribo. No entanto, suas ocupações dependem das ferramentas de aço que obtêm de seus hábeis vizinhos e sua língua e grande parte de sua religião são apropriadas em bloco. A dependência econômica dos todas é ainda mais notável. Eles dedicam-se exclusivamente ao cuidado de seu rebanho de búfalos e obtêm de seus vizinhos todos os outros artigos necessários à vida em troca de produtos lácteos. Em outra forma encontramos esta dependência, ao menos temporariamente, nos Estados belicosos que vivem do roubo, subjugam seus vizinhos e se apropriam dos produtos de seu trabalho. Na realidade, onde quer que ocorra um ativo intercâmbio de produtos de diferentes países, existe uma maior ou menor interdependência econômica e cultural.

Antes de qualificar a cultura de um povo como primitiva – no sentido de pobreza de realizações culturais – é preciso responder a três questões: primeiro, como se manifesta a pobreza nos diversos aspectos da cultura; segundo, se o povo em seu conjunto pode ser considerado uma unidade quanto a seus bens culturais; terceiro, qual é a relação entre os diversos aspectos da cultura: se todos estão sujeitos a ser igualmente pouco desenvolvidos ou se alguns podem ser avançados e outros não.

É muito fácil responder a estas questões em relação à habilidade técnica, pois toda nova invenção técnica é um acréscimo a conquistas anteriores. Os casos em que um novo invento adotado e desenvolvido por um povo suprime uma valiosa técnica anterior – como a técnica metalúrgica suplantou a da pedra – são pouco frequentes. Consistem, em geral, na substituição de uma técnica pouco adequada a determinado fim por outra mais adequada. Por isso, não seria difícil classificar as culturas no que diz respeito à sua riqueza de invenções se houvesse alguma regularidade na ordem de seu surgimento. Temos visto que não é este o caso. Devemos julgar um povo pastoril mais rico em invenções do que uma tribo agrícola? Será que as tribos pobres do Mar de Okhotsk são menos primitivas que os índios artistas do noroeste da América porque elas possuem cerâmica? Será que o antigo mexicano é mais primitivo que uma pobre tribo negra porque esta casualmente conhece a arte de fundir o ferro? Uma avaliação tão rígida e absoluta das culturas conforme a série de invenções que cada qual possui não corresponde à nossa opinião. Já vimos que estes inventos não representam uma sequência no tempo.

Evidentemente as invenções sozinhas não determinam nossa opinião. Consideramos uma cultura tanto mais elevada ou evoluída quanto menor for o esforço requerido para se obter o mais indispensável para a vida e quanto maiores forem as realizações técnicas que não servem às necessidades diárias indispensáveis. Os objetos culturais fornecidos pela nova invenção também influenciarão nossas opiniões. Apesar da excepcional habilidade técnica e engenho do esquimó, não consideramos sua cultura muito elevada, porque toda sua habilidade e energia são empregadas na perseguição diária da caça e na procura de proteção contra o rigor do clima. Pouco tempo lhe sobra para utilizar-se da técnica com outros propósitos. As condições entre os bosquímanos, os australianos e os vedás são semelhantes às dos esquimós. Consideramos a cultura dos índios californianos um pouco mais elevada porque estes gozam de lazer bastante amplo, que eles empregam para aperfeiçoar a técnica de objetos que não são absolutamente indispensáveis. Quanto mais variado for o emprego das técnicas que proporcionam amenidades à vida, tanto mais elevada consideramos uma cultura. Onde quer que apareça a fiação, o tecido, a fabricação de cestos, a escultura em madeira ou osso, trabalhos artísticos em pedra, arquitetura, cerâmica ou trabalho em metal, não duvidamos que tenha ocorrido um progresso em relação às mais simples condições primitivas. Nossa opinião não será influenciada pela escolha do alimento de que vive o povo, sejam animais terrestres, peixes ou produtos vegetais.

Os dons da natureza nem sempre são obtidos em quantidades suficientes e com tanta facilidade para proporcionar oportunidade de diversão. Por mais perfeitas que sejam suas armas, o caçador não consegue sem muita fadiga a provisão de alimento necessária para sua própria subsistência e a de sua família e onde as exigências da vida, devido ao rigor do clima ou à escassez da caça, demandam toda a sua atenção, não há tempo para o desenvolvimento lúdico da técnica. Só em regiões em que o alimento abunda e é conseguido com pouco esforço encontramos um fértil desenvolvimento da técnica para objetos não indispensáveis. Regiões assim favorecidas são partes dos trópicos com sua riqueza de produtos vegetais e aqueles rios e partes do mar que fervilham de peixes. Nessas regiões, a arte de conservar os alimentos libera o ser humano e lhe concede tempo livre para atividades recreativas. Em outras regiões só se consegue abundante provisão de alimento quando o ser humano aumenta artificialmente a provisão natural por meio da pecuária e da agricultura. É por isso que estas invenções estão intimamente associadas com um avanço geral da cultura.

É preciso considerar outro ponto. Cabe supor que todos os mais antigos progressos técnicos do ser humano não foram resultado de invenções planejadas, senão que pequenas descobertas acidentais enriqueceram seu inventário técnico. Só posteriormente se reconheceram estas descobertas como novos recursos úteis. Embora a invenção planejada tenha desempenhado um papel pouco importante em tempos antigos, as descobertas foram realizadas por indivíduos. Portanto, é provável que acréscimos a inventos anteriores tenham ocorrido com tanto maior rapidez quanto mais indivíduos participaram de uma ocupação particular. Tendemos a ver nisto uma das causas principais da acelerada mudança cultural, observável em grupos populosos que compartilham as mesmas ocupações.

Devido às limitações impostas por uma natureza avara, o crescimento numérico de uma tribo de caçadores se mantém dentro de limites bem definidos. Apenas quando há sempre à mão uma abundante oferta de alimento, uma população pode crescer rapidamente. Uma pesca abundante pode oferecer tal oportunidade; a pecuária aumentará a quantidade de alimento; mas uma população numerosa espalhada por uma área contínua e que baseia sua subsistência num mesmo tipo de ocupação só é possibilitada pela agricultura. Por esta razão, a agricultura é a base de toda cultura técnica mais avançada (CARR-SAUNDERS, 1922).

Destas considerações podemos extrair duas outras consequências.

Evidentemente os requisitos para o trabalho intelectual são muito semelhantes aos que são exigidos para os inventos técnicos. Não há oportunidade para o trabalho intelectual enquanto todo o tempo for absorvido para satisfazer as necessidades do momento. Também aqui a cultura será considerada tanto mais elevada quanto mais plenamente o povo ganhar tempo e mais energicamente se aplicar a atividades intelectuais. A atividade intelectual se expressa, em parte, nos progressos da técnica, porém mais ainda no jogo retrospectivo com as experiências interiores e exteriores da vida. Podemos estabelecer uma medida objetiva do progresso da cultura também a este respeito, porque reconhecemos que a contínua e cuidadosa elaboração do tesouro da experiência humana de acordo com formas racionais resultará num aumento do conhecimento. Também aqui o progresso será também tanto mais rápido quanto mais tempo lhe for dedicado. O necessário trabalho intelectual leva em parte à eliminação do erro e em parte a uma sistematização da experiência. Ambas as coisas, as novas abordagens da verdade e um desenvolvimento mais sistemático do conhecimento, representam um ganho. A extensão e a natureza do conhecimento podem ser interpretadas, neste sentido, como um instrumento de progresso cultural.

Outro elemento da cultura está estreitamente vinculado ao avanço da técnica recreativa. A habilidade técnica é uma exigência fundamental para o desenvolvimento da arte. Não existe arte decorativa quando o povo carece de pleno domínio de sua técnica e de tempo para valer-se dela. Podemos inferir daí que as mesmas condições que são importantes para o desenvolvimento da técnica governam o desenvolvimento da arte e que, com a variedade de habilidades técnicas, aumentará a variedade de formas de arte.

Antes de voltar a nossa atenção para outros aspectos da atividade mental, podemos resumir os resultados de nossa pesquisa, afirmando que na técnica, nos empenhos intelectuais e na arte decorativa existem critérios objetivos para avaliar as culturas e que os avanços nestes campos estão estreitamente relacionados entre si, porque dependem do progresso geral da habilidade técnica e do discernimento.

A segunda questão que nos propusemos investigar é até que ponto as conquistas culturais de um povo são compartilhadas por todos os seus membros. Nas culturas mais pobres, nas quais se requer a energia integral de cada indivíduo para satisfazer as necessidades elementares da vida, tanto mais que a consecução de alimento e habitação constitui o conteúdo principal de toda atividade, pensamento e emoção da vida diária, e nas quais não se desenvolveu nenhuma divisão de trabalho, a uniformidade dos hábitos de vida será tanto maior quanto mais unilaterais forem os meios de obter alimento. O esquimó precisa caçar mamíferos marinhos no inverno e animais terrestres no verão e, assim, os pensamentos de todos giram em torno desta ocupação. Esta uniformidade não é uma consequência necessária do meio ambiente geográfico do esquimó, pois mesmo nestas condições tão simples pode existir uma divisão de trabalho. Assim, por exemplo, os chukchees, que vivem em condições climáticas semelhantes, estão divididos em dois grupos econômicos que dependem, de certo modo, um do outro: um dedicado à criação de renas, outro à caça de mamíferos marinhos. Assim também, entre os povos caçadores, uma pessoa se dedica preferivelmente à procura de um tipo de animais, outra à procura de outro tipo. O modo de vida dos caçadores não é favorável à formação de grupos individualizados; mas *uma* divisão existe também aqui como em outras partes: a divisão entre homem e mulher. O homem é caçador ou pescador; a mulher recolhe plantas e animais que não fogem. Ela ocupa-se das tarefas domésticas e cuida das crianças pequenas. Todo o curso da vida está preenchido por estas ocupações enquanto não há tempo para a técnica recreativa. Logo que esta tem oportunidade de desenvolver-se, ocorrem diferenciações de tarefas de acordo com o gosto e a habilidade de cada um. Encontramos escultores em madeira, fabricantes de cestos, oleiros e tecelões. Podem não se dedicar exclusivamente a uma ocupação ou a outra, mas inclinar-se-ão em maior ou menor grau num sentido ou noutro. Também encontramos pensadores e poetas, pois o jogo das ideias e das palavras exerce sua atração em época bem remota, provavelmente até num período em que ainda não havia oportunidade para uma técnica recreativa; porque, embora a caça e as tarefas domésticas não deixem tempo para o trabalho manual, o caçador que perambula ou fica de tocaia e a mãe que recolhe o alimento e cuida dos filhos têm oportunidade e ócio para exercitar a imaginação e o pensamento.

Onde quer que certa parte de um povo conquiste o domínio de uma técnica, descobrimos que eles são artistas criativos. Onde o ser humano adquire grande habilidade em uma técnica que só ele pratica, ele é o artista criador. Assim, a pintura e a escultura em madeira na costa noroeste da América são artes masculinas, enquanto a bela cerâmica dos pueblos e a confecção de cestos na Califórnia são artes femininas. A técnica domina a vida artística a tal ponto que na costa noroeste a mulher parece desprovida de imaginação e vigor. Em seu tecido e bordado ela só sabe imitar a arte dos homens. Por outro lado, entre os pueblos e os californianos, o homem parece pouco dotado do ponto de vista artístico. Quando homens e mulheres desenvolveram cada qual suas próprias técnicas até um alto grau de perfeição, podem desenvolver-se dois estilos separados, como ocorre entre os tlingit do Alasca, entre os quais as mulheres fazem cestos tecnicamente perfeitos, ornados com desenhos complexos de linhas retas, enquanto a arte dos homens desenvolveu figuras animais altamente estilizadas. É suficiente assinalar, neste ponto, que a diferenciação progressiva das atividades implica um enriquecimento das atividades culturais.

A diferenciação pode, contudo, produzir também uma unilateralidade tal nas ocupações de alguns segmentos da população que, consideradas por si sós, as diversas classes separadamente são muito mais pobres em cultura do que um povo que possua atividades menos diferenciadas. Isto ocorre espacialmente quando, no curso do desenvolvimento econômico, grandes segmentos da população ficam reduzidos à situação de ter que empregar toda sua energia para satisfazer suas necessidades diárias, ou quando sua participação na vida produtiva se torna impossível, como ocorre em nossa civilização moderna. Embora, neste caso, a produtividade cultural do povo inteiro possa ser de alto mérito, a avaliação psicológica deve levar em conta a pobreza de cultura de grandes massas.

Nos vários aspectos da cultura considerados até aqui, destaca-se com bastante clareza uma conquista maior ou menor e, portanto, uma medida objetiva de avaliação; mas há outros aspectos nos quais não se pode responder com tanta facilidade à pergunta sobre o que é pobreza de cultura. Apontamos, acima, que o conhecimento por si só não constitui riqueza de cultura, mas que a coordenação do conhecimento determina nosso juízo. Todavia, a avaliação da coordenação intelectual da experiência, dos conceitos éticos, da forma artística e do sentimento religioso é de natureza tão subjetiva que não é tarefa simples definir um incremento dos valores culturais.

Qualquer avaliação da cultura significa que se escolheu um ponto para o qual se movem as mudanças e este ponto é o protótipo de nossa civilização moderna. Com o aumento da experiência e do conhecimento sistematizado, ocorrem mudanças que nós chamamos progresso, ainda que as ideias fundamentais possam não ter sofrido mudança alguma. O código humano de ética para o fechado grupo social a que pertence uma pessoa é o mesmo em toda parte: o assassinato, o roubo, a mentira e o estupro são condenados. A diferença reside mais na extensão do grupo social em relação ao qual se sentem obrigações e no discernimento mais claro do sofrimento humano, isto é, num aumento de conhecimento.

Mais difícil ainda é definir o progresso no que concerne à organização social. O individualista extremo considera a anarquia como seu ideal, enquanto outros acreditam na sujeição voluntária a um controle governamental. Controle do indivíduo pela sociedade ou submissão à direção de um chefe, liberdade individual ou conquista do poder pelo grupo como um todo, podem ser, cada um deles, considerados o ideal. O progresso só pode ser definido em relação ao ideal especial que temos em mente. Não existe progresso absoluto. Durante o desenvolvimento da civilização moderna a rigidez do *status* em que um indivíduo nasce, ou para o qual ele é trazido voluntariamente ou à força, perdeu muito de seu valor, embora se observe uma recrudescência na Alemanha atual onde o *status* de judeu é determinado não por suas qualidades pessoais, mas por seu nascimento; ou na Rússia, na Itália e na Alemanha, onde o *status* de uma pessoa depende de sua filiação partidária. Em outros países sobrevive no *status* de cidadão e no *status* matrimonial. Num estudo objetivo da cultura o conceito de progresso deveria ser usado com muita cautela (BOAS, 1932).

Numa tentativa de reconstruir as formas de pensamento do ser humano primitivo, devemos tentar retroceder na história das ideias até o período mais antigo possível. Comparando as primeiras formas detectáveis com as formas de pensamento moderno, podemos chegar a compreender as características do pensamento primitivo. Devemos antes de tudo ter clareza sobre a extensão do período durante o qual pode ter existido uma vida mental semelhante à nossa. Existem duas linhas de aproximação a este problema: a pré-história e a linguagem. No Egito e na Ásia ocidental existiam culturas altamente desenvolvidas há mais de 7.000 anos. Dados pré-históricos provam que um longo período de desenvolvimento deve ter precedido o seu surgimento. Esta conclusão é corroborada por achados em outras partes do mundo. A agricultura na Europa é muito antiga e as condições culturais que a acompanham são inteiramente análogas às das tribos modernas que têm padrões culturais bastante complexos. Ainda mais antigamente, no final do período glacial, a cultura representada pelos vestígios encontrados em Madeleine, na França, possuía uma indústria e uma arte altamente desenvolvidas que podem ser comparadas com as de tribos modernas com nível semelhante de realização. Parece admissível supor que o nível cultural de tribos tão semelhantes em sua cultura técnica pode ter sido semelhante também em outros aspectos. É, pois, justificada nossa suposição de que há 15.000 ou 20.000 anos as atividades culturais gerais do ser humano não eram diferentes das encontradas hoje.

A multiplicidade de formas linguísticas e a lentidão com que se desenvolvem as mudanças radicais na estrutura do idioma também levam à conclusão de que a vida mental do ser humano, tal como se expressa no idioma, deve ser muito antiga.

Devido à permanência das formas fundamentais dos idiomas, que se conservam durante longos períodos, seu estudo nos faz remontar até às origens da história do pensamento humano. Por este motivo será útil uma breve descrição de alguns dos traços essenciais da linguagem humana.

Em todo idioma falado é possível reconhecer um número bastante grande, porém definido, de articulações cujo agrupamento forma a expressão linguística. Um número limitado de articulações e grupos de articulações é indispensável para uma linguagem rápida. Cada articulação corresponde a um som, e um número limitado de sons é necessário para o entendimento acústico. Se num idioma o número de articulações fosse ilimitado, provavelmente nunca se desenvolveria a necessária exatidão de movimentos indispensáveis para a linguagem rápida e o pronto reconhecimento dos complexos de sons. A limitação do número de movimentos de articulação e sua repetição constante fazem também com que estes ajustes exatos se tornem automáticos e que se desenvolva uma firme associação entre a articulação e o som correspondente.

É uma característica fundamental e comum da linguagem articulada que os grupos de sons emitidos sirvam para expressar ideias e cada grupo de sons tem um significado fixo. Os idiomas diferem não só no caráter de seus elementos fonéticos constitutivos e grupos de sons, senão também nos grupos de ideias que encontram expressão nos grupos fonéticos fixos.

O número total de combinações possíveis de elementos fonéticos é ilimitado, porém só um número limitado está realmente em uso. Isto significa que o número total de ideias expressas por grupos fonéticos distintos é limitado. Chamaremos estes grupos fonéticos de "radicais".

Dado que a esfera total de experiência pessoal que o idioma serve para expressar é infinitamente variada e seu alcance total deve ser expresso por um número limitado de radicais, uma extensa classificação de experiências deve, necessariamente, estar subjacente a toda linguagem articulada.

Isto coincide com um traço fundamental do pensamento humano. Em nossa experiência real não existem duas impressões sensoriais ou estados emocionais idênticos. Nós os classificamos, de acordo com suas semelhanças, em grupos mais amplos ou mais restritos, cujos limites podem ser determinados a partir de uma variedade de pontos de vista. Apesar de suas diferenças individuais, reconhecemos em nossas experiências elementos comuns e os consideramos relacionados ou até idênticos, sempre que possuam um número suficiente de traços característicos em comum. Assim, pois, a limitação do número de grupos fonéticos que são veículos de ideias diferentes é uma expressão da realidade psicológica de que muitas experiências individuais diferentes nos parecem representativas da mesma categoria de pensamento.

Este traço do pensamento e da linguagem humanos pode ser comparado com a limitação da série total de possíveis movimentos de articulação pela seleção de um número limitado de movimentos habituais. Se toda a massa de conceitos, com todas as suas variantes, fosse expressa no idioma por grupos de sons ou radicais inteiramente heterogêneos e não relacionados, ocorreria uma situação em que ideias estreitamente vinculadas não mostrariam sua relação através da correspondente relação de seus símbolos sonoros e seria necessário para a expressão um número infinitamente grande de radicais diferentes. Se fosse assim, a associação entre uma ideia e seu radical representativo não se tornaria suficientemente estável para ser reproduzida automaticamente, sem reflexão, num determinado momento. Assim como o uso rápido e automático de articulações fez com que somente um número limitado de articulações, cada qual com variabilidade limitada, e um número limitado de grupos de sons tenham sido escolhidos entre a gama infinitamente grande de possíveis articulações e grupos de articulações, assim também o número infinitamente grande de ideias foi reduzido pela classificação a um número menor, que através do uso constante estabeleceu firmes associações e pode ser usado automaticamente.

A conduta do ser humano primitivo e dos desprovidos de instrução demonstra que tais classificações linguísticas nunca chegam a ser conscientes e que, por conseguinte, deve-se buscar sua origem não em processos mentais racionais, mas em processos mentais automáticos.

Em diversas culturas estas classificações podem estar fundadas em princípios fundamentalmente diferentes. Um conhecimento das categorias em que é classificada a experiência nas várias culturas ajudaria, portanto, a entender os processos psicológicos antigos.

Encontram-se diferenças de princípios de classificação no domínio das sensações. Por exemplo: tem-se observado que as cores são classificadas em grupos completamente diferentes, de acordo com suas semelhanças, sem nenhuma diferença concomitante na capacidade para distinguir matizes de cor. O que chamamos verde e azul é, frequentemente, combinado em um termo como "cor de bílis", ou amarelo e verde são combinados num único conceito que poderá ser denominado "cor de folhas tenras". No transcorrer do tempo fomos acrescentando nomes para tonalidades adicionais que nos tempos mais antigos, e em parte também hoje na vida diária, não são distinguidas. Dificilmente se pode exagerar a importância do fato de que, na linguagem e no pensamento, a palavra evoca um quadro diferente, de acordo com a classificação de verde e amarelo ou verde e azul como um único grupo.

No domínio de outros sentidos ocorrem diferenças de agrupamento. Assim, salgado e doce ou salgado e amargo são concebidos às vezes como uma só categoria; ou o gosto do azeite rançoso e o do açúcar são colocados na mesma classificação.

Outro exemplo que ilustra as diferenças de princípios de classificação é oferecido pela terminologia da consanguinidade e da afinidade. Estas são tão diferentes que é quase impossível traduzir o conteúdo conceitual de um termo pertencente a um sistema para o conteúdo mental de outro sistema. Assim, um termo pode ser usado para a mãe e todas as suas irmãs, ou mesmo para a mãe e todas as primas em todos os graus, sempre que descendam na linha feminina da mesma antepassada feminina; ou o nosso vocábulo "irmão" pode, em outro sistema, ser dividido nos grupos de irmão mais velho e irmão mais novo. Também neste caso as categorias não podem ter-se formado intencionalmente, mas ou devem ter surgido de costumes que combinam ou diferenciam os indivíduos, ou podem ter contribuído para cristalizar a relação social entre os membros dos grupos consanguíneos e afins.

Os grupos de ideias expressadas por radicais específicos acusam diferenças muito substanciais em diferentes idiomas, e não se conformam de modo algum aos mesmos princípios de classificação. Tomemos, por exemplo, o caso da "água". Em esquimó "água" é só água fresca para beber; água do mar é um termo e um conceito diferente.

Como outro exemplo da mesma categoria podemos citar as palavras que designam a "neve" em esquimó. Encontramos aqui uma palavra que significa "neve sobre o chão"; outra "neve que cai"; uma terceira "avalanche de neve"; uma quarta "neve acumulada pelo vento".

No mesmo idioma a foca em diferentes condições é designada com uma variedade de termos. Uma palavra é o termo geral para "foca"; outra significa a "foca aquecendo-se ao sol"; uma terceira, uma "foca flutuando sobre um pedaço de gelo", para não mencionar os numerosos nomes usados para designar as focas de diferentes idades, e para designar macho e a fêmea.

Como exemplo da maneira como termos que nós expressamos por palavras independentes são agrupados sob um só conceito, podemos escolher o idioma dakota. Os termos "dar um pontapé, amarrar em feixes, morder, estar perto de, socar, esmagar" são todos derivados do elemento comum que significa "ser agarrado", que os une a todos, enquanto nós usamos palavras diferentes para expressar as diversas ideias.

Parece bastante evidente que a seleção destes termos simples deve depender, até certo ponto, dos interesses principais de um povo; e onde é necessário distinguir certo fenômeno em muitos aspectos, que na vida do povo desempenham cada qual um papel inteiramente independente, podem ser formadas muitas palavras independentes, enquanto em outros casos podem bastar modificações de um único termo.

As diferenças nos princípios de classificação que ilustramos por meio de alguns substantivos e verbos podem ser reforçadas por observações que não estão tão estreitamente relacionadas com os fenômenos linguísticos. Assim, certos conceitos que nós consideramos como atributos são concebidos às vezes como objetos independentes. O caso mais conhecido desta natureza é o da enfermidade. Para nós a enfermidade é uma condição do corpo. A maioria dos povos primitivos, e até membros de nossa própria sociedade, consideram qualquer enfermidade como um objeto que penetra no corpo e que pode ser removido dele. Assim indicam os muitos casos em que a enfermidade é removida por sucção ou manipulação e a crença de que ela pode ser introduzida no corpo de um inimigo, ou ainda aprisionada numa árvore, impedindo assim o seu retorno. Outras condições são tratadas às vezes da mesma forma: a vida, a fadiga, a fome e outros estados do corpo são tomados como objetos que estão no corpo ou podem atuar sobre ele a partir de fora. Assim também se considera a luz do sol como algo que ele pode vestir ou despir.

As formas linguísticas sozinhas não seriam uma prova estrita desta conceitualização de atributos, porque nós também podemos dizer que a vida abandona o corpo, ou que uma pessoa tem dor de cabeça. Embora em nosso caso seja meramente uma maneira de dizer, sabemos que a expressão linguística está viva entre os primitivos e encontra expressão de muitas formas em suas crenças e ações.

A interpretação antropomórfica da natureza, predominante entre os povos primitivos, também pode ser concebida como um tipo de classificação da experiência. Parece provável que a analogia entre a capacidade de se mover dos homens e dos animais, como também de alguns objetos inanimados, e seus conflitos com as atividades humanas que poderiam ser interpretados como uma expressão de sua força de vontade, tenha feito com que todos estes fenômenos fossem combinados dentro de uma única categoria. Creio que a origem das ideias religiosas fundamentadas neste conceito está tão pouco fundada no raciocínio como a das categorias linguísticas. No entanto, enquanto o uso da linguagem é automático, de modo que antes do desenvolvimento de uma ciência da linguagem as ideias fundamentais nunca chegam à consciência, isto ocorre com frequência no domínio da religião e o início subconsciente e seu desenvolvimento especulativo estão sempre entrelaçados.

Em virtude das diferenças nos princípios de classificação, todo idioma, do ponto de vista de outro idioma, pode ser arbitrário em suas classificações, pois o que parece uma única ideia simples num idioma pode ser caracterizado por uma série de radicais diferentes em outro.

Já vimos anteriormente que em todos os idiomas deve encontrar-se algum tipo de classificação da expressão. Esta classificação das ideias em grupos, cada um dos quais é expresso por um radical independente, torna necessário que conceitos que não são vertidos facilmente por um único radical sejam expressos por combinações ou por modificações dos radicais elementares, de acordo com as ideias últimas a que se reduz a ideia particular.

Esta classificação e a necessidade de expressar certas experiências por meio de outras relacionadas – que, ao limitar-se mutuamente, definem a ideia especial a ser expressa – envolvem a presença de certos elementos formais que determinam as relações dos radicais individuais. Se cada ideia pudesse ser expressa por um único radical, seriam possíveis idiomas sem forma. No entanto, já que as ideias individuais devem ser expressas por sua redução a um certo número de conceitos mais amplos, os recursos para expressar as relações se convertem em elementos importantes na linguagem articulada; e segue-se que todos os idiomas devem conter elementos formais, cujo número deve ser tanto maior quanto menor o número dos radicais elementares que definem as ideias especiais. Num idioma que possui um vocabulário muito vasto e fixo, o número de elementos formais pode chegar a ser extremamente pequeno.

Estes elementos não se limitam estritamente àqueles que expressam as relações lógicas ou psicológicas entre as palavras. Em quase todos os idiomas eles incluem certas categorias que *devem* ser expressas. Assim, por exemplo, nos idiomas europeus não podemos formular nenhum enunciado sem definir sua relação ao tempo. Um ser humano está, esteve ou estará enfermo. Um enunciado deste tipo, sem definição de tempo, não pode ser feito no idioma inglês. Só quando estendemos o significado do presente a todo o tempo – como na afirmação "o ferro é duro" – incluímos todos os aspectos do tempo em uma única forma. Em contraposição a isto, temos muitos idiomas em que não se confere nenhuma importância à diferença entre passado e presente; neles esta definição *não* é obrigatória. Outros ainda substituem a ideia de tempo pela de lugar e *exigem* que se expresse o lugar onde acontece uma ação – perto de mim, perto de você, ou perto dele –, de modo que é impossível, conforme a sua estrutura gramatical, fazer uma afirmação indefinida no tocante ao lugar. Outros, ainda, podem exigir que se afirme a fonte do conhecimento: se uma afirmação se baseia na própria experiência, em provas ou em boatos. Conceitos gramaticais tais como o de pluralidade, definido ou indefinido (no artigo) podem estar presentes ou ausentes. Por exemplo: nossa frase "o homem matou uma rena" contém como categorias obrigatórias: "o" definido, "homem" singular, "matou" passado, "uma" singular indefinido. Um índio kwakiutl deveria dizer: "o" definido, "homem" determinado local singular – por exemplo, perto de mim visível –, "matou" tempo indefinido, objeto definido ou indefinido, determinado local – por exemplo, ausente invisível –, "rena" singular ou plural, determinado local –, por exemplo, ausente invisível. Ele também deve acrescentar a fonte de sua informação, se provém de sua própria experiência ou por ouvir dizer, e uma indicação se o homem, a rena ou o matar foram tema anterior de conversação ou pensamento.

As categorias obrigatórias de expressão distinguem nitidamente os idiomas uns dos outros.

Podemos mencionar algumas categorias que não nos são familiares nos idiomas europeus. A maioria dos idiomas indo-europeus classifica os objetos de acordo com seu sexo e estendem este princípio aos objetos inanimados. Além disso, há uma classificação de acordo com a forma, que, no entanto, não é expressa por mecanismos gramaticais. Uma casa está de pé, a água corre, um inseto pousa, um país situa-se ou estende-se. Em outros idiomas a classificação dos objetos de acordo com sua forma – em compridos, achatados, redondos, eretos, móveis – é um princípio de classificação gramatical; ou podemos encontrar outras classificações tais como animado e inanimado, feminino e não feminino, membro de uma tribo e estranho. Muitas vezes estas classificações estão completamente ausentes.

Condições semelhantes se encontram no verbo. Muitos idiomas designam categorias gerais de movimento (por exemplo, "ir") e designam a direção mediante elementos adverbiais, como para cima, para baixo, para dentro, para fora. Em outros idiomas, estes elementos não existem e termos como "ir para dentro" e "ir para fora" devem ser expressos mediante radicais diferentes (por exemplo, "entrar" e "sair"). Exemplos em que o instrumento de ação é expresso mediante um mecanismo gramatical foram dados antes. A forma de movimento – como em linha reta, em forma circular, em ziguezague – pode ser expressa mediante elementos subordinados, ou as modificações do verbo contidas em nossas conjunções podem ser expressas por modos formais.

Estas antigas modificações continuam existindo nos idiomas modernos e devemos pensar em suas formas. Caberia perguntar, portanto, se a forma do idioma pode obstaculizar a clareza do pensamento. Argumentou-se que a concisão e a clareza do pensamento de um povo dependem, em grande medida, de seu idioma. Afirmou-se que a naturalidade com que em nossos idiomas europeus modernos expressamos amplas ideias abstratas com um único termo e a facilidade com que amplas generalizações são colocadas na estrutura de uma simples sentença são uma das condições fundamentais da clareza de nossos conceitos, da força lógica de nosso pensamento e da precisão com que, em nossos pensamentos, eliminamos os detalhes insignificantes. Aparentemente esta opinião tem muito a seu favor. Quando comparamos o inglês moderno com alguns dos idiomas indígenas extremamente concretos em sua expressão formativa, o contraste é notável. Enquanto nós dizemos "o olho é o órgão da visão", o índio talvez não seja capaz de formar a expressão "o olho", mas talvez tenha que definir que se trata do olho de uma pessoa ou de um animal. O índio talvez seja também incapaz de generalizar facilmente a ideia abstrata de um olho como representante de toda a categoria de objetos, mas terá que especializar por meio de uma expressão como "este olho aqui". Talvez seja também incapaz de expressar com um único termo a ideia de um "órgão" e talvez precise especificá-lo por uma expressão como "instrumento de ver", de maneira que a frase completa poderia assumir uma forma semelhante a esta: "o olho de uma pessoa indefinida é seu instrumento de ver". Não obstante, é preciso reconhecer que nesta forma mais específica é possível expressar corretamente a ideia geral. Ao que parece, é muito discutível até que ponto a restrição ao uso de certas formas gramaticais pode ser considerada realmente um obstáculo à formulação de ideias generalizadas. Parece muito mais provável que a ausência destas formas se deva à falta de necessidade das mesmas. O ser humano primitivo, quando conversa com seus companheiros, não costuma discutir ideias abstratas. Seus interesses estão concentrados nas ocupações de sua vida diária; e quando se toca em problemas filosóficos, estes aparecem ou relacionados a determinados indivíduos, ou nas formas mais ou menos antropomórficas de crenças religiosas. Dificilmente ocorrerão na linguagem primitiva discursos sobre qualidades sem conexão com o objeto ao qual pertencem, ou sobre atividades ou situações desvinculadas da ideia de o ator ou o sujeito estarem em determinada situação. Assim, o índio não falará da bondade como tal, ainda que possa muito bem falar da bondade de uma pessoa. Não falará de um estado de felicidade suprema separado da pessoa que se encontra em tal estado. Não se referirá à capacidade de ver sem designar um indivíduo que tem tal capacidade. Assim acontece que, em idiomas em que a ideia de posse é expressa por elementos subordinados a substantivos, todos os termos abstratos aparecem sempre com elementos possessivos. É, contudo, perfeitamente concebível que um índio instruído no pensamento filosófico passe a libertar as formas nominais subjacentes dos elementos possessivos, e assim chegue a formas abstratas que correspondem estritamente às formas abstratas de nossos idiomas modernos. Realizei este experimento com um dos idiomas da Ilha de Vancouver, no qual nunca aparece nenhum termo abstrato sem seus elementos possessivos. Após alguma discussão, achei perfeitamente fácil desenvolver a ideia do termo abstrato na mente do índio, que afirmou que a palavra sem um pronome possessivo faz sentido, embora não seja usada de modo idiomático. Consegui desta maneira, por exemplo, isolar os termos correspondentes a "amor" e "compaixão" que, de ordinário, aparecem somente em formas possessivas, como "seu amor por ele" ou "minha compaixão por você". Que este modo de ver é correto, também pode-se observar-se em idiomas em que elementos possessivos aparecem como formas independentes.

Também há provas de que é possível prescindir de outros elementos de especialização, tão característicos de muitos idiomas indígenas, quando, por uma razão ou outra, parece desejável generalizar um termo. Para usar um exemplo de um idioma ocidental[1], a ideia de "estar sentado" é expressa quase sempre com um sufixo inseparável que indica o lugar em que uma pessoa está sentada, como "sentada no piso da casa, no chão, na praia, sobre uma pilha de objetos" ou "sobre uma coisa redonda" etc. Quando, porém, por alguma razão, deva ser enfatizada a ideia da condição de estar sentado, pode-se usar uma forma que expressa simplesmente "estar em posição sentada"[2]. Também neste caso a fórmula para a expressão generalizada existe; mas a oportunidade de aplicá-la surge raramente, ou talvez nunca. Creio que o que vale para estes casos vale também para a estrutura de cada idioma individualmente. O fato de não se empregar formas generalizadas de expressão não prova a incapacidade de formá-las, mas prova simplesmente que, dado o estilo de vida do povo, essas formas não são necessárias; mas se desenvolveriam tão logo fossem requeridas.

Este ponto de vista é corroborado também por um estudo dos sistemas numerais das línguas primitivas. Como é bem sabido, existem idiomas em que os numerais não passam de três ou quatro. Disto deduziu-se que os povos que falam estes idiomas não são capazes de formar o conceito de números maiores. Creio que esta interpretação das condições existentes é absolutamente errônea. Povos como os índios sul-americanos (entre os quais se encontram estes sistemas numerais defectivos) ou como os esquimós (cujo antigo sistema numérico provavelmente não passava de dez) não têm provavelmente necessidade de expressões numéricas maiores, porque não são muitos os objetos que eles precisam contar. Por outro lado, logo que estes mesmos povos entram em contato com a civilização e quando adquirem padrões de valor que precisam ser contados, adotam com perfeita naturalidade números mais altos de outros idiomas e desenvolvem um sistema de contar mais ou menos perfeito. Isto não significa que cada um dos indivíduos que nunca na sua vida fez uso de números mais altos adquirirá rapidamente sistemas mais complexos; mas a tribo, em conjunto, parece ser sempre capaz de adaptar-se às necessidades de contar. Deve-se ter presente que o contar não se faz necessário enquanto os objetos forem considerados de forma tão generalizada que suas individualidades se perdem inteiramente de vista. Por esta razão é possível que mesmo uma pessoa que possui um rebanho de animais domesticados possa conhecê-los pelo nome e por suas características sem nunca desejar con-

---

1. O kwakiutl da Ilha de Vancouver.
2. Tem, todavia, o significado específico de "estar sentado em assembleia".

tá-los. Os membros de uma expedição guerreira podem ser conhecidos pelo nome, sem precisar ser contados. Em suma, não existe prova de que a ausência do uso dos números esteja relacionada de alguma forma com a incapacidade de formar os conceitos de cifras maiores quando isso for necessário.

Se queremos formar um correto julgamento da influência exercida pela língua sobre o pensamento, devemos ter presente que nossos idiomas europeus, tais como se encontram no presente, foram moldados, em grande medida, pelo pensamento abstrato dos filósofos. Termos como "essência", "substância", "existência", "ideia", "realidade", muitos dos quais agora comumente utilizados, são em sua origem fórmulas artificiais para expressar os resultados do pensamento abstrato. Neste sentido, se assemelhariam aos termos abstratos artificiais e não idiomáticos que podem ser formados nas línguas primitivas.

Parece assim que os obstáculos ao pensamento generalizado, inerentes à forma de um idioma, são apenas de menor importância e que provavelmente a língua por si só não impediria um povo de avançar até formas mais generalizadas de pensamento, se o estado geral da cultura requerer a expressão de tal pensamento; e que, nestas condições, a língua seria moldada pelo estado cultural. Não parece provável, portanto, que haja alguma relação direta entre a cultura de uma tribo e a língua que seus membros falam, exceto na medida em que a forma da língua seja moldada pelo estado da cultura, mas não na medida em que certo estado de cultura seja condicionado por traços morfológicos da língua.

Já que o fundamento do pensamento humano reside no afloramento à consciência das categorias em que é classificada nossa experiência, a diferença principal entre os processos mentais dos primitivos e os nossos reside no fato de que nós conseguimos, mediante o raciocínio, partindo das categorias imperfeitas e automaticamente formadas, desenvolver um melhor sistema do campo total do conhecimento, passo que os primitivos não deram.

A primeira impressão que se obtém do estudo das crenças do ser humano primitivo é que, enquanto as percepções de seus sentidos são excelentes, sua capacidade de interpretação lógica parece deficiente. Creio que é possível demonstrar que a razão deste fato não se baseia em nenhuma peculiaridade fundamental da mente do ser humano primitivo, mas está, antes, no caráter das ideias tradicionais, por meio das quais cada nova percepção é interpretada; em outras palavras, está no caráter das ideias tradicionais com que cada nova percepção se associa, determinando as conclusões alcançadas.

Em nossa própria comunidade se transmite à criança um acúmulo de observações e pensamentos. Estes pensamentos são o resultado da cuidadosa observação e especulação de nossa geração atual e das anteriores; mas são transmitidos à maioria dos indivíduos como substância tradicional, mais ou menos como o folclore. A criança combina suas próprias percepções com todo este acúmulo de material tradicional e interpreta suas próprias observações por meio dele. É um erro supor que a interpretação realizada por cada indivíduo civilizado é um processo lógico completo. Nós associamos um fenômeno com certo número de fatos conhecidos, cujas interpretações são supostamente conhecidas, e ficamos satisfeitos com a redução de um fato novo a estes fatos anteriormente conhecidos. Por exemplo, se o indivíduo comum ouve falar da explosão de um produto químico antes desconhecido, contenta-se em pensar que é sabido que certos materiais têm a propriedade de explodir em condições adequadas e que, por conseguinte, a substância desconhecida possui a mesma qualidade. Em geral, não raciocinará além disso nem procurará realmente dar uma explicação completa das causas da explosão. Da mesma forma, o público leigo está propenso a buscar em toda nova epidemia desconhecida o micro-organismo que a provoca, assim como antes se buscava a causa em miasmas e venenos.

Também na ciência a ideia dominante determina o desenvolvimento das teorias. Assim, tudo o que existe, animado ou inanimado, precisava ser explicado pela teoria da sobrevivência dos mais aptos.

A diferença no modo de pensar do ser humano primitivo e do ser humano civilizado parece consistir, em grande parte, na diferente natureza do material tradicional com que a nova percepção se associa. A instrução dada ao filho do ser humano primitivo não está baseada em séculos de experiências, mas consiste na tosca e imperfeita experiência de gerações. Quando uma experiência nova penetra na mentalidade do ser humano primitivo, o mesmo processo que observamos no ser humano civilizado provoca uma série de associações inteiramente diferentes e conduz, portanto, a um tipo diferente de explicação. Uma explosão repentina associar-se-á talvez, em sua mente, a relatos que ouviu a respeito da história mítica do mundo e, em consequência, será acompanhada de um temor supersticioso. A nova epidemia desconhecida talvez seja explicada pela crença em demônios que perseguem a humanidade; e o mundo existente poderá ser explicado como o resultado de transformações ou através de objetivação dos pensamentos de um criador.

Quando reconhecemos que nem entre os seres humanos civilizados nem entre os primitivos o indivíduo comum leva até o fim a tentativa de explicação causal dos fenômenos, mas só até ao ponto de amalgamá-la com outros conhecimentos anteriores, reconhecemos que o resultado de todo o processo depende totalmente da natureza do material tradicional. Daí a imensa importância do folclore para determinar o modo de pensar. Aí reside especialmente a enorme influência da opinião filosófica atual sobre as massas populares e a influência da teoria científica dominante sobre a natureza do trabalho científico.

Seria inútil tentar entender o desenvolvimento da ciência moderna sem uma compreensão inteligente da filosofia moderna; seria inútil tentar entender a história da ciência medieval sem conhecer a teologia medieval; e, do mesmo modo, é inútil tentar entender a ciência primitiva sem um conhecimento inteligente da mitologia primitiva. "Mitologia", "teologia" e "filosofia" são termos diferentes para designar as mesmas influências que modelam a corrente do pensamento humano e que determinam a natureza dos esforços do ser humano para explicar os fenômenos da natureza. Para o ser humano primitivo – que foi ensinado a considerar os corpos celestes como seres animados; que vê em cada animal um ser mais poderoso que o ser humano; para quem as montanhas, as árvores e as pedras estão dotadas de vida ou de virtudes especiais – as explicações dos fenômenos irão sugerir-se completamente diferentes daquelas a que nós estamos acostumados, uma vez que nós ainda baseamos nossas conclusões na existência de matéria e força como causadoras dos resultados observados. A confusão da mentalidade popular provocada pelas modernas teorias da relatividade, da matéria, da causalidade demonstra quão profundamente estamos influenciados por teorias mal entendidas.

Nas pesquisas científicas não deveríamos deixar de ter presente o fato de que sempre incorporamos certo número de hipóteses e teorias em nossas explicações e que não levamos até ao fim a análise de nenhum fenômeno dado. Se devêssemos fazer assim, o progresso dificilmente seria possível, porque cada fenômeno requereria uma quantidade infinita de tempo para um tratamento completo. Estamos, porém, demasiado propensos a esquecer por completo a base teórica geral, e para a maioria de nós puramente tradicional, que é o fundamento de nosso raciocínio, e a supor que o resultado de nosso raciocínio é a verdade absoluta. Nisto cometemos o mesmo erro em que estão incorrendo e sempre incorreram todos os menos instruídos, inclusive os membros de tribos primitivas. Eles se satisfazem mais facilmente do que nós no presente; mas também eles supõem verdadeiro o elemento tradicional que entra em suas explicações e, portanto, aceitam como verdade absoluta as conclusões baseadas nele. É evidente que, quanto menor for o número de elementos tradicionais que entram no raciocínio e quanto mais claros procurarmos ser a respeito da parte hipotética de nosso raciocínio, tanto mais lógicas serão nossas conclusões. Existe no progresso da civilização uma tendência indubitável a eliminar os elementos tradicionais e a obter uma percepção cada vez mais exata da base hipotética de nosso raciocínio. Portanto, não é de surpreender que, na história da civilização, o raciocínio se torne cada vez mais lógico, não porque cada indivíduo leve seu pensamento até ao fim de uma maneira mais lógica, mas porque o material tradicional transmitido a cada indivíduo foi meditado e elaborado mais profunda e cuidadosamente. Enquanto na civilização primitiva o material tradicional suscita dúvidas e exames apenas num número muito pequeno de indivíduos, o número de pensadores que trata de libertar-se das cadeias da tradição aumenta à medida que a civilização avança.

Um exemplo que ilustra esta evolução e, ao mesmo tempo, a lentidão deste progresso é encontrado nas relações entre os indivíduos pertencentes a tribos diferentes. Existem muitas hordas primitivas para as quais todo estrangeiro que não pertence à horda é um inimigo e entre as quais é correto ferir um inimigo com a máxima força e habilidade e, se for possível, matá-lo. Tal conduta se funda principalmente na solidariedade da horda, no sentimento de que é dever de todo membro da horda destruir todo e qualquer possível inimigo. Portanto, toda pessoa que não é membro da horda deve ser considerada como pertencente a uma categoria completamente diferente dos membros da horda e é tratada de acordo. Podemos seguir, passo a passo, o ampliamento gradual do sentimento de solidariedade durante o progresso da civilização. O sentimento de solidariedade na horda amplia-se para o sentimento de unidade da tribo, para um reconhecimento de vínculos estabelecidos pela vizinhança do habitat e mais adiante para o sentimento de solidariedade entre os membros de nações. Este parece ser o limite do conceito ético de solidariedade humana alcançado até o presente. Quando analisamos o forte sentimento de nacionalidade, tão poderoso no momento atual e que suplantou os interesses locais de unidades menores, reconhecemos que ele consiste principalmente na ideia da preeminência daquela comunidade da qual acontece que somos membros – no valor preeminente de sua compleição corporal, de sua língua, de seus costumes e tradições, e na crença de que todas as influências exteriores que ameaçam estes traços são hostis e devem ser combatidas, não só com o justificável propósito de conservar suas peculiaridades, mas até com o desejo de impô-las ao resto do mundo. O sentimento de nacionalidade aqui expresso e o sentimento de solidariedade da horda são da mesma natureza, ainda que modificados pela gradual ampliação da ideia de solidariedade; mas o ponto de vista ético que torna justificável na época atual aumentar o bem-estar de uma nação às custas de outra e a tendência a julgar a nossa forma de civilização como mais perfeita – não como mais cara ao nosso coração – que a do resto da humanidade, são os mesmos que aqueles que impulsionam as ações do ser humano primitivo, que considera todo estrangeiro como um inimigo e que não está satisfeito enquanto o inimigo não for morto. É um tanto difícil para nós reconhecer que o valor que atribuímos à nossa civilização se deve ao fato de que nós participamos desta civilização e que ela esteve controlando todas as nossas ações desde o instante em que nascemos; mas é certamente concebível que possa haver outras civilizações, baseadas talvez em tradições diferentes e num diferente equilíbrio entre emoção e razão, que não tenham menos valor que a nossa, embora talvez nos seja impossível apreciar seus valores sem termos crescido sob sua influência. A teoria geral da avaliação das atividades humanas, desenvolvida pela pesquisa antropológica, nos ensina uma tolerância maior do que aquela que professamos atualmente.

12
As associações emocionais dos primitivos

Depois de ter visto que grande número de elementos tradicionais intervém no raciocínio tanto do ser humano primitivo como no do civilizado, estamos mais preparados para entender algumas das diferenças típicas mais especiais em suas maneiras de pensar.

Uma característica da vida primitiva que bem cedo atraiu a atenção dos pesquisadores é a ocorrência de estreitas associações entre atividades mentais que a nós parecem inteiramente dessemelhantes. Na vida primitiva, a religião e a ciência; a música, a poesia e a dança; o mito e a história; a moda e a ética, aparecem inextricavelmente entrelaçadas. Podemos também expressar esta observação geral dizendo que o ser humano primitivo considera cada ação não só adaptada a seu principal objeto e cada pensamento relacionado com seu fim primordial, como nós os perceberíamos, mas os associa com outras ideias, frequentemente de caráter religioso ou pelo menos simbólico. Assim, ele lhes confere uma significação maior do que a nosso ver parecem merecer. Todo tabu é um exemplo de tais associações de atos aparentemente triviais com ideias tão sagradas que um desvio do modo habitual de agir desperta as mais violentas emoções de repulsa. A interpretação de adornos como talismãs e o simbolismo da arte decorativa são outros exemplos de associação de aspectos da conduta que, em conjunto, são alheios ao nosso modo de pensar.

Para estabelecer com precisão o ponto de vista a partir do qual estes fenômenos parecem ajustar-se a uma disposição ordenada, pesquisaremos se todos os vestígios de formas semelhantes de pensamento desapareceram de nossa civilização.

Em nossa vida intensa, dedicada a atividades que exigem o máximo de aplicação de nossa capacidade de raciocínio e uma repressão da vida emocional, tornamo-nos acostumados a olhar de maneira fria e realista as nossas ações, os incentivos que nos movem a elas e suas consequências. Não é necessário, contudo, ir muito longe para encontrar mentalidades abertas a disposições diferentes. Se aqueles de nós que se agitam em meio à correria de nossa vida de ritmo febril não olham para além de seus motivos e fins racionais, outros que se mantêm em tranquila contemplação reconhecem nela o reflexo de um mundo ideal que construíram em sua própria consciência. Para o artista, o mundo exterior é um símbolo da beleza que ele sente; para o espírito fervorosamente religioso, é um símbolo da verdade transcendental que dá forma a seu pensamento. A música instrumental que um desfruta como uma obra de arte puramente musical evoca na mente de outro um grupo de conceitos definidos que se relacionam com os temas musicais e a forma como são tratados apenas pela semelhança dos estados emocionais que evocam. Na realidade, a forma como diferentes indivíduos reagem ao mesmo estímulo e a variedade de associações despertadas em sua mente são tão evidentes por si mesmas que quase não necessitam de esclarecimentos especiais.

De suma importância para o objeto de nosso estudo é a observação de que todos os que vivemos na mesma sociedade reagimos a certos estímulos da mesma maneira, sem saber expressar as razões de nossos atos. Um bom exemplo daquilo a que me refiro são as infrações da etiqueta social. Um modo de comportar-se que não se conforma às maneiras habituais, mas pelo contrário difere delas notavelmente, provoca em geral sentimentos desagradáveis; e é preciso um decidido esforço de nossa parte para convencer-nos de que tal conduta não está em conflito com as normas morais. Entre os que não estão disciplinados no pensamento corajoso e rígido é habitual a confusão entre etiqueta tradicional – as assim chamadas boas maneiras – e conduta moral. Em certas linhas de conduta a associação entre etiqueta tradicional e sentimento ético é tão estreita que até mesmo um vigoroso pensador dificilmente consegue livrar-se dela. Isto é o que ocorria até tempos muito recentes a respeito dos atos que eram considerados violação do pudor. Basta um superficial retrospecto da história do vestuário para mostrar que o que se julgava decente numa época havia sido indecente em outros tempos. O costume de cobrir habitualmente certas partes do corpo levou em todas as épocas ao forte sentimento de que a exposição dessas partes é indecorosa. Este sentimento de decência é tão extravagante que um vestuário próprio para determinada circunstância pode ser considerado impudico em outras ocasiões; como, por exemplo, um vestido de festa decotado, num bonde durante o horário de trabalho, ou um moderno traje de banho numa reunião formal. O tipo de exposição considerado indecente depende sempre da moda. É evidente que a moda não é ditada pelo recato, mas que a evolução histórica do vestuário é determinada por uma diversidade de causas. Apesar disso, as modas estão tipicamente associadas ao sentimento de pudor, de modo que uma exposição inusitada provoca o desagradável sentimento de falta de decoro. Não existem razões conscientes para uma forma ser apropriada e a outra ser imprópria; mas o sentimento é suscitado diretamente pelo contraste com o habitual. Muitos de nós sentiremos instintivamente a forte resistência que teríamos que vencer, mesmo numa sociedade diferente, se nos obrigassem a executar uma ação que estamos acostumados a considerar indecorosa, bem como os sentimentos que surgiriam em nossa mente se fôssemos colocados numa sociedade na qual as normas de pudor fossem diferentes das nossas.

Mesmo deixando de lado o pudor, encontramos uma variedade de razões que fazem com que certos estilos de vestuário pareçam impróprios. Aparecer vestidos à maneira de nossos antepassados de dois séculos atrás nos exporia ao ridículo. Ver um homem de chapéu dentro de casa em companhia de outros nos irrita: é considerado grosseiro. Usar chapéu na igreja ou num enterro causaria uma repulsa ainda maior, por causa do maior valor emocional dos sentimentos que estão em jogo. Uma certa inclinação do chapéu, ainda que possa ser muito cômoda para quem o usa, o caracterizaria como um grosseiro mal-educado. As novidades em matéria de vestuário opostas à moda em voga podem ferir nossos sentimentos estéticos, por pior que seja o gosto da moda reinante.

Outro exemplo esclarecerá o que pretendo dizer. Facilmente se há de reconhecer que a maioria de nossos comportamentos à mesa são puramente tradicionais e não se pode dar-lhes nenhuma explicação adequada. Estalar os lábios é considerado falta de educação e pode suscitar sentimentos de repugnância; enquanto em algumas tribos indígenas seria considerado de mau gosto não estalar os lábios quando se é convidado a jantar, porque sugeriria que o hóspede não está gostando da comida. Tanto para os índios como para nós, a execução constante destas ações que constituem bons modos à mesa torna praticamente impossível agir de outro modo. A tentativa de agir de maneira diferente não só seria difícil por causa da falta de adaptação dos movimentos musculares, como também devido à forte resistência emocional que teríamos que vencer. O desagrado emocional também surge quando vemos outros agirem de forma contrária ao costume. O comer com pessoas que têm comportamentos à mesa diferentes dos nossos provoca sentimentos de desagrado que podem chegar a provocar náuseas. Aqui também se oferecem, frequentemente, explicações baseadas provavelmente apenas em tentativas de explicar os modos existentes, mas que não representam seu desenvolvimento histórico. Com frequência ouvimos que é incorreto comer com faca porque poderia cortar a boca; mas duvido muito que esta consideração tenha algo a ver com o desenvolvimento do costume, pois o uso do garfo é recente e o tipo mais antigo de garfos de aço afiados poderia ferir a boca com tanta facilidade como a lâmina da faca.

Convém exemplificar as características de nossa oposição a ações inusitadas aduzindo mais alguns casos que ajudarão a esclarecer os processos mentais que nos levam a formular as razões de nosso conservadorismo.

Um dos casos em que melhor se reconhece o desenvolvimento dessas pretensas razões para a conduta é o do tabu. Embora nós dificilmente tenhamos tabus explícitos, nossa recusa em utilizar certos animais como alimento poderia facilmente aparecer como tabu a um espectador de fora. Supondo que um indivíduo acostumado a comer cachorros nos pergunte qual é a razão por que não comemos cachorro, só poderíamos responder que não é nosso costume; e ele teria razão ao dizer que os cachorros são tabu entre nós, tanto quanto nós temos razão ao falar de tabu entre os povos primitivos. Se fôssemos pressionados a encontrar razões, provavelmente basearíamos nossa aversão a comer cachorros ou cavalos na aparente impropriedade de se comer animais que vivem conosco como amigos. Por outro lado, não estamos acostumados a comer larvas e provavelmente recusaríamos comê-las por sentimentos de repugnância. O canibalismo é tão abominado que nos resulta difícil admitir que pertença à mesma categoria de aversões como as mencionadas acima. O conceito fundamental da sacralidade da vida humana e o fato de que muitos animais não comem outros da mesma espécie destacam o canibalismo como um costume à parte, considerado uma das aberrações mais horríveis da natureza humana. Nestes três grupos de aversões, a repugnância é provavelmente o primeiro sentimento presente em nossa mente, que nos faz reagir contra a sugestão de participar destas categorias de alimentos. Explicamos nossa repugnância por diversas razões, de acordo com os grupos de ideias com que o ato sugerido se associa em nossa mente. Num caso não existe uma associação especial e nos satisfazemos com a simples afirmação de repugnância. Em outro, o motivo mais importante parece ser de caráter emocional, embora talvez nos sintamos inclinados, quando interrogados acerca das razões de nosso desagrado, a apresentar também hábitos dos referidos animais que parecem justificar nossa aversão. No terceiro caso, a imoralidade do canibalismo se destacaria, por si só, como única razão suficiente.

Outros exemplos são os numerosos costumes que tinham originalmente um aspecto religioso ou semirreligioso e que são mantidos e explicados por meio de certas teorias mais ou menos utilitárias. Tais são os costumes referentes ao matrimônio no grupo incestuoso. Enquanto a extensão do grupo incestuoso tem sofrido mudanças substanciais, a repulsa a matrimônios dentro do grupo existente é a mesma de sempre; mas, em vez de leis religiosas, é apresentado um conceito utilitário – o temor de uma descendência doentia devido ao casamento entre parentes próximos – como a razão de nossos sentimentos. Antigamente evitavam-se as pessoas afetadas por enfermidades repugnantes porque se acreditava que eram castigadas pela mão de Deus, enquanto atualmente são evitadas por temor de contágio. O desuso em que caiu a blasfêmia em inglês deveu-se primeiro a uma reação religiosa, mas chegou a ser simplesmente uma questão de boas maneiras.

Esta reação emocional é igualmente intensa quando se trata de pontos de vista que contradizem as opiniões da época. A oposição é a mais violenta quando o valor afetivo das ideias habituais é grande, quando estas estão arraigadas intensamente em nosso espírito e quando as novas ideias conflitam com as atitudes fundamentais que nos foram inculcadas desde a nossa primeira juventude, ou que chegaram a identificar-se com aqueles ideais a que dedicamos nossa vida. A violência da oposição à heresia, assim como a novas doutrinas sociais e econômicas, só pode ser entendida sobre esta base. As razões aduzidas para a oposição são, na maioria dos casos, racionalizações de uma resistência emocional.

É importante notar que, em todos os casos mencionados, a explicação racionalista da oposição à mudança se funda naquele grupo de conceitos com o qual se relacionam intimamente as emoções suscitadas. No caso do vestuário, as razões aduzidas são que o novo estilo é impróprio; no caso da heresia, apresentam-se provas de que a nova doutrina é um ataque à verdade eterna; e assim com todos os outros casos.

Uma cuidadosa análise introspectiva revela que estas razões são tão somente tentativas de interpretar nossos sentimentos de desagrado; que nossa oposição não é, de modo algum, ditada pelo raciocínio consciente, mas primordialmente pelo efeito emocional da nova ideia que cria uma dissonância com o que é habitual.

Em todos estes casos, o costume é obedecido com tanta frequência e regularidade que o ato habitual se converte em automático; quer dizer, sua execução não está ordinariamente combinada com nenhum grau de consciência. Por conseguinte, o valor emocional destas ações é muito tênue. É de notar, no entanto, que, quanto mais automática for uma ação, tanto mais difícil é executar a ação oposta, que esta exige um grande esforço para ser executada e que, em geral, a ação oposta vem acompanhada de marcados sentimentos de desagrado. Pode-se observar também que ver uma outra pessoa executar uma ação não habitual desperta intensa atenção e provoca sentimentos de desagrado. Assim sucede que, quando ocorre uma infração do habitual, todos os grupos de ideias com que tal ação está associada são trazidos ao plano da consciência. Um prato de carne de cachorro despertaria todas as ideias de companheirismo; um banquete canibalesco despertaria todos os princípios sociais que se converteram em nossa segunda natureza. Quanto mais automática se torna uma série de atividades ou uma certa forma de pensamento, tanto maior o esforço consciente necessário para apartar-se do velho hábito de agir e pensar e tanto maior também o desagrado ou, pelo menos, a surpresa que uma inovação produz. O antagonismo contra ela é uma ação reflexa acompanhada de emoções não devidas à especulação consciente. Quando nos tornamos conscientes desta reação emocional, procuramos interpretá-la por um processo de raciocínio. Esta razão deve basear-se, necessariamente, nas ideias que afloram à consciência tão logo ocorre uma infração do costume estabelecido; em outras palavras, nossa explicação racionalista dependerá da natureza das ideias associadas.

Estas tendências são também a base do êxito dos fanáticos e da propaganda habilmente dirigida. O fanático que joga com as emoções das massas e apoia suas doutrinas em razões fictícias, e o demagogo inescrupuloso que desperta ódios semiadormecidos e intencionalmente inventa razões que dão à massa crédula uma escusa plausível para ceder às paixões excitadas, aproveitam o desejo do ser humano para dar uma desculpa racional para ações que estão fundamentalmente baseadas em emoções irracionais. O Papa Urbano II foi bem-sucedido em seu apelo à devoção religiosa graças ao pretexto de que a Terra Santa estava nas mãos de infiéis, embora as forças motrizes fossem, em grande medida, políticas e econômicas. Pedro, o Eremita, entregou-se como um fanático a esta causa e divulgou-a por toda a Europa. Na Guerra Mundial a propaganda baseada em supostas crueldades foi empregada para inflamar as pessoas. Hitler e seus satélites usam o preconceito racial para promover seus planos. Tanto ele como Houston Stewart Chamberlain admitem cinicamente que uma deturpação da verdade, quando serve para apoiar seus propósitos, é permissível.

Todos estes exemplos ilustram que, mesmo em nossa civilização, o pensamento popular está primariamente dirigido pela emoção, não pela razão; e que o raciocínio injetado na conduta emocionalmente determinada depende de diversas condições e é, por conseguinte, variável no transcurso do tempo.

Voltamos agora nossa atenção para a análise de fenômenos análogos na vida primitiva. Aqui, a aversão a tudo o que se desvie do costume da terra é ainda mais fortemente marcada do que em nossa civilização. Se numa casa não é costume dormir com os pés voltados para o fogo, uma violação deste costume é temida e evitada. Se, numa certa sociedade, membros do mesmo clã não se casam entre si, surgirá a mais profunda aversão a tais uniões. Não é necessário multiplicar os exemplos porque é um fato bem conhecido que, quanto mais primitivo for um povo, tanto mais estará bloqueado de inúmeras maneiras por costumes que regulam a conduta da vida diária em todos os seus detalhes. Isto não implica que todos os indivíduos irão aderir com igual rigidez a cada costume; é característica a multiplicidade de costumes habituais que controlam a vida. Temos motivos para concluir, de acordo com nossa própria experiência, que, como acontece entre nós, também entre as tribos primitivas a resistência a qualquer desvio dos costumes firmemente estabelecidos deve-se a uma reação emocional, não a razões conscientes. Isto não exclui a possibilidade de que o primeiro ato especial, que no transcurso do tempo se tornou usual, possa dever-se a um processo mental consciente; mas parece provável que muitos costumes chegaram a existir sem nenhuma atividade consciente. Seu desenvolvimento deve ter sido da mesma natureza que o desenvolvimento das categorias que se refletem na morfologia dos idiomas e que podem nunca ter chegado ao conhecimento dos que falam esses idiomas. Por exemplo, a teoria de Cunow sobre a origem dos sistemas sociais australianos é bem admissível, ainda que não seja a única possível. Algumas tribos estão divididas em quatro grupos exogâmicos. As leis da exogamia exigem que um membro do primeiro grupo se case com um membro do segundo grupo e um membro do terceiro grupo com um membro do quarto. Cunow explica estes costumes mostrando que, quando o costume dispõe que, numa tribo dividida em duas unidades exogâmicas, só a membros da mesma geração seja permitido contrair matrimônio entre si, desenvolver-se-ão naturalmente condições semelhantes às que se observam na Austrália, se cada grupo tem um nome, e se for usada uma série de nomes para as gerações ímpares e outra série de nomes para as gerações pares. Se designamos as duas divisões tribais pelas letras A e B e as gerações por "ímpar" e "par", os membros das quatro divisões seriam A ímpar, A par, B ímpar, B par; e nos casamentos em que se nomeia primeiro o sexo que determina o grupo a que pertencem os filhos, encontramos que:

A ímpar deve se casar com B ímpar, e seus filhos são A par
B ímpar || || || || A ímpar, || || || || B par
A par || || || || B par, || || || || A ímpar
B par || || || || A par, || || || || B ímpar

Podemos supor que originalmente cada geração se manteve isolada e, portanto, casamentos entre membros de duas gerações sucessivas eram impossíveis, porque só homens e mulheres casadoiros de uma geração entravam em contato. Mais tarde, quando as gerações sucessivas não eram de idades tão diferentes e terminou sua separação social, o costume havia se estabelecido, e não caducou com a mudança de condições.

Existe um bom número de casos em que é pelo menos concebível que os antigos costumes de um povo se convertam em tabus num novo ambiente. Creio, por exemplo, que não é improvável que o tabu esquimó que proíbe consumir caribu e foca num mesmo dia pode dever-se à alternância entre vida interiorana e vida costeira do povo. Quando caçam no interior, eles não contam com focas e, por conseguinte, só podem comer caribu. Quando caçam na costa, não há caribus e, por conseguinte, só podem comer foca. O simples fato de que numa estação só se pode comer caribu e em outra estação só se pode comer foca pode ter provocado resistência a uma mudança desse costume; de modo que, pelo fato de, por um longo período, não se poder comer as duas espécies de carne ao mesmo tempo, desenvolveu-se a lei de que as duas espécies de carne não devem ser consumidas ao mesmo tempo. Penso que é provável também que o tabu a respeito do peixe, existente em algumas de nossas tribos do sudoeste, possa ter origem no fato de que as tribos viveram durante muito tempo numa região onde não havia peixe acessível e que a impossibilidade de obter peixe se converteu no costume de não comer peixe. Estes casos hipotéticos mostram que a origem inconsciente dos costumes é inteiramente concebível, ainda que, evidentemente, não necessária. No entanto, parece certo que, mesmo quando tenha havido uma razão consciente que levou ao estabelecimento de um costume, ela logo deixou de sê-lo e, em vez disso, encontramos uma resistência emocional direta a uma infração do costume.

Outras ações consideradas próprias ou impróprias se mantêm somente pela força do costume e não se encontram razões para a sua ocorrência, ainda que a reação contra uma violação do costume possa ser violenta. Se, entre os índios da Ilha de Vancouver, é falta de educação uma jovem da nobreza abrir muito a boca e comer rápido, uma infração deste costume seria também profundamente sentida, neste caso como uma inconveniência que prejudicaria gravemente a posição social da infratora. O mesmo grupo de sentimentos entra em jogo quando um membro da nobreza, como na Europa, se casa com uma pessoa de condição social inferior. Em outros casos, mais triviais, ultrapassar os limites do costume apenas expõe o transgressor ao ridículo, por causa da inconveniência do ato. Todos estes casos pertencem, psicologicamente, ao mesmo grupo de reações emocionais contra infrações de hábitos automáticos estabelecidos.

Poderia parecer que na sociedade primitiva dificilmente existiria a oportunidade de trazer para o nível consciente a forte resistência emocional contra infrações dos costumes, pois em geral estes são rigidamente respeitados. Há, no entanto, um traço da vida social que tende a manter presente na mente do povo a adesão conservadora às ações habituais. Trata-se da educação da juventude. A criança, em quem ainda não se desenvolveu a conduta habitual de seu meio, adquirirá boa parte dessa conduta por imitação inconsciente. Em muitos casos, porém, procederá de uma maneira diferente do costume usual e será corrigida pelos mais velhos. Quem quer que esteja familiarizado com a vida primitiva sabe que as crianças são exortadas constantemente a seguir os exemplos dos mais velhos e todo conjunto de tradições cuidadosamente recolhidas contém numerosas referências aos conselhos dados pelos pais a seus filhos, inculcando-lhes o dever de observar os costumes da tribo. Quanto maior for o valor emocional de um costume, tanto mais forte será o desejo de inculcá-lo na mente dos jovens. Deste modo, existe ampla oportunidade de trazer a resistência às infrações para o nível do consciente.

Estas condições exercem uma forte influência sobre o desenvolvimento e preservação dos costumes; pois, tão logo a infração do costume é trazida à consciência, devem surgir ocasiões em que as pessoas, levadas pelas perguntas das crianças ou seguindo sua própria tendência à especulação, encontram-se confrontadas com o fato de que existem certas ideias para as quais não podem dar nenhuma explicação, salvo que elas estão ali. O desejo de entender os próprios sentimentos e ações e de penetrar nos segredos do mundo manifesta-se desde a mais tenra idade e, por conseguinte, não é de estranhar que o ser humano, em todas as etapas da cultura, comece a especular sobre os motivos de suas próprias ações.

Vimos, acima, que pode não haver um motivo consciente para muitas destas ações e por esta razão se desenvolve a tendência a descobrir os motivos que podem determinar nosso comportamento habitual. É por isso que, em todas as etapas da cultura, as ações usuais são objeto de explicações secundárias que não têm nada a ver com sua origem histórica, mas são inferências baseadas nos conhecimentos gerais que o povo possui. A existência de tais interpretações secundárias de ações habituais é um dos fenômenos antropológicos mais importantes, dificilmente menos comum em nossa sociedade que em sociedades mais primitivas. É uma observação comum o fato de que primeiro desejamos ou agimos e depois procuramos justificar nossos desejos ou nossas ações. Quando, por causa de nossa educação juvenil, atuamos com certo partido político, a maioria de nós não está impulsionada por uma clara convicção da justiça dos princípios do nosso partido, mas o fazemos porque nos foi ensinado a respeitá-lo como o partido certo ao qual se deve pertencer. Só então justificamos nosso ponto de vista procurando convencer-nos de que estes princípios são os princípios corretos. Sem um raciocínio desta natureza, a estabilidade e a distribuição geográfica dos partidos políticos, como também das denominações eclesiais, seriam absolutamente ininteligíveis. Esta opinião é corroborada pelas torturas mentais que acompanham o libertar a mente de opiniões tradicionais que possuem um valor sentimental. Um sincero exame de nossa própria mente nos convence de que o ser humano comum, na grande maioria dos casos, não determina suas ações pelo raciocínio, mas primeiro age e depois justifica ou explica seus atos pelas considerações secundárias que são comuns entre nós.

Analisamos aqui aquele gênero de ações em que uma ruptura com o que é habitual traz à consciência seu valor emocional e suscita forte resistência à mudança, secundariamente explicada por razões que proíbem uma mudança. Vimos também que o material tradicional com que opera o ser humano determina o tipo particular de ideia explicativa que se associa ao estado emocional da mente. O ser humano primitivo geralmente baseia estas explicações de seus costumes em conceitos que se relacionam intimamente com suas opiniões gerais acerca da constituição do mundo. Certa ideia mitológica pode ser considerada como o fundamento de um costume ou do fato de evitar certas ações, ou pode-se dar ao costume um significado simbólico, ou vinculá-lo simplesmente ao temor da má sorte. Evidentemente este último gênero de explicações é idêntico ao de muitas superstições que perduram entre nós.

O resultado essencial desta investigação é a conclusão de que a origem dos costumes do ser humano primitivo não deve ser buscada em processos racionais. A maior parte dos pesquisadores que procuraram elucidar a história dos costumes e tabus são de opinião que sua origem reside em especulações sobre as relações entre o ser humano e a natureza; que para o ser humano primitivo o mundo está repleto de objetos dotados de poder sobre-humano e de forças que podem prejudicar o ser humano à menor provocação; que o trato cuidadoso de tais objetos e os esforços por evitar conflitos com esses poderes ditam as inúmeras normas supersticiosas. Tem-se a impressão de que os hábitos e opiniões do ser humano primitivo foram formados por raciocínio consciente. Contudo, parece evidente que toda esta linha de pensamento continuaria sendo coerente se se supusesse que os processos surgem da classificação da experiência sensorial sem raciocínio consciente. Mesmo considerada deste modo, a função essencial desempenhada na formação desses processos pelas impressões emocionais não receberia toda a importância que é preciso atribuir-lhe.

A teoria precisa ser ampliada, porque parece que muitos costumes e crenças podem ter surgido sem nenhum tipo de participação ativa da mente – como os que se estabeleceram pelas condições gerais de vida – e chegaram à consciência tão logo mudaram estas condições. Não duvido, em absoluto, que haja casos em que certos costumes se originaram num raciocínio mais ou menos consciente; porém, estou igualmente seguro de que outros se originaram sem ele e de que nossas teorias deveriam abarcar ambos os pontos.

O estudo da vida primitiva apresenta um grande número de associações de tipo diferente, que não se explicam tão facilmente. Certos padrões de ideias associadas podem ser reconhecidos em todos os tipos de cultura.

Cores escuras e sentimentos depressivos estão estreitamente vinculados em nossa mente, ainda que não na mente de povos de cultura diferente. O ruído parece impróprio num ambiente de tristeza, embora entre os primitivos o ruidoso lamento de quem perdeu um ente querido ou acompanha um funeral seja a expressão natural da dor. A arte decorativa serve para agradar a vista; no entanto, um desenho como o da cruz conservou seu significado simbólico.

Em geral, tais associações entre grupos de ideias aparentemente desconexas são pouco frequentes na vida civilizada. Que elas uma vez existiram, demonstram-no os testemunhos históricos e também certas sobrevivências nas quais as velhas ideias desapareceram, enquanto as formas exteriores perduram. Na cultura primitiva estas associações ocorrem em grande quantidade. Para analisá-las poderíamos começar com exemplos que têm suas analogias em nossa própria civilização, e que, portanto, são facilmente inteligíveis para nós.

O domínio mais extenso de tais costumes é o do ritual. Acompanhando ações importantes aparecem numerosas formas rituais fixas que não têm nenhuma relação com o ato em si, mas são aplicadas formalmente em muitas situações. Para nossa consideração presente, seu significado original carece de interesse. Muitas são tão velhas que sua origem deve ser buscada na Antiguidade ou mesmo em tempos pré-históricos. Em nossos dias, o domínio do ritual é restrito, mas na cultura primitiva impregna a totalidade da vida. Nenhum ato de certa importância pode ser executado sem que venha acompanhado por ritos estabelecidos de forma mais ou menos elaborada. Tem-se comprovado em muitos casos que os ritos são mais estáveis que suas explicações; que eles simbolizam ideias diferentes entre pessoas diferentes e em épocas diferentes. A diversidade de ritos é tão grande, e sua existência tão universal, que podemos encontrar aqui a maior variedade possível de associações.

Este ponto de vista pode se aplicado a muitos dos traços mais fundamentais da vida primitiva, cujo surgimento e história se tornam mais facilmente inteligíveis quando os consideramos devidos a associações entre pensamentos e atividades heterogêneos.

Em nossa sociedade moderna, exceto entre os adeptos da ainda florescente astrologia, a consideração dos fenômenos cósmicos é constantemente associada aos esforços por dar-lhes explicações convenientes, baseadas no princípio da causalidade. Na sociedade primitiva, a consideração dos mesmos fenômenos leva a inúmeras associações típicas diferentes das nossas, mas que ocorrem com notável regularidade entre tribos das mais remotas partes do mundo. Um excelente exemplo deste tipo é a regular associação de observações relativas aos fenômenos cósmicos com acontecimentos puramente humanos; em outras palavras, o surgimento de mitos da natureza. O traço característico dos mitos da natureza é a associação entre os acontecimentos cósmicos observados e o que se poderia chamar de trama novelesca baseada na forma de vida social com que as pessoas estão familiarizadas. A trama como tal poderia igualmente desenvolver-se como um relato da aventura humana. Sua associação com os corpos celestes, os trovões ou os ventos a converte num mito da natureza. A distinção entre lenda popular e mito da natureza reside na associação do último com fenômenos cósmicos. Esta associação não se desenvolve naturalmente na sociedade moderna. Se ainda se encontra de vez em quando, está baseada na sobrevivência do mito tradicional da natureza. Na sociedade primitiva, por outro lado, é encontrada constantemente. A investigação do motivo desta associação é um problema muito atraente, cuja solução só pode ser conjeturada em parte.

Muitos outros exemplos demonstrarão que o tipo de associação a que nos referimos é extremamente comum na vida primitiva. Um excelente exemplo nos é oferecido por certas características da arte decorativa primitiva. Entre nós o propósito da arte decorativa é quase só estético. Desejamos embelezar os objetos que são decorados. Reconhecemos uma certa conveniência dos motivos decorativos de acordo com seu efeito emocional e com os usos a que se destinam os objetos decorados. Na vida primitiva as condições são muito diferentes. Extensas pesquisas sobre a arte decorativa em todos os continentes revelaram que muitíssimas vezes se atribui facilmente ao desenho decorativo um sentido simbólico. Entre muitas tribos primitivas pode-se dar alguma explicação para os desenhos em uso. Em certos casos, o significado simbólico pode ser excessivamente tênue, talvez apenas um nome, outras vezes é altamente elaborado. Os desenhos triangulares e quadrangulares dos índios das planícies norte-americanas, por exemplo, contêm frequentemente significados simbólicos. Podem ser narrações de proezas de guerra, podem ser orações, ou podem transmitir de alguma forma outras ideias relativas ao sobrenatural. Pareceria quase que, entre muitas tribos primitivas, a arte decorativa por si mesma não existe. As únicas analogias na arte decorativa moderna são, por exemplo, o uso da bandeira, da cruz ou dos emblemas de sociedades secretas com propósitos decorativos; mas sua frequência é insignificante se comparada com as tendências simbólicas gerais da arte primitiva. Temos aqui outro tipo de associação característico da sociedade primitiva e completamente diferente do que encontramos entre nós. Entre os primitivos o motivo estético se combina com o simbólico, enquanto na vida moderna o motivo estético ou é completamente independente ou é associado a ideias utilitaristas. A arte simbólica moderna parece ineficaz porque em nossa cultura não possuímos nenhum estilo de simbolismo geralmente reconhecido, e um simbolismo individual resulta ininteligível para todos, menos para seu criador.

Na costa americana banhada pelo Pacífico norte, o desenho animal, que se encontra em muitas outras partes do mundo, associou-se firmemente com a ideia totêmica e levou a uma aplicação sem precedentes dos motivos animais. Isto pode também ter ajudado a preservar o caráter realista dessa arte (BOAS, 1927). Entre os sioux, a alta estima pela bravura militar e o hábito de explorar as façanhas de guerra diante da tribo foram as causas que levaram os homens a associar a decoração de suas roupas com eventos bélicos, de modo que entre eles desenvolveu-se um simbolismo militar, enquanto as mulheres da mesma tribo explicam o mesmo desenho de maneira inteiramente diferente (WISSLER, 1904). Neste último caso não temos maior dificuldade em seguir a linha de pensamento que leva à associação entre formas de decoração e ideias militares, ainda que em geral a nossa mente exija um esforço muito mais consciente que a do ser humano primitivo. O próprio fato de que a ocorrência do simbolismo decorativo seja tão difundida mostra que esta associação deve estabelecer-se automaticamente e sem raciocínio consciente.

Poder-se-ia objetar que o que chamamos de associações são, na realidade, sobrevivências de unidades muito mais antigas; que todo mito da natureza foi, em sua origem, um relato ligado a fenômenos naturais; que a arte decorativa foi veículo de expressão de ideias definidas; ou que a imaginação do ser humano primitivo viu os fenômenos naturais na forma de ações e do destino humano e que as antigas formas representativas tornaram-se simbólicas ao longo do tempo. Uma vez que, de acordo com nossos argumentos anteriores, concluímos que as atividades mentais de todos os primitivos são essencialmente semelhantes, seguir-se-á que estas tendências ainda podem ser observadas.

A experiência demonstra que não existe tal unidade original subjacente aos relatos míticos ou à arte decorativa. Não há relação firme entre os conteúdos de um relato e o fenômeno natural que ele representa. Tampouco existe tal relação entre a forma decorativa e seu simbolismo.

Assim o evidencia o estudo da migração dos relatos e estilos artísticos. O caráter simbólico da arte decorativa não impede a difusão de desenhos ou de todo um estilo de um povo a outro. Foi o que aconteceu, por exemplo, entre as tribos de nossas planícies do noroeste, que copiaram grande parte de sua arte de seus vizinhos mais ao sul, mas não adotaram ao mesmo tempo suas interpretações simbólicas. Eles inventaram suas próprias interpretações.

Um exemplo desta natureza é o triângulo isósceles, de cuja base descem diversas linhas verticais curtas. No árido sudoeste ele é interpretado como uma nuvem da qual se precipita a desejada chuva; entre as tribos nômades das planícies é uma tenda com seus pinos prendendo ao solo o toldo protetor; entre outras tribos é uma montanha de cujo sopé nascem diversos mananciais; na costa do Alasca representa a pata de um urso com suas garras. Podemos citar exemplos semelhantes de outras regiões, como as espirais da Sibéria, que são reinterpretadas como cabeças de pássaro pelo gilyak (LAUFER, 1902) e como cascos de cavalo pelo yakut (JOCHELSON, 1906). O Y entalhado, que serve de ornamento entre os esquimós, foi transformado numa cauda de baleia alargando-lhe a base e braços, ou numa flor pelo acréscimo de pequenos círculos nas pontas dos braços.

Presumo que a explicação dos desenhos decorativos adotados foi o resultado de um processo que se iniciou quando os modelos foram considerados agradáveis e belos e passaram a ser imitados. De acordo com os interesses culturais prevalecentes, esperava-se e foi encontrada uma interpretação em harmonia com o tipo de pensamento da tribo. Em todos esses casos, o desenho decorativo deve ser mais antigo que sua interpretação.

A mitologia primitiva oferece um exemplo semelhante. O mesmo tipo de relatos é comum em áreas extensas, mas o uso mitológico que deles se faz varia muito de acordo com os lugares. Assim, algumas vezes uma aventura vulgar referente às proezas de algum animal pode ser usada para explicar algumas de suas características particulares, enquanto em outras ocasiões é usada para explicar a origem de certos costumes ou de constelações do céu. T.T. Waterman reuniu numerosos dados desta natureza. A história da mulher que se tornou a mãe de uma ninhada de cachorros é um exemplo típico. Entre os esquimós esta história explica a origem dos europeus; no sul do Alasca explica a origem da Via Láctea, do arco-íris e das tempestades acompanhadas de trovões; na Ilha de Vancouver explica a origem de diversos arrecifes; e, entre outros ainda, explica a origem da tribo. No interior da Colúmbia Britânica explica a origem de um tabu; mais ao norte explica a origem de Orion e as características de várias espécies de animais; entre os blackfoot explica a origem da sociedade canina; e entre os arapaho explica por que o cachorro é amigo do homem. Exemplos desta natureza podem ser encontrados em grande quantidade. Não tenho a menor dúvida de que o relato como tal é mais antigo que sua significação mitológica. O traço característico do desenvolvimento do mito da natureza é, primeiramente, que o relato está associado a tentativas de explicar as condições cósmicas (a isto já nos referimos anteriormente); e, em segundo lugar, que, quando o ser humano primitivo tornou-se consciente do problema cósmico, esquadrinhou todo o campo de seus conhecimentos até encontrar algo que pudesse ajustar-se ao problema em questão, dando uma explicação satisfatória à sua mente. Enquanto a classificação dos conceitos, os tipos de associação e a resistência a mudar os atos automáticos se desenvolveram inconscientemente, as explicações secundárias devem-se ao raciocínio consciente.

Vou dar mais outro exemplo de uma forma de associação característica da sociedade primitiva. Na sociedade moderna, a organização social, incluído o agrupamento das famílias, está baseada essencialmente no parentesco de sangue e nas funções sociais desempenhadas por cada indivíduo. Exceto na medida em que a Igreja se incumbe do nascimento, casamento e morte, não há conexão entre organização social e crença religiosa. Estas condições são completamente diferentes na sociedade primitiva, onde encontramos uma inextrincável associação de ideias e costumes relacionados com a sociedade e a religião. Assim como na arte a forma tende a associar-se com ideias inteiramente estranhas a ela, assim o grupo social tende a associar-se com diversas impressões da natureza, particularmente com as divisões do mundo animal. Esta forma de associação me parece o traço fundamental do totemismo tal como se o observa entre muitas tribos americanas, e também na Austrália, na Melanésia e na África. Mencionei anteriormente seu traço característico, que consiste numa conexão peculiar supostamente existente entre certa categoria de objetos, geralmente animais, e certo grupo social, relação válida para um grupo, mas substituída em outros por outra relação, diferente no conteúdo, mas idêntica na forma. Com frequência o grupo social relacionado com o mesmo totem está composto por parentes consanguíneos, verdadeiros ou supostos. Por esta razão, as regras matrimoniais estão frequentemente implicadas em costumes e crenças relativas ao totemismo. Ademais, a relação do ser humano com a respectiva categoria de objetos ou animais recebe frequentemente um sentido religioso, de modo que a cada grupo são atribuídos certos poderes ou incapacidades sobrenaturais relacionadas com seu totem. Que tais sentimentos não são absolutamente improváveis ou mesmo raros, mostra-o suficientemente uma análise psicológica das atitudes da alta nobreza europeia ou os sentimentos nacionais em sua forma extrema. Não é, de forma alguma, difícil compreender como um entusiasmo arrogante de autoestima de uma comunidade pode transformar-se numa poderosa emoção ou numa paixão que, por falta de explicação racional do mundo, tenderá a associar os membros da comunidade com tudo o que é bom e poderoso. Do ponto de vista psicológico, portanto, podemos comparar o totemismo com essas formas familiares de sociedade em que certas classes sociais reclamam privilégios pela graça de Deus, ou onde o santo padroeiro de uma comunidade favorece seus membros com sua proteção. Apesar destas formas análogas, é difícil para nós entender a riqueza de formas de associações que ocorrem na sociedade primitiva, pois este tipo de pensamento perdeu muito de sua força em nossa civilização.

O desenvolvimento da arte moderna nos revela, ao menos em parte, de que modo surgem tais associações. A música descritiva dos tempos modernos acusa um vivo contraste com a música do século XVIII. Esta última era uma música de beleza formal. Existia essencialmente em função da música exclusivamente ou da música e dança. A música moderna, por sua vez, associa os elementos musicais com elementos tomados de experiências inteiramente alheias ao domínio da música.

Todas estas considerações indicam que a separação destes fenômenos complexos não se deve a uma desintegração das antigas unidades; que, por exemplo, a arte e o simbolismo, a narração e o mito estiveram, em sua origem, unidos indissoluvelmente; que, pelo contrário, os diversos grupos de ideias e atividades existiram sempre em mútua conexão, mas suas associações estiveram em fluxo constante.

Seja qual for a forma como ocorreram estas associações, não há dúvida de que elas existem e de que, psicologicamente consideradas, são da mesma natureza que as analisadas anteriormente, e que a mente raciocinante do ser humano logo perdeu o fio histórico e reinterpretou os costumes estabelecidos de acordo com a tendência geral de pensamento da sua cultura. Justifica-se, pois, concluir que estes costumes também devem ser estudados pelo método histórico, porque provavelmente suas associações presentes não são originais e sim secundárias.

Talvez seja temerário discutir no momento atual a origem destes tipos de associação. Contudo, pode ser lícito deter-nos em observar alguns dos fatos mais generalizados que parecem caracterizar a cultura primitiva, quando comparada com a civilização. Do nosso ponto de vista, o traço mais notável da cultura primitiva é o grande número de associações de grupos de fenômenos inteiramente heterogêneos, tais como fenômenos naturais e estados emocionais, agrupamentos sociais e conceitos religiosos, arte decorativa e interpretação simbólica. Estas associações tendem a desaparecer com a aproximação da nossa civilização atual, ainda que uma análise cuidadosa revele a persistência de muitas delas, e a tendência de cada ato automático a estabelecer suas próprias associações de acordo com as situações mentais em que este ocorre regularmente. A melhor maneira de expressar uma das grandes mudanças ocorridas talvez seja afirmar que na cultura primitiva as impressões do mundo exterior estão intimamente associadas a impressões subjetivas, que elas evocam regularmente, mas que estão determinadas em considerável medida pelas circunstâncias sociais do indivíduo. Pouco a pouco se reconhece que estas conexões são mais instáveis que outras que permanecem iguais para toda a humanidade e em todas as formas de circunstâncias sociais; e assim sobrevém a gradual eliminação de uma associação subjetiva após a outra, o que culmina no método científico do momento atual. Também podemos expressar isto dizendo que, quando nossa atenção se dirige a um certo conceito guarnecido de toda uma orla de conceitos incidentes relacionados com ele, *nós* imediatamente o associamos com aquele grupo representado pela categoria da causalidade. Quando o mesmo conceito aparece na mente do ser humano primitivo, ele se associa com os conceitos relacionados a ela por estados emocionais.

Se isto é verdade, então as associações da mente primitiva são heterogêneas e as nossas são homogêneas e consistentes só a partir do nosso próprio ponto de vista. Para a mente do ser humano primitivo, somente suas próprias associações podem ser racionais. As nossas devem parecer-lhe exatamente tão heterogêneas como as suas parecem heterogêneas a nós, porque a conexão entre os fenômenos do mundo, como este aparece depois que as associações emocionais foram eliminadas por um sempre maior conhecimento, não existe para *ele*, enquanto nós já não conseguimos mais sentir as associações subjetivas que governam a mente dele.

Esta singularidade de associação é também outra expressão do conservadorismo da cultura primitiva e da mutabilidade de muitos traços de nossa civilização. Procuramos demonstrar que a resistência à mudança se deve, em grande parte, a fontes emocionais e que na cultura primitiva as associações emocionais são do tipo prevalecente: daí a resistência ao novo. Em nossa civilização, por outro lado, muitas ações são executadas simplesmente como um meio para um fim racional. Não penetram em nossa mente com suficiente profundidade para estabelecer conexões que lhes confeririam valores emocionais: daí a nossa fácil disposição para a mudança. Reconhecemos, no entanto, que não podemos refazer, sem séria resistência emocional, nenhuma das linhas fundamentais de pensamento e ação que são determinadas por nossa primeira educação e formam a base subconsciente de todas as nossas atividades. Demonstra-o a atitude das comunidades civilizadas para com a religião, a política, a arte e os conceitos fundamentais da ciência.

No indivíduo comum entre as tribos primitivas, o raciocínio não consegue superar esta resistência emocional e requer, portanto, para provocar a mudança, uma destruição, mediante instrumentos mais poderosos, das associações emocionais existentes. Isto pode ocorrer como consequência de algum acontecimento que comova profundamente a mente do povo, ou por mudanças econômicas e políticas contra as quais a resistência é impossível. Na civilização existe uma constante disposição a modificar aquelas atividades que carecem de valor emocional. Isto vale não só para as atividades orientadas para fins práticos, mas também para outras que perderam suas associações e que ficaram sujeitas à moda. Contudo, permanecem outras que são conservadas com grande tenacidade e que se mantêm contra todos os argumentos, porque sua força radica em seus valores emocionais. A história do progresso da ciência oferece uma série de exemplos da capacidade de resistência que possuem as velhas ideias, ainda depois que o crescente conhecimento do mundo minou o terreno em que se apoiavam. Sua derrocada só acontece depois de surgir uma nova geração para a qual o antigo já não significa algo querido e próximo.

Além disso, existem milhares de atividades e maneiras de pensar que constituem nossa vida diária – das quais só tomamos consciência quando entramos em contato com outros tipos de vida, ou quando somos impedidos de agir conforme o nosso costume – que não podem de modo algum ser consideradas mais razoáveis do que outras e às quais, no entanto, nos agarramos. Estas atividades e maneiras de pensar, ao que parece, dificilmente são menos numerosas na cultura civilizada do que na cultura primitiva, porque constituem toda a série de hábitos arraigados de acordo com os quais são executadas as ações necessárias da vida cotidiana, e que são aprendidos não tanto por instrução quanto por imitação.

Podemos expressar estas conclusões também de outra forma. Enquanto nos processos lógicos encontramos uma decidida tendência a, com o progresso da civilização, eliminar os elementos tradicionais, não é possível encontrar uma diminuição tão acentuada na força dos elementos tradicionais em nossas atividades. Estas são governadas pelo costume entre nós quase tanto como o são entre os seres humanos primitivos. Já vimos por que deve ser assim. Os processos mentais que intervêm na formação dos juízos baseiam-se em grande parte em associações com juízos anteriores. Este processo de associação é o mesmo entre os primitivos como entre os civilizados e a diferença consiste em grande parte na modificação do material tradicional com que se amalgamam nossas novas percepções. No caso das atividades, as condições são um tanto diferentes. Aqui a tradição se manifesta numa ação executada pelo indivíduo. Quanto mais frequentemente se repetir esta ação, tanto mais firmemente ela se fixará e tanto menor será o equivalente consciente que acompanha a ação; de modo que os atos habituais repetidos com muita frequência se tornam completamente subconscientes. Paralelamente a esta diminuição da consciência, ocorre um aumento no valor emocional da omissão de tais atividades, e mais ainda da execução de ações contrárias ao costume. Requer-se uma maior força de vontade para inibir uma ação que se tornou bem arraigada e, combinados com este esforço da força de vontade, estão sentimentos de intenso desagrado.

Assim, uma importante mudança da cultura primitiva para a civilização parece consistir na eliminação gradual do que se poderia chamar de associações emocionais e socialmente determinadas de impressões sensoriais e de atividades, que são paulatinamente substituídas por associações intelectuais. Este processo é acompanhado por uma perda de conservadorismo, que porém não se estende ao campo das atividades habituais que não chegam ao plano consciente, e só em escassa medida àquelas generalizações que constituem a base de todo o conhecimento ministrado no decurso da educação.

13
O problema racial na sociedade moderna

Até a primeira década do século XX a opinião de que a raça determina a cultura havia sido, ao menos na Europa, antes um objeto de especulação de historiadores e sociólogos amadores do que um fundamento de política pública. Desde então foi se difundindo entre as massas. Lemas como "o sangue é mais espesso que a água" são expressões de seu novo apelo emocional. O antigo conceito de nacionalidade recebeu um sentido novo mediante a identificação da nacionalidade com a unidade racial e a suposição de que as características nacionais se devem à origem racial. É particularmente interessante destacar que, no movimento antissemita ocorrido na Alemanha de 1880, não foi o judeu como membro de uma raça estranha quem esteve sujeito a ataques, mas o judeu não assimilado à vida nacional alemã. A política atual da Alemanha fundamenta-se em razões completamente diferentes, pois supõe que cada pessoa tem um caráter definido e inalterável de acordo com sua origem racial e isto determina seu *status* político e social. As condições são inteiramente análogas ao *status* atribuído ao negro no passado, quando a libertinagem, a indolência, a preguiça e a falta de iniciativa eram consideradas qualidades racialmente determinadas e ineludíveis de todos os negros. É um curioso espetáculo observar como os cientistas sérios, sempre que gozam de plena liberdade de expressão, foram geralmente abandonando a teoria de que a raça determina o *status* mental, excetuados, contudo, aqueles biólogos que não têm nenhum apreço pelos fatores sociais porque estão cativados pelo aparente determinismo hereditário das formas morfológicas, enquanto no público não informado, ao qual infelizmente pertence um bom número de poderosos políticos europeus, o preconceito racial fez e ainda está fazendo progressos irrefreados. Creio que seria um erro supor que estamos livres desta tendência: as restrições impostas sobre os membros de determinadas "raças" – limitando seus direitos de possuir bens imóveis, morar em apartamentos, pertencer a clubes, frequentar hotéis e lugares de veraneio, ingressar em escolas e universidades – mostram pelo menos que não existe nenhum declínio dos velhos preconceitos contra os negros, os judeus, os russos, os armênios ou quem quer que seja. A desculpa de que estas exclusões são impostas por fatores econômicos ou pelo temor de afastar das escolas ou universidades outros grupos sociais é apenas o reconhecimento de uma atitude amplamente difundida.

Talvez convenha repetir aqui, de forma bem resumida, os erros subjacentes à teoria de que a origem racial determina a conduta mental e social. O termo raça, aplicado aos tipos humanos, é vago. Pode ter uma significação biológica somente quando uma raça representa um grupo uniforme, quase sem mescla exterior alguma, em que todas as linhagens familiares são semelhantes – como nas raças puras de animais domesticados. Estas condições jamais se verificam nos tipos humanos e são impossíveis em grandes populações. As pesquisas dos traços morfológicos demonstram que as linhagens genéticas extremas representadas numa assim chamada população pura são tão diferentes que, se encontradas em diferentes localidades, seriam consideradas como raças distintas, enquanto as formas médias são comuns a raças que habitam territórios adjacentes, excetuada a ocorrência de pequenos grupos que podem ter-se conservado sem mescla por séculos. Se os defensores das teorias raciais demonstram que um certo tipo de conduta é hereditário e desejam explicar, desta forma, que ele corresponde a um tipo racial, deveriam provar que essa classe particular de conduta é característica de todas as linhagens genéticas componentes da raça e que não ocorrem variações consideráveis na conduta das diferentes linhagens genéticas componentes da raça. Esta prova nunca foi apresentada e todos os fatos conhecidos contradizem a possibilidade de uma conduta uniforme de todos os indivíduos e linhagens genéticas componentes da raça.

Ademais, esses defensores das teorias raciais não veem que os numerosos tipos constitucionais distintos que formam uma raça não podem ser considerados absolutamente permanentes, mas as reações fisiológicas e psicológicas do corpo estão em contínuo estado de fluidez de acordo com as circunstâncias exteriores e interiores em que se encontra o organismo.

Além disso, as variadas reações do organismo não *criam* uma cultura, mas *reagem* a ela. Em virtude das dificuldades envolvidas no definir a personalidade e separar os elementos endógenos e exógenos que a constituem, é tarefa árdua medir a gama de variação das personalidades biologicamente determinadas dentro de uma raça. Os elementos endógenos só podem ser aqueles determinados pela estrutura e afinidade química do corpo e estas revelam um vasto leque de variações dentro de cada raça. Não é possível afirmar que uma raça seja, de alguma forma, idêntica a uma personalidade.

Não é difícil demonstrar que a identificação das características de um indivíduo com as supostas características típicas do grupo ao qual ele pertence implica uma atitude mental primitiva muito generalizada. Esta atitude sempre encontrou expressão na proibição do casamento entre membros de diferentes grupos e na substituição de uma diferença sociológica por uma suposta diferença biológica. Exemplos disto são, particularmente, as leis que proíbem o casamento entre membros de diferentes denominações religiosas.

A diversidade de tipos locais observados na Europa é o resultado da mescla dos diversos tipos mais antigos que viveram no continente. Já que desconhecemos as leis da miscigenação, é impossível reconstruir os antigos tipos constitutivos mais puros, se é que existiram (cf. p. 54). Não podemos supor, com base numa baixa variabilidade, que um tipo seja puro, porque sabemos que alguns tipos mesclados são extraordinariamente uniformes. Isto foi mostrado a respeito dos mulatos americanos, dos índios dakota, e é bastante provável acerca da população citadina da Itália (HERSKOVITIS, 1930; SULLIVAN, 1920; BOAS, 1894; BOAS & BOAS, 1913). Também não é certo até que ponto elementos exógenos podem ser parcialmente determinantes de tipos locais ou de que maneira a seleção social pode ter atuado sobre uma população heterogênea. Em resumo, não temos nenhuma maneira de identificar um tipo puro. Deve-se recordar que, embora, por endogamia num pequeno grupo local, as linhagens familiares possam chegar a se parecer, isto não prova a pureza do tipo, porque é possível que as próprias formas dos antepassados tenham sido mescladas.

Prescindindo destas considerações teóricas, podemos perguntar de que tipo de provas dispomos para sustentar que existe alguma raça pura na Europa, ou mesmo em qualquer parte do mundo. Os tipos nacionais europeus não são certamente de sangue puro. Basta olhar um mapa ilustrativo dos tipos raciais de qualquer país europeu – a Itália, por exemplo – para perceber que a divergência local é o traço característico e a uniformidade de tipos é a exceção. Assim, o Dr. Ridolfo Livi, em suas fundamentais pesquisas sobre a antropologia da Itália, mostrou que os tipos do extremo norte e os do extremo sul são completamente distintos; aqueles são altos, de cabeça curta, com uma considerável proporção de indivíduos loiros e de olhos azuis; estes são baixos, de cabeça alongada e extraordinariamente morenos. A transição de um tipo a outro é, no conjunto, muito gradual; porém, como ilhas solitárias, aparecem aqui e ali tipos diferentes. A região de Lucca, na Toscana, e o distrito de Nápoles, são exemplos desta natureza, que podem ser explicados como devidos à sobrevivência de uma linhagem mais antiga, à intrusão de novos tipos ou a uma influência peculiar do meio ambiente.

Os testemunhos históricos harmonizam-se inteiramente com os resultados derivados da pesquisa sobre a distribuição dos tipos modernos. Nos tempos mais remotos encontramos na península da Itália grupos de pessoas heterogêneas, cujos parentescos linguísticos em muitos casos permanecem obscuros até o momento atual. Desde os tempos pré-históricos mais remotos, vemos diferentes povos invadirem a Itália, em vagas sucessivas, a partir do norte. Numa época bem antiga os gregos fixaram-se na maior parte da Itália meridional e a influência fenícia se estabeleceu firmemente na costa oeste da península. Existiu um ativo intercâmbio entre a Itália e o norte da África. Escravos de sangue berbere foram importados e deixaram seus vestígios. O comércio de escravos continuou introduzindo sangue novo no país até tempos bem recentes e Livi acredita poder identificar o tipo de escravos da Crimeia que foi introduzido na região de Veneza nos fins da Idade Média. No decorrer dos séculos as migrações das tribos célticas e teutônicas, as conquistas dos normandos, o contato com a África, deram sua contribuição à mescla de povos na península itálica.

O destino de outras partes da Europa não foi menos diversificado. A península pirenaica, que durante os últimos séculos foi uma das partes mais isoladas da Europa, teve uma história sumamente variegada. Os habitantes mais antigos de que temos conhecimento eram presumivelmente aparentados com os bascos dos Pireneus. Estes estiveram submetidos a influências orientais no período pré-micênico, à conquista púnica, às invasões célticas, à colonização romana, às invasões teutônicas, à conquista mourisca e mais tarde ao peculiar processo seletivo que acompanhou a expulsão de mouros e judeus.

A Inglaterra não esteve isenta de vicissitudes desta natureza. Parece admissível que, num período muito remoto, o tipo que agora se encontra principalmente em Gales e em algumas partes da Irlanda ocupava a maior parte das ilhas. Foi levado de roldão por ondas sucessivas de migração celta, romana, anglo-saxônica e escandinava. Assim, encontramos mudanças por toda parte.

A história das migrações dos godos e as invasões dos hunos, que no curto intervalo de um século transladaram seu domicílio dos confins da China para o coração da Europa, são outras tantas provas das enormes mudanças ocorridas na população em tempos antigos.

A colonização lenta também produziu mudanças fundamentais no sangue, bem como na difusão de línguas e culturas. Talvez o mais notável exemplo recente desta mudança seja a gradual germanização da região ao leste do Rio Elba, onde depois das migrações teutônicas haviam-se estabelecido povos que falavam línguas eslavas. A absorção gradual das comunidades celtas e dos bascos, a grande colonização romana na Antiguidade, e mais tarde a conquista árabe do norte da África, são exemplos de processos semelhantes.

Em tempos remotos a miscigenação não se limitava de modo algum a povos que, embora de idiomas e culturas diversos, eram de tipo claramente uniforme. Pelo contrário, os tipos mais diversos do sul, do norte, do leste e do oeste da Europa, para não mencionar os elementos que inundaram a Europa a partir da Ásia e da África, participaram neste contínuo e longo processo de miscigenação. Comprovou-se também, por meio de exame físico bem como por análise de sangue, que a origem dos judeus tem um algo grau de mistura (BRUTZKUS, 1937).

Na Europa, a crença em qualidades mentais hereditárias dos tipos humanos encontra expressão principalmente na mútua avaliação das conquistas culturais das nações. Na Alemanha dos dias atuais o ódio do governo contra os judeus é uma recaída em formas mais grosseiras destas crenças.

Já que não conseguimos estabelecer diferenças organicamente determinadas nas faculdades mentais das diversas raças, diferenças às quais se pudesse atribuir alguma importância em comparação com as diferenças encontradas nas linhagens genéticas que compõem cada raça, e já que, além disso, vimos que as alegadas diferenças específicas entre as culturas de diferentes povos devem ser reduzidas a qualidades mentais comuns a toda a humanidade, podemos concluir que não é necessário entrar numa discussão de supostas diferenças hereditárias nas características mentais dos diversos ramos da raça branca. Muito foi dito e escrito sobre o caráter hereditário dos italianos, dos alemães, dos franceses, dos irlandeses, dos judeus e dos ciganos, mas parece-me que não se obteve o menor sucesso na tentativa de estabelecer outras causas para a conduta de um povo que não as condições históricas e sociais; e penso que é pouco provável que isso possa acontecer algum dia. Um exame imparcial dos fatos mostra que a crença em características raciais hereditárias e o cioso cuidado pela pureza da raça fundamentam-se na suposição de condições inexistentes. Desde tempos muito antigos não existem raças puras na Europa e jamais se comprovou que a contínua miscigenação tenha provocado deterioração. Quase com a mesma facilidade se poderia sustentar e provar mediante testemunhos igualmente válidos – ou melhor, inválidos – que povos que não tiveram mescla de sangue estrangeiro careceram de estímulo para o progresso cultural e se tornaram decadentes. A história da Espanha, ou, fora da Europa, a história das aldeias remotas do Kentucky e do Tennessee, poderiam ser apontadas como exemplos notáveis.

Não é possível discutir os verdadeiros efeitos da mescla racial por meio de considerações históricas gerais. Os partidários da crença – pois não é mais que isso – de que os grupos de cabeça alongada perdem sua superioridade física e mental pela mescla com os de cabeça redonda, jamais ficarão satisfeitos com uma prova da improbabilidade e impossibilidade de demonstrar suas crenças favoritas, pois a opinião contrária tampouco pode ser provada por métodos rígidos. O verdadeiro curso da mescla racial na Europa nunca será conhecido com precisão. Nada sabemos sobre o número relativo e a composição das linhagens mescladas e das linhagens "puras"; nem tampouco sobre a história das famílias mescladas. Evidentemente, não se pode resolver a questão com base em dados históricos, mas é indispensável o estudo de material estritamente comprovado que estabeleça os movimentos da população. Com tudo isso, não existe no âmbito dos fatos históricos conhecidos nada que sugira que a conservação da pureza racial assegure um alto desenvolvimento cultural; doutro modo, deveríamos esperar encontrar o mais alto nível de cultura em toda pequena e isolada comunidade aldeã.

Nos tempos modernos amplas mesclas entre diferentes nacionalidades, envolvendo migração de grandes massas de um país para outro, são raras na Europa. Ocorrem quando o rápido crescimento de uma indústria numa determinada localidade atrai trabalhadores. Foi assim a origem de uma grande comunidade polonesa no distrito industrial da Vestfália. O atual terrorismo político contra os opositores políticos na Rússia, na Itália, na Alemanha e em outros países e a perseguição aos judeus na Alemanha levaram também a migrações, mas estes são fenômenos menores se comparados com a migração ultramarina da Europa para a América, a África do Sul e a Austrália. O desenvolvimento da nação americana em consequência da fusão de diversas nacionalidades europeias, a presença de negros, índios, japoneses e chineses e toda a crescente heterogeneidade dos elementos constitutivos de nosso povo envolvem diversos problemas, para cuja solução nossas pesquisas contribuem com dados importantes.

Nossas considerações anteriores tornam claro o caráter hipotético de muitas das teorias geralmente aceitas e indicam que nem todas as questões implicadas podem ser resolvidas atualmente com exatidão científica. É decepcionante termos que adotar esta atitude crítica, porque a questão política de lidar com todos estes grupos de pessoas é de grande e imediata importância. Contudo, ela deveria ser solucionada com base em conhecimento científico e não de acordo com o clamor emocional. Nas condições atuais, parece que somos chamados a formular respostas precisas a questões que requerem a mais conscienciosa e imparcial pesquisa; e quanto mais urgente é a demanda de conclusões definitivas, tanto mais necessário é um exame crítico dos fenômenos e dos métodos de solução disponíveis.

Comecemos por recordar primeiramente os fatos relativos às origens de nossa nação. Quando os imigrantes britânicos chegaram à costa atlântica da América do Norte, encontraram um continente habitado por índios. A população do país era esparsa, e foi desaparecendo rapidamente diante da afluência dos europeus, mais numerosos. O estabelecimento dos holandeses no Hudson, dos alemães na Pensilvânia, para não falar de outras nacionalidades, é um fato familiar a todos nós. Sabemos que os fundamentos de nosso Estado moderno foram lançados pelos espanhóis no sudoeste, pelos franceses na bacia do Mississipi e na região dos Grandes Lagos, mas que a imigração britânica superou grandemente em número a de outras nacionalidades. O elemento indígena nunca desempenhou um papel importante na composição de nosso povo, exceto por breves períodos. Nas regiões onde durante muito tempo a colonização cresceu exclusivamente graças à imigração de homens solteiros de raça branca, as famílias de sangue mesclado tiveram certa importância no período gradual de desenvolvimento, mas nunca, em nenhuma parte populosa dos Estados Unidos, chegaram a ser suficientemente numerosas para serem consideradas um elemento importante de nossa população. Sem dúvida alguma, corre sangue índio pelas veias de bom número de nossos cidadãos, mas a proporção é tão insignificante que pode muito bem ser desconsiderada.

Muito mais importante foi a introdução do negro, cujo número multiplicou-se a tal ponto que constitui hoje cerca de um décimo de nossa população total.

Mais recente é o problema da imigração de pessoas de todas as nacionalidades da Europa, Ásia Ocidental e do norte da África. Enquanto até bem adentro da segunda metade do século XIX os imigrantes eram quase exclusivamente pessoas do noroeste da Europa – naturais da Grã-Bretanha, da Escandinávia, da Alemanha, da Suíça, da Holanda, da Bélgica e da França – a composição das massas imigrantes mudou totalmente desde essa época. Italianos, os vários povos eslavos do império austríaco, da Rússia e da península dos Bálcãs, húngaros, romenos, judeus do leste da Europa, para não mencionar as numerosas outras nacionalidades, têm chegado em número cada vez maior. Por certo espaço de tempo pareceu provável que a imigração de nações asiáticas seria importante no desenvolvimento de nosso país. Não há dúvida de que estes povos do leste e do sul da Europa representam tipos físicos distintos do tipo físico do noroeste da Europa; e é evidente, mesmo para o observador mais descuidado, que seus padrões sociais presentes diferem fundamentalmente dos nossos.

Afirma-se frequentemente que o fenômeno da mescla oferecido pelos Estados Unidos é único; que nunca antes na história do mundo houve uma miscigenação semelhante; e que nosso país está destinado a se transformar no que alguns autores chamam de nação "mestiça", num sentido jamais igualado em nenhuma outra parte.

O período da imigração pode ser agora considerado encerrado, pois as condições econômicas e políticas presentes fizeram com que, em comparação com a população total, a imigração seja insignificante.

A história das migrações europeias, delineada acima, mostra que a moderna migração transatlântica apenas repete de forma moderna o que aconteceu na Antiguidade. As migrações anteriores ocorreram num período em que a densidade da população era comparativamente pequena. O número de indivíduos envolvidos na formação dos tipos modernos da Grã-Bretanha foi pequeno se comparado com os milhões que convergiram para formar uma nova nação nos Estados Unidos; e é óbvio que o processo de amalgamação que ocorre em comunidades cujos membros devem ser contados aos milhões é de natureza diferente do processo de amalgamação que ocorre em comunidades cujos membros podem ser contados aos milhares. Deixando de lado as barreiras sociais, que tanto em tempos antigos como também agora tendiam indubitavelmente a manter separados os povos que se entremesclavam, pareceria que nas comunidades mais populosas dos tempos modernos poderia ocorrer uma maior permanência dos diversos elementos que entram em combinação, devido a seu maior número, o que torna mais favoráveis as oportunidades de segregação.

Nas comunidades antigas e menores o processo de amalgamação deve ter sido extraordinariamente rápido. Uma vez eliminadas as barreiras sociais, o número de descendentes puros de um dos tipos componentes deve ter diminuído consideravelmente, e a quarta geração de um povo originariamente constituído por elementos diferentes deve ter sido quase homogênea.

Podemos descartar a suposição de um processo de mestiçagem na América diferente de tudo o que ocorreu durante milhares de anos na Europa. Tampouco é justificado supor que seja um fenômeno de miscigenação mais rápida do que aquele que predominou em épocas remotas. A diferença reside essencialmente nas massas de indivíduos envolvidos no processo.

Se, no momento, limitarmos nossa consideração à miscigenação de tipos europeus na América, ver-se-á com clareza, a partir do que foi dito antes, que a preocupação que muitos sentem a respeito da persistência da pureza racial de nossa nação é, em grande medida, imaginária.

Duas questões se destacam com singular relevo dentro do estudo das características físicas da população imigrante. A primeira é a questão da seleção dos imigrantes e da influência que o ambiente exerce sobre eles. A segunda é a questão do efeito da miscigenação.

Conseguimos projetar alguma luz sobre ambas as questões.

Descobrimos que, tanto no tocante à forma corporal como à conduta mental, os imigrantes estão sujeitos à influência de seu novo meio ambiente. Enquanto as causas das mudanças físicas e sua direção ainda são obscuras, mostrou-se que a conduta social e mental dos descendentes de imigrantes revelam, em todos os traços pesquisados, uma assimilação aos padrões americanos.

Foram obtidos também diversos dados significativos para uma melhor compreensão da mescla das raças. Recordemos que um dos mais eficazes agentes modificadores dos tipos humanos é a desintegração da continuidade das linhagens em pequenas comunidades por um processo de rápida migração, o que ocorre tanto na Europa como na América, mas com muito maior rapidez em nosso país, porque a heterogeneidade da origem dos habitantes é muito maior aqui do que na Europa moderna.

Não é possível determinar, no momento atual, o efeito que estes processos podem exercer sobre o tipo final e a variabilidade do povo americano, mas não há provas que nos induzam a esperar um *status* inferior dos novos tipos em desenvolvimento na América. Resta muita coisa a ser estudada nesse terreno; e, levando em consideração nossa falta de conhecimento dos dados mais elementares que determinam o resultado deste processo, penso que convém ser sumamente cautelosos em nossa argumentação e, em particular, abster-nos de quaisquer formulações sensacionalistas do problema, capazes de aumentar a predominante falta de serenidade em seu exame; tanto mais porque a resposta a estas questões diz respeito ao bem-estar de milhões de pessoas.

O problema é de tal natureza que a especulação sobre o mesmo é tão fácil como são difíceis os estudos exatos a seu respeito. Baseando nossos argumentos em analogias inadequadas com o mundo animal e com o mundo vegetal, podemos especular sobre os efeitos da miscigenação no desenvolvimento de novos tipos – como se a mescla que está ocorrendo na América fosse em algum sentido, exceto o sentido sociológico, diferente das mesclas que ocorreram na Europa durante milhares de anos; em busca de uma degradação geral, de uma reversão a remotos tipos ancestrais, ou para a evolução de um novo tipo ideal – segundo a fantasia ou a inclinação pessoal nos impulsione. Podemos estender-nos sobre o perigo de um iminente naufrágio do tipo europeu norte-ocidental, ou gloriar-nos com a possibilidade de seu predomínio sobre todos os demais. Não seria mais prudente pesquisar a verdade ou a falácia de cada teoria em vez de excitar a opinião pública abandonando-nos às fantasias de nossas especulações? Não nego que estas constituem uma ajuda importante para atingir a verdade, mas não devem ser divulgadas antes de terem sido submetidas a uma análise minuciosa, para que o público crédulo não confunda a fantasia com a verdade.

Se bem que eu não esteja em condições de predizer qual possa ser o efeito da mescla de tipos diferentes, confio que este importante problema possa ser resolvido se for abordado com suficiente energia e em escala suficientemente ampla. Uma pesquisa dos dados antropológicos de pessoas de diferentes tipos – levando em conta as semelhanças e dessemelhanças entre pais e filhos, a rapidez e o resultado final do desenvolvimento físico e mental das crianças, sua vitalidade, a fertilidade dos casamentos de diferentes tipos e em diferentes estratos sociais – deverá nos proporcionar, necessariamente, informações que nos permitirão responder a estas importantes questões de forma nítida e conclusiva.

O resultado final da mescla de raças dependerá, sem dúvida, da fertilidade da atual população nativa e dos imigrantes mais recentes. É natural que nas grandes cidades, onde as nacionalidades se separam em diversos bairros, continue a existir por algum tempo um alto grau de coesão; mas parece provável que os casamentos mistos entre descendentes de nacionalidades estrangeiras aumentarão rapidamente nas gerações posteriores. Nossa experiência com americanos nascidos em Nova York, cujos avós imigraram para este país, é de que, de modo geral, a maioria dos traços sociais de seus antepassados desapareceu e que muitos nem sequer sabem a que nacionalidade seus avós pertenciam. Poder-se-ia esperar – particularmente nas comunidades ocidentais, onde as frequentes mudanças de lugar são comuns – que isso resultaria numa rápida mescla dos descendentes de várias nacionalidades. Esta pesquisa, que é perfeitamente possível executar detalhadamente, parece indispensável para compreender claramente a situação.

Durante a última década os estudos do problema da população avançaram a passos rápidos. Referimo-nos apenas à cuidadosa análise dos problemas da população realizada por Frank Lorimer e Frederick Osborn (1934). Como consequência dos trabalhos acumulados pode-se dizer que, enquanto os referidos problemas forem concebidos como problemas raciais, no sentido habitual da palavra, pouco progresso será alcançado. O bem-estar biológico de uma nação depende, antes, da distribuição dos tipos constitucionais hereditários em classes sociais. Estes não guardam uma conexão indissolúvel com os tipos raciais. Nunca se descobriu nenhuma relação desta natureza que não possa ser explicada adequadamente com base nas condições históricas ou sociológicas e todos os traços da personalidade até agora pesquisados apontam, invariavelmente, para um alto grau de flexibilidade nos representantes de um grupo racial e para uma maior uniformidade num grupo mesclado submetido a pressões sociais semelhantes.

Nesse momento as nações europeias e seus descendentes em outros continentes encontram-se profundamente marcados pelo temor de uma ameaçadora degeneração. É indubitavelmente importante combater as tendências patológicas estritamente hereditárias e melhorar a saúde das pessoas por meios eugênicos na medida do possível; mas as complexas condições da vida moderna deveriam receber consideração adequada. As estatísticas mostram um aumento dos socialmente fracos, que se tornam os internados em asilos e hospícios – instituições destinadas ao cuidado dos dementes, dos imbecis, dos afetados por doenças crônicas – e que enchem nossas cadeias e penitenciárias. Vivemos num período de rápido aumento na diferenciação de nossa população, isto é, de crescente variabilidade. Isto provocaria um aumento do número dos mais fracos como também dos mais fortes, sem que signifique necessariamente um abaixamento da média. Em muitos aspectos isso parece corresponder às condições atuais. Os fracos podem ser contados, porque são cuidados pelo Estado. Os fortes não podem ser contados. Sua presença se expressa na maior intensidade de nossas vidas.

O propósito da eugenia, a saber, o aperfeiçoamento da saúde constitucional, é altamente louvável, mas ainda estamos longe de ver como pode ser atingido. Certamente não pela panaceia de muitos eugenistas, a esterilização. A diminuição na frequência das doenças hereditárias mediante a eliminação dos atualmente afetados por elas é tão lenta que seu efeito não se faria sentir durante muitas gerações; e o que é mais importante: não sabemos com que frequência estas mesmas condições podem surgir como mutações hereditárias e se as condições desfavoráveis em que vivem grandes massas humanas não resultam em tais mutações. A teoria de que as doenças hereditárias recessivas apareceram só uma vez é insustentável por causa de suas implicações. Isso nos levaria a concluir que somos os descendentes de inúmeras populações doentes quase sem nenhum antepassado saudável. A tarefa mais importante de nossos estudos e, ao mesmo tempo, a mais difícil é descobrir as circunstâncias em que se originam as condições patológicas hereditárias.

O problema do negro, tal como se apresenta nos Estados Unidos, não é, do ponto de vista biológico, essencialmente diferente dos problemas que acabamos de discutir. Vimos que não se pode apresentar nenhuma prova da inferioridade do tipo negro, exceto que haveria a mera possibilidade de que a raça não produziria talvez tantos homens de gênio extraordinário como outras raças, embora não tenha havida nada que pudesse ser interpretado como indício de uma diferença substancial na capacidade mental do grosso da população negra comparada com o grosso da população branca. Haverá, indubitavelmente, uma infinidade de homens e mulheres negros capazes de ultrapassar seus competidores brancos e que se sairão melhor do que os deficientes, a quem permitimos frequentar as nossas escolas públicas e transformar-se em obstáculo para as crianças saudáveis.

A observação etnológica não favorece a opinião de que os traços observados entre nossa população negra mais pobre sejam em algum sentido determinados pela raça. O estudo das tribos africanas nos apresenta conquistas culturais de ordem nada insignificante. Para os pouco familiarizados com os produtos da arte e da indústria africanas nativas, um passeio por um dos grandes museus da Europa seria uma revelação. Poucos de nossos museus americanos reuniram coleções que exibem este assunto de forma digna de elogio. O ferreiro, o escultor em madeira, o tecelão, o oleiro – todos eles produzem artigos originais na forma, executados com grande esmero e que revelam aquele amor ao trabalho e interesse pelo resultado do esforço aparentemente ausentes muitas vezes entre os negros em nosso ambiente americano. Não menos instrutivos são os relatos dos viajantes, que descrevem a pujança das aldeias nativas, do amplo comércio do país e de seus mercados. A capacidade de organização, revelada pelo governo dos Estados nativos, não é de forma alguma insignificante e, quando exercida por homens de grande personalidade, levou à fundação de vastos impérios. Todos os diversos tipos de atividades que consideramos valiosas nos cidadãos de nosso país podem ser encontrados na África aborígine. Também não está ausente dela a sabedoria do filósofo. Uma leitura atenta de qualquer uma das coleções de provérbios africanos publicadas mostrará a singela filosofia prática do negro, que é frequentemente prova de um sentir e pensar saudáveis.

Seria fora de propósito estender-nos sobre este tema, porque a contribuição essencial que a antropologia pode dar ao estudo prático da adaptabilidade do negro é resolver a seguinte questão: até que ponto os traços indesejáveis observados indubitavelmente hoje em nossa população negra se devem a traços raciais e até que ponto se devem a circunstâncias sociais pelas quais nós somos responsáveis. A esta questão a antropologia pode oferecer a seguinte resposta decidida: os traços da cultura africana observados na pátria aborígine do negro são os de um povo primitivo saudável, com um considerável grau de iniciativa pessoal, com talento para a organização, com capacidade imaginativa, com competência técnica e espírito de economia. Também não falta na raça o espírito guerreiro, como o provam os poderosos conquistadores que derrubaram Estados e fundaram novos impérios, e a coragem dos exércitos que obedecem às ordens de seus líderes.

É oportuno declarar aqui mais uma vez, e com certa ênfase, que seria errôneo afirmar como provado que não existem diferenças na estrutura mental entre a raça negra tomada em conjunto e qualquer outra raça tomada em seu conjunto, e que suas atividades deveriam percorrer exatamente as mesmas linhas. Isto seria um resultado da frequência variável de personalidades de diversos tipos. Pode ser que a constituição corporal da raça negra como um todo tenda a dar às suas atividades uma direção um tanto diferente da direção das atividades de outras raças. Não é possível responder a esta questão. Não existe, no entanto, testemunho algum que estigmatize o negro como um ser de compleição mais fraca, ou sujeito a inclinações e influências opostas à nossa organização social. Uma avaliação imparcial dos testemunhos antropológicos reunidos até agora não nos permite sustentar a crença numa inferioridade racial que torne um indivíduo da raça negra incapaz de participar da civilização moderna. Não sabemos de nenhuma exigência imposta ao corpo humano ou à mente humana na vida moderna que os indícios anatômicos ou etnológicos mostrariam estar acima de suas capacidades.

Os traços do negro americano explicam-se adequadamente com base em sua história e *status* social. A violenta separação do solo africano e a consequente perda total dos antigos padrões de vida, substituídos pela escravidão e por tudo o que esta implicou, seguida por um período de desorganização e por uma dura luta econômica em condições desiguais, são suficientes para explicar a inferioridade do *status* da raça, sem recorrer à teoria da inferioridade hereditária.

Em resumo, temos todos os motivos para acreditar que o negro, quando lhe é concedida oportunidade e facilidade, será perfeitamente capaz de cumprir com os deveres da cidadania tão bem como seu vizinho branco.

A análise antropológica do problema do negro requer também algumas palavras acerca do "instinto racial" dos brancos, que desempenha um papel sumamente importante no aspecto prático do problema. Em sua essência, este fenômeno é uma repetição do velho instinto e temor ao conúbio entre patrícios e plebeus, entre a nobreza europeia e a gente comum, ou entre as castas da Índia. Os sentimentos e argumentos postos em jogo são os mesmos em todos os aspectos. Em nosso caso concernem particularmente à necessidade de manter um *status* social distinto, a fim de evitar a mescla de raças. Como nos outros casos mencionados, o assim chamado instinto não é uma repugnância fisiológica. Assim o prova a existência de nossa grande população mulata, como também a mais fácil amalgamação do negro com os povos latinos. É antes uma expressão de condições sociais tão profundamente impregnadas em nós que assumem forte valor emocional; e é isto, suponho eu, o que se quer dizer quando chamamos tais sentimentos de instintivos. O sentimento não tem, certamente, nada a ver com a questão da vitalidade e do talento do mulato.

Ainda assim, as questões da mescla de raças e da adaptabilidade do negro ao nosso ambiente representam uma infinidade de problemas importantes.

Creio que deveríamos nos envergonhar de ter que confessar que o estudo científico destes temas nunca recebeu apoio do governo nem de nenhuma das nossas grandes instituições científicas; e custa entender por que somos tão indiferentes a um assunto que é de suma importância para o bem-estar de nossa nação. As pesquisas de Melville J. Herskovits sobre o negro americano são um valioso começo; mas deveríamos saber muito mais. Apesar das asserções frequentemente repetidas sobre a inferioridade hereditária do mulato, não sabemos quase nada a respeito deste assunto. Se a vitalidade do mulato é menor que a do negro puro, talvez isso se deva tanto a causas sociais como hereditárias. Herskovits mostrou que, contrariamente às condições reinantes na época da escravidão, a tendência entre os mulatos é de que um homem mais claro se case com uma mulher mais escura e que, em consequência disso, a população de cor tende a se tornar mais escura – condição indesejável, se acreditarmos que uma diminuição nos fortes contrastes dos tipos raciais é conveniente, porque contribui para debilitar a consciência de classe.

Nossa tendência a avaliar o indivíduo segundo a imagem que formamos da classe à qual o confinamos, ainda que ele não sinta nenhum vínculo interior com a dita classe, é uma sobrevivência de formas primitivas de pensamento. As características dos membros da classe são altamente variáveis e o tipo que construímos a partir das características mais comuns supostamente inerentes à classe nunca passa de uma abstração, que dificilmente se realiza num único indivíduo, e frequentemente nem sequer é fruto da observação, mas uma tradição muitas vezes ouvida que determina nosso julgamento.

A liberdade de julgamento só poderá ser alcançada quando aprendermos a avaliar um indivíduo por sua própria capacidade e caráter. Então descobriremos, se quisermos escolher o melhor da humanidade, que todas as raças e todas as nacionalidades estariam representadas. Então haveremos de valorizar e cultivar a variedade de formas que o pensamento humano e a atividade humana assumiram e abominar todas as tentativas de impor um padrão de pensamento a nações inteiras, ou mesmo ao mundo inteiro, porque elas conduzem a uma completa estagnação.

Bibliografia

ACHELIS, T. (1896). *Moderne Völkerkunde*, Stuttgart: [s.e.].

ALLEN, J.A. (1903)."Report on the Mammals Collected in Northeast Siberia by the Jesup North Pacific Expedition". *Bulletin, American Museum of Natural History*, 19, p. 126.

ALVERDES, F. (1925). *Tiersoziologie*. Leipzig: [s.e.] [Edição inglesa: *Psychology of Animals*. Nova York: [s.e.], 1932].

AMMON, O. (1899). *Zur Anthropologie der Badener*. Jena: [s.e.], p. 641.

_____ (1893). *Die natürliche Auslese beim Menschen*. Jena: [s.e.].

ANDREE, R. (1906). "Scapulimantia". In: *Boas Anniversary Volume*. Nova York: [s.e.], p. 143ss.

_____ (1878). *Ethnographische Parallelen und Vergleiche*. Stuttgart: [s.e.] [*Neue Folge*. Leipzig: [s.e.], 1889].

ANKERMANN, B. (1905). "Kulturkreise und Kulturschichten in Afrika". *Zeitschrift für Ethnologie*, 37, p. 54ss.

BACHOFEN, J.J. (1861). *Das Mutterrecht*. Basel: [s.e.].

BÄLZ, E. (1901)."Menschenrassen Ost-Asiens mit specieller Rücksicht auf Japan". *Verhandlungen der Berliner Anthropologischen Gesellschaft*, 33, p. 166-189.

BARTH, H. (1857-1858). *Travels and Discoveries in North and Central Africa*. 2. ed. Londres: [s.e.] [II, p. 253ss.; III, p. 425ss., 528ss.; IV, p. 406ss., 579ss.].

BASTIAN, A. Exposição do ponto de vista de Bastian apud ACHELIS, T. (1896). *Moderne Völkerkunde*. Stuttgart: [s.e.].

BAUR, E.; FISCHER, E. & LENZ, F. (1936). *Menschliche Erblehre*. Munique: [s.e.], p. 712 [Edição inglesa: *Human Heredity*. Nova York: [s.e.], 1931].

BECKMANN, L. (1894-1895). *Geschichte und Beschreibung der Rassen der Hunde*. Brunswick: [s.e.].

BEDDOE, J. (1885). *The Races of Britain*. Londres: [s.e.], p. 249, 251.

BELL, A.G. (1918). *The Duration of Life and Conditions Associated with Longevity*. Washington: [s.e.].

BERNSTEIN, F. (1931). "Zukunftsaufgaben der Versicherungsmathematik". *Zeitschrift für die gesamte Versicherungs-Wissenschaft*, 31, p. 141.

BOAS, F. (1935). "The Tempo of Growth of Fraternities". *Proceedings of the National Academy of Sciences*, vol. 21, n. 7, jul.

_____ (1933a). "The Cephalic Index in Holland and Its Heredity". *Human Biology*, vol. 5, n. 4, p. 594.

_____ (1933b). "Studies in Growth II". *Human Biology*, vol. 5, n. 3.

_____ (1932a). *Anthropology and Modern Life*. 2. ed. Nova York: [s.e.], p. 216-231.

_____ (1932b). "Studies in Growth I". *Human Biology*, vol. 4, n. 3.

_____ (1927a). *Primitive Art*. Oslo/Cambridge: [s.e.].

_____ (1927b). "Eruption of Deciduous Teeth among Hebrew Infants". *Journal of Dental Research*, vol. 7, n. 3, p. 245ss.

_____ (1920). "Anthropometry of Porto Rico". *American Journal of Physical Anthropology*, 3, p. 247.

_____ (1911a). *Handbook of American Indian Languages*. Bulletin 40. Washington: Bureau of American Ethnology.

_____ (1911b). *Changes in Bodily Form of Descendants of Immigrants* – Final Report. Washington: Government Printing Office [61º Congresso, 2ª Sessão. Documento do Senado 208 – Também editado pela Columbia University Press, 1912].

_____ (1901). "A.J. Stone's Measurements of Natives of the Northwest Territories". *Bulletin, American Museum of Natural History*, 14, p. 53-68.

_____ (1899). "The Cephalic Index". *American Anthropologist*, Nova Série 1, p. 453.

_____ (1896). "The Growth of Indian Mythologies". *Journal of American Folk-Lore*, 9, p. 1-11.

_____ (1895a). *Indianische Sagen von der Nord-Pacifischen Küste Amerikas*. Berlim: [s.e.], p. 338-339.

_____ (1895b). "Zur Anthropologie der Nordamerikanischen Indianer". *Verhandlungen der Berliner Gesellschaft für Anthropologie, Ethnologie und Urgeschichte*, 27, p. 367ss.

_____ (1894). "The Half-Blood Indian". *Popular Science Monthly*, 45, p. 761ss.

_____ (1888). "The Central Eskimo". In: *Sixth Annual Report of the Bureau of Ethnology*. Washington: [s.e.].

BOAS, F. & BOAS, H.M. (1913). "The Head-Forms of Italians as Influenced by Heredity and Environment". *American Anthropologist*, Nova Série 15, p. 163-188.

BOAS, F. & WISSLER, C. (1905). "Statistics of Growth". In: *Report of the United States Commissioner of Education for 1904*. Washington: [s.e.], p. 25-132.

BOGORAS, W. (1904-1909). *The Chukchee*. Publications of the Jesup North Pacific Expedition, 7. Leiden [s.e.].

BOLK, L. (1925-1926). "Untersuchungen über die Menarche bei der niederländischen Bevölkerung". *Zeitschrift für Geburtshülfe und Gynäkologie*, 89, p. 364-380.

BOULAINVILLIERS, C. (1727). *Histoire de l'ancien Gouvernement de la France*. Paris: [s.e.].

BOULE, M. (1923). *Fossil Men*. Edimburgo: [s.e.], p. 238ss.

BOWDITCH, H.P. (1877). "The Growth of Children". In: *Eighth Annual Report of the State Board of Health of Massachusetts*. Boston: [s.e.].

BOWLES, G.T. (1932). *New Types of Old Americans at Harvard*. Cambridge, Mass.: [s.e.].

BRIGHAM, C.C. (1930). "Intelligence Tests of Immigrant Groups". *Psychological Review*, 37, p. 158-165.

BRUTZKUS, J. (1937). Paris: [s.e.] [Trabalho apresentado no Congresso da População].

BUSCHAN, G. (1922-1926). *Illustrierte Völkerkunde*. Stuttgart: [s.e.].

BUZINA, E. & LEBZELTER, V. (1923). "Über die Dimensionen der Hand bei verschiedenen Berufen". *Archiv für Hygiene*, 92, p. 53ss.

CARR-SAUNDERS, A.M. (1922). *The Population Problem*. Oxford: [s.e.].

CARUS, C.G. (1838). *System der Physiologie* [2. ed., Leipzig, 1847].

CHAMBERLAIN, H.S. (1934). *Briefwechsel zwischen Cosima Wagner und Houston Stewart Chamberlain*. Leipzig: [s.e.], p. 565ss.

_____ (1901). *Die Grundlagen des neunzehnten Jahrhunderts*. 3. ed. Munique: [s.e.] [Edição inglesa: *Foundations of the Nineteenth Century*. Londres/Nova York, 1911, p. 271].

CLAUSS, L.F. (1926). *Rasse und Seele*. Munique: [s.e.].

COOK, O.F. (1906). "Aspects of Kinetic Evolution". In: *Proceedings of the Washington Academy of Sciences*, 8, p. 209-210.

CRAMPTON, C. (1908). "Physiological Age". *American Physical Education Review*, vol. 13, n. 3-6.

CUNNINGHAM, D.J. (1886). *The Lumbar Curve in Man and Apes*. Dublin: [s.e.] [Cunningham Memoirs].

CUNOW, H. (1894). *Die Verwandtschafts-Organisationen der Australneger*. Stuttgart: [s.e.].

DAHLBERG, G. (1926). *Twin Births and Twins from an Hereditary Point of View*. Estocolmo: [s.e.].

DARWIN, C. (1895). *Journal of Researches into the Natural History and Geology of the Countries Visited during the Voyage of H.M.S. Beagle round the World*. Nova York: [s.e.], p. 228-229.

DAVENPORT, B. & STEGGERDA, M. (1929). *Race Crossing in Jamaica*. Washington: [s.e.].

DE CANDOLLE, A. (1886). *Origin of Cultivated Plants*. Nova York: [s.e.], p. 59ss., 139ss.

DENIKER, J. (1900). *The Races of Man*. Londres: [s.e.].

DIXON, Roland B. (1923). *The Racial History of Man*. Nova York: [s.e.].

_____ (1911). The Maidu. Apud BOAS, F. *Handbook of American Indian Languages*. Bulletin 40. Washington: Bureau of American Ethnology.

_____ (1902). "Basketry Designs of the Indians of Northern California". *Bulletin, American Museum of Natural History*, 17, p. 28.

DONALDSON, H.H. (1895). *The Growth of the Brain*. Londres: [s.e.].

DURKHEIM, E. (1912). *Les formes élémentaires de la vie religieuse*. Paris: [s.e.] [Edição inglesa: *The Elementary Forms of the Religious Life*. Londres: [s.e.], 1915].

EFRON, D. & FOLEY JR., J.P. (1937). "Gestural Behavior and Social Setting". *Zeitschrift für Sozialforschung*, vol. 6, cad. 1, p. 152-161.

EICKSTEDT, E. von (1936). *Grundlagen der Rassenpsychologie*. Stuttgart: [s.e.], p. 35.

ENGEL, J. (1851). *Untersuchungen über Schädelformen*. Praga: [s.e.].

FERREIRA, A. de C. (1903). "La capacité du crâne chez les Portugais". *Bulletins et Mémoires de la Société d'Anthropologie de Paris*, série V, 4, p. 417ss.

FISCHER, E. (1914). "Die Rassenmerkmale des Menschen als Domestikationserscheinungen". *Zeitschrift für Morphologie und Anthropologie*, 18.

_____ (1913a). "Das Problem der Rassenkreuzung". *Die Naturwissenschaften*, 1. Berlim, p. 1007.

_____ (1913b). *Die Rehobother Bastards*. Jena: [s.e.].

FOLEY JR., J.P. (1937). "Factors Conditioning Motor Speed and Tempo". *Psychological Bulletin*, vol. 34, n. 6 [cf. tb. Efron].

FRAZER, J.G. (1911-1919). *The Golden Bough*. Londres/Nova York: [s.e.].

_____ (1910). *Totemism and Exogamy*. Londres: [s.e.].

FREUD, S. (1918). *Totem and Taboo*. Nova York: [s.e.].

_____ (1910). *The American Journal of Psychology*, 27 [Breve resumo da teoria de Freud].

FRIEDENTHAL, H. (1908). *Beiträge zur Naturgeschichte des Menschen*. Jena: [s.e.].

FRISCHEISEN-KÖHLER, I. (1933). *Das persönliche Tempo* – Eine erbbiologische Untersuchung. Leipzig: [s.e.].

FRITSCH, G. (1872). *Die Eingeborenen Süd-Afrikas*. Breslau: [s.e.], p. 30s.

FROBENIUS, L. (1926). *Die Atlantische Götterlehre*. Jena: [s.e.].

_____ (1921). *Atlas Africanus*. Munique: [s.e.].

GALTON, F. (1889). "Head Growth in Students at Cambridge". *Journal of the Anthropological Institute of Great Britain and Ireland*, 18, p. 156.

_____ (1889b). *Natural Inheritance*. Londres: [s.e.].

_____ (1869). *Hereditary Genius*. Londres: [s.e.].

GERLAND, G. (1868). *Das Aussterben der Naturvölker*. Leipzig: [s.e.].

GOBINEAU, A. de (1853-1855). *Essai sur l'inégalité des races humaines*. Paris: [s.e.] [Tradução inglesa: *The Inequality of Human Races*. Nova York: [s.e.], 1915].

GODDARD, P.E. (1903-1904). *Life and Culture of the Hupa*. University of California Publications in American Archaeology and Ethnology, 1.

GOLDENWEISER, A.A. (1910). "Totemism, an Analytical Study". *Journal of American Folk-Lore*, 23, p. 179ss.

GOULD, B.A. (1869). *Investigations in the Military and Anthropological Statistics of American Soldiers*. Nova York: [s.e.], p. 126-128.

GRANT, M. (1916). *The Passing of the Great Race*. Nova York: [s.e.].

GUTHE, G.E. (1918)."Notes on the Cephalic Index of Russian Jews in Boston". *American Journal of Physical Anthropology*, 1, p. 213ss.

HABERLANDT, G. (1917). *Physiologie und Ökologie*. Vol. I. Botanischer Teil (H. von Guttenberg). Leipzig: [s.e.].

HAHN, E. (1915). *Zeitschrift für Ethnologie*, 47, p. 253-254 [nota onde são dadas as referências às observações originais].

_____ (1909). *Die Entstehung der Pflugkultur*. Heidelberg: [s.e.].

_____ (1896). *Die Haustiere und ihre Beziehungen zur Wirtschaft des Menschen*. Leipzig: [s.e.].

HAHN, I. (1919). "Dauernahrung und Frauenarbeit". *Zeitschrift für Ethnologie*, 51, p. 247.

(1927ss.). *Handwörterbuch des deutschen Aberglaubens*. Berlim: [s.e.].

HAUSCHILD, M.W. (1909). "Untersuchungen über die Pigmentation im Auge verschiedener Menschenrassen". *Zeitschrift für Morphologie und Anthropologie*, 12.

HEGER, F. (1893). "Aderlassgeräthe bei den Indianern und Papuas". *Mittheilungen der Anthropologischen Gesellschaft in Wien*, 23, Sitzungsberichte, p. 83-87.

HEHN, V. (1874). *Kulturpflanzen und Haustiere*. 2. ed. Berlim: [s.e.].

HELLMAN, M. (1932). "Nutrition, Growth and Dentition". *Dental Cosmos*, jan.

_____ (1928). "Ossification of Cartilages of Hand". *American Journal of Physical Anthropology*, 11, p. 223ss.

HERDER, J.G. (1784-1791). *Ideen zur Philosophie der Geschichte der Menschheit.* Riga: [s.e.].

HERSKOVITS, M. (1930). *Anthropometry of the American Negro.* Columbia University Contributions to Anthropology, 11.

_____ (1928). *The American Negro.* Nova York: [s.e.].

HIRSCH, N.D.M. (1927). "Cephalic Index of American-born Children of Three Foreign Groups". *Journal of Physical Anthropology*, 10, p. 79ss.

HOOPS, J. (1915). *Waldbaüme und Kulturpflanzen.* Estrasburgo: [s.e.].

HUXLEY, H. (1870). "On the Geographical Distribution of the Chief Modifications of Mankind". *Journal of the Ethnological Society*, Nova Série 2, p. 404-412.

JANKOWSKY, W. (1934). *Die Blutsverwandschaft im Volk und in der Familie.* Stuttgart: [s.e.], p. 119ss.

JENKS, A.E. (1916). *Indian-White Amalgamation.* Studies in Social Science, University of Minnesota, 6.

JOCHELSON, W. (1910). *The Yukaghir and the Yukaghirized Tungus.* Publications of the Jesup North Pacific Expedition, 9, Leiden: [s.e.], p. 59.

_____ (1906). "Kumiss Festivals of the Yukat and the Decoration of Kumiss Vessels". In: *Boas Anniversary Volume.* Nova York: [s.e.], p. 257.

JOHANNSEN, W. (1909). *Elemente der exakten Erblichkeitslehre.* Jena: [s.e.].

JOYCE, T.A. (1912). *South American Archaeology.* Nova York: [s.e.], p. 15.

KELLER, C. (1906). "Die Haustiere als menschlicher Kulturerwerb". *Der Mensch und die Erde.* Vol. I. Berlim: [s.e.], p. 165-304.

_____ (1905). *Naturgeschichte der Haustiere.* Berlim: [s.e.].

KING, H.D. (1919). "Studies in Inbreeding". *Journal of Experimental Zoology*, vol. 29, n. 1.

KLAATSCH, H. (1908a). "The Skull of the Australian Aboriginal". In: *Reports from the Pathological Laboratory of the Lunacy Department – New South Wales Government.* Vol. I, parte III. Sidney: [s.e.], p. 3-167.

_____ (1908b). "Der Primitive Mensch der Vergangenheit und Gegenwart". *Verhandlungen der Gesellschaft deutscher Naturforscher und Aerzte, 80ᵗᵉ. Versammlung zu Cöln*, parte I, p. 95.

KLATT, B. (1921a). "Studien zum Domestikationsproblem". *Bibliotheca Genetica*, II. Leipzig: [s.e.], p. 160ss.

_____ (1921b)."Mendelismus, Domestikation und Kraniologie". *Archiv für Anthropologie*, 18, p. 225ss.

_____ (1912). "Ueber die Veränderung der Schädelkapazität in der Domestikation". In: *Sitzungsberichte der Gesellschaft Naturf. Freunde*. Berlim: [s.e.].

KLEMM, G. (1843). *Allgemeine Cultur-Geschichte der Menschheit*. Leipzig: [s.e.].

KLINEBERG, O. (1935). *Race Differences*. Nova York: [s.e.].

KÖHLER, W. (1921). "Zur Psychologie der Schimpansen". *Psychologische Forschungen*, 1, p. 33.

_____ (1917). "Intelligenzprüfungen an Anthropoiden". In: *Abhandlungen der Königlich Preussischen Akademie der Wissenschaften – Physikalisch-Mathematische Klasse*. Berlim: [s.e.], p. 78ss.

KOLLMANN, J. (1881). "Beiträge zur einer Kraniologie der Europäischen Völker". *Archiv für Anthropologie*, 13, p. 79, 179; 14, 1883, p. 1; "Die Rassenanatomie der Hand und die Persistenz der Rassenmerkmale", ibid., 28, 1903, p. 91ss.

KRETSCHMER, E. (1921). *Körperbau und Charakter*. 10. ed. Berlim: [s.e.].

KROEBER, A.L. (1927). *Arrow Release Distributions*. University of California Publications in American Archaeology and Ethnology, 23, p. 233ss.

_____ (1925). *Handbook of the Indians of California*. Bulletin 78. Washington: Bureau of American Ethnology.

_____ (1904-1907). *Types of Indian Culture in California*. University of California Publications in American Archaeology and Ethnology, 2, p. 81-103.

LAASCH, R. (1908). *Der Eid*. Stuttgart: [s.e.].

LAUFER, B. (1907). "The Introduction of Maize to Eastern Asia". In: *Congrès International des Américanistes, XVᵉ session, Quebec*. Vol I, p. 223ss., especialmente p. 250-252.

_____ (1902). *The Decorative Art of the Amur Tribes*. Publications of the Jesup North Pacific Expedition, 4. Leiden: [s.e.].

LEBZELTER, V. (1922). "Grösse und Gewicht der Wiener Arbeiterjugend in den Jahren 1919 und 1921". *Mitteilungen des Volksgesundheitsamtes im Bundesministerium für soziale Verwaltung*, p. 399s.

LEHMANN, R. (1894). *Schopenhauer*. Berlim: [s.e.].

LEVIN, G. (1937). "Racial and 'Inferiority' Characters in the Human Brain". *American Journal of Physical Anthropology*, 22, p. 376.

LÉVY-BRUHL, L. (1922). *La mentalité primitive*. Paris: [s.e.] [Edição inglesa: *Primitive Mentality*. Nova York: [s.e.], 1923 – Edição castelhana: Ed. Lautaro, 1945].

LEWIS, C.A. (1936). "Relation between Basal Metabolism and Adolescent Growth". *American Journal of Diseases of Children*, 51, maio, p. 1.014-1.038.

LISSAUER (1892). Em *Zeitschrift für Ethnologie*, 24.

LIVI, R. (1896). *Antropometria Militare*. Roma: [s.e.].

LORENZ, O. (1898). *Lehrbuch der gesamten wissenschaftlichen Genealogie*. Berlim: [s.e.], p. 289ss., p. 308, 310, 311.

LORIMER, F. & OSBORN, F. (1934). *Dynamics of Population*. Nova York: [s.e.] [com bibliografia completa].

LOTRY, J.A. (1916). *Evolution by Means of Hybridization*. Haia: [s.e.], p. 22ss.

LUSCHAN, F. von (1922). *Völker, Rassen, Sprachen*. Berlim: [s.e.], p. 92.

_____ (1890). Die Tachtadschy und andere Ueberreste der alten Bevölkerung Lykiens". *Archiv für Anthropologie*, 19, p. 31-53.

MacCURDY, G.G. (1924). *Human Origins*. Nova York: [s.e.].

MALINOWSKI, B. (1926). *Crime and Custom in Savage Society*. Londres/Nova York: [s.e.].

MALL, F.P. (1909). "On Several Anatomical Characters of the Human Brain, Said to Vary According to Race and Sex, etc." *American Journal of Anatomy*, 9, p. 1-32.

MANOUVRIER, L. (1890). "Sur les aptitudes et les actes dans leurs rapports avec la constitution anatomique et avec le milieu extérieur". *Bulletin de la Société d'Anthropologie de Paris*, 4ª série, 1, p. 918ss.

_____ (1866-1877). "Sur l'interprétation de la quantité dans l'encéphale". In: *Mémoirs de la Société d'Anthropologie de Paris*, 2ª série, 3, p. 284, 277, 281.

MARTIN, R. (1905). *Die Inlandstämme der Malayischen Halbinsel*. Jena: [s.e.].

MASON, O.T. (1895). *The Origins of Invention*. Londres: [s.e.], p. 315ss.

MATTHEWS, W. (1897). *Navaho Legends*. Memoir of the American Folk-Lore Society, 5.

_____ (1893). "Human Bones of the Hemenway Collection in the U.S. Army Medical Museum". *Memoirs of the National Academy of Sciences*, 6, p. 139ss.

McGEE, W.J. (1897). "The Beginning of Zooculture". *American Anthropologist*, 10, p. 215ss.

MENGHIN, O. (1931). *Weltgeschichte der Steinzeit*. Viena: [s.e.].

MIRENOVA, A.N. (1934). "Psychomotor Education and the General Development of Preschool Children". In: *Proceedings of the Maxim Gorky Medico-biological Research Institute*, 3, p. 102-103.

MOONEY, J. (1896). "The Ghost-Dance Religion". In: *14th Annual Report of the Bureau of American Ethnology*. Washington: [s.e.], p. 641ss.

MORGAN, L.H. (1878). *Ancient Society*. Nova York: [s.e.].

MORICE, P.A.G. (1906/1907/1909). "The Great Déné Race". *Anthropos*, 1, 2, 4.

MORSE, E.S. (1885). "Ancient and Modern Methods of Arrow-Release". *Bulletin, Essex Institute*. Salem, Mass., p. 145ss.

MORTON, S.G. (1839). *Crania Americana*. Filadélfia: [s.e.].

MÜLLER, F. (1879). *Allgemeine Ethnographie*. Viena: [s.e.].

NACHTIGAL, G. (1879-1881). *Saharâ und Sûdân*. 3 vols. Berlim: [s.e.].

NEGELEIN, J. von (1931/1935). *Weltgeschichte des Aberglaubens*. Vol. I e II. Berlim: [s.e.].

NEUVILLE, H. (1933). "L'espèce, la race et le métissage en Anthropologie". *Archive de l'Institut de Paléontologie Humaine*. Paris: [s.e.].

NEWMAN, H.H.; FREEMAN, F.N. & HOLZINGER, K.J. (1937). *Twins – A Study of Heredity and Environment*. Chicago: [s.e.].

NORDENSKIÖLD, E. (1921). "Emploi de la balance romaine en Amérique du Sud". *Journal de la Société des Américanistes de Paris*, Nova Série 13, p. 169.

_____ (1918/1924). *Vergleichende Ethnographische Forschungen*. Vol. I e III. Göteborg; [s.e.].

NOTT, J.C. & GLIDDON, G.R. (1857). *Indigenous Races of the Earth*. Filadélfia: [s.e.].

_____ (1854). *Types of Mankind*. Filadélfia: [s.e.]

NYSTRÖM, A. (1902). "Ueber die Formenveränderungen des menschlichen Schädels und deren Ursachen". *Archiv für Anthropologie*, 27, p. 211ss., p. 317ss.

OVIEDO & VALDÉS (1851-1855). *Historia General y Natural de las Indias, 1535-1557*. Madri: [s.e.], Livro XLII, cap. 2 e 3 [Apud SPENCER. *Descriptive Sociology*. Vol. II, p. 42-43].

OVINGTON, M.W. (1911). *Half a man, the status of the negro in New York*. Nova York: [s.e.].

PEARL, R. (1922). "A Note on the Inheritance of Duration of Life in Man". *American Journal of Hygiene*, 2, p. 229 [cf. tb. *Scientific Monthly*, 1921, p. 46].

_____ (1905). "Variation and Correlation in Brain-Weight". *Biometrika*, 4, jun., p. 13ss.

PEARL, R. & PEARL, M.D. (1908). "On the Relation of Race Crossing to Sex Ratio". *Biological Bulletin*, 15, p. 194ss.

PEARSON, K. (1906). "On the Relationship of Intelligence to Size and Shape of Head, and to Other Physical and Mental Characters". *Biometrika*, 5, p. 136ss.

PENCK, A. (1908). "Das Alter des Menschengeschlechts". *Zeitschrift für Ethnologie*, 40, p. 390ss.

PENCK, A. & BRÜCKNER, E. (1909). *Die Alpen im Eiszeitalter*. Leipzig: [s.e.].

PETRULLO, V. (1934). *The Diabolic Root*. Filadélfia: [s.e.].

PLOETZ, A. (1923). "Sozialanthropologie". In: SCHWALBE, G. & FISCHER, E. (orgs.). *Anthropologie* – Parte 3, seção 5: Kultur der Gegenwart. Leipzig/Berlim, p. 591ss.

PLOSS, H. (1927). *Das Weib in der Natur- und Völkerkunde*. Vol. I. 11. ed. Berlim: [s.e.], p. 672 [REITZENSTEIN, F. von (org.)].

PORTEUS, S.D. (1937). *Primitive Intelligence and Environment*. Nova York: [s.e.].

POST, A.H. (1894). *Grundriss der Ethnologischen Jurisprudenz*. Oldenburgo/Leipzig: [s.e.].

PRZIBRAM, H. (1927). "Entwicklungs-Mechanik der Tiere". *Junk's Tabulae Biologicae*, 4, p. 284.

RANKE, J. (1894). *Der Mensch*. Vol. II. Leipzig: [s.e.], p. 177.

RATZEL, F. (1891). *Anthropogeographie*. Vol. II. Stuttgart: [s.e.]

REICHARD, G.A. (1928). *Social Life of the Navajo Indians*. Columbia University Contributions to Anthropology, 7.

REIN, J. (1878). "Zur Geschichte der Verbreitung des Tabaks und Mais in Ost-Asien". *Petermann's Mittheilungen*, 24, p. 215ss.

RIEGER, C. (1882). *Über die Beziehungen der Schädellehre zur Physiologie, Psychiatrie und Ethnologie*. Würzburg: [s.e.].

RIPLEY, W.Z. (1899). *The Races of Europe*. Nova York: [s.e.].

RISLEY, H.H. & GAIT, E.A. (1903). *Census of India, 1901*. Vol. I. Calcutá: [s.e.], p. 489ss.

RITTER, K. (1817). *Die Erdkunde im Verhältniss zur Natur und zur Geschichte des Menschen*. Berlim: [s.e.].

ROUMA, G. (1920). *El desarrollo físico del escolar cubano* – Sus curvas normales del crecimiento. Havana: [s.e.].

SARASIN, F. (1892-1893). *Ergebnisse naturwissenschaftlicher Forschungen auf Ceylon*. Vol. III. Wiesbaden: [s.e.], p. 569ss.

SCHNEIDER, E.C. (1921). "Physiological Changes Due to Altitude". *Physiological Review*, 1, p. 656.

SCHOETENSACK, O. (1901). "Die Bedeutung Australiens für die Heranbildung des Menschen aus einer niederen Form". *Zeitschrift für Ethnologie*, 33, p. 127ss.

SCHULTZ, A.H. (1923). "Fetal Growth in Man". *American Journal of Physical Anthropology*, 5, p. 389-399.

SCHULTZE, L. (1907). *Aus Namaland und Kalahari*. Jena: [s.e.].

SELIGMANN, C.G. & SELIGMANN, B.Z. (1911). *The Veddas*. Cambridge: [s.e.], p. 380.

SHAPIRO, H.L. (1937)."Quality in Human Populations". *Scientific Monthly*, 45, p. 109ss.

SPECK, F.G. (1935). *Naskapi*. Norman, Ok.: [s.e.], p. 127ss.

SPENCER, H. (1893). *Principles of Sociology*. Vol. I. Nova York: [s.e.].

SPIER, L. (1918). "The Growth of Boys, Dentition and Stature". *American Anthropologist*, Nova Série 20, p. 37ss.

SPROAT, G.M. (1868). *Scenes and Studies of Savage Life*. Londres: [s.e.], p. 120.

STEINEN, K. von den (1894). *Unter den Naturvölkern Zentral-Brasiliens*. Berlim: [s.e.], p. 210-212.

_____ (1886). *Durch Centralbrasilien*. Leipzig: [s.e.], p. 310ss.

STODDARD, L. (1920). *The Rising Tide of Color*. Nova York: [s.e.].

STRATZ DEN HAAG, C.H. (1904). "Das Problem der Rasseneinteilung der Menschheit". *Archiv für Anthropologie*, Nova Série 1, p. 189ss.

STUDER, T. (1901). *Die prähistorischen Hunde in ihrer Beziehung zu den gegenwärtig lebenden Rassen*. Zurique: [s.e.].

STUMPF, C. (1911). *Die Anfänge der Musik*. Leipzig: [s.e.].

SULLIVAN, L.R. (1920). "Anthropometry of the Siouan Tribes". *Anthropological Papers, American Museum of Natural History*, 23, p. 81ss.

SUMNER, W.G. (1906). *Folkways*. Boston: [s.e.].

SUMNER, W.G. & KELLER, A.G. (1927). *The Science of Society*. New Haven: [s.e.].

SWANTON, J.R. (1905). "Social Organization of American Tribes". *American Anthropologist*, Nova Série 7, p. 670.

TARDE, G. (1900). *Les lois de l'imitation*. Paris: [s.e.] [Edição inglesa: *The Laws of Imitation*. Nova York: [s.e.], 1903].

TEN KATE, H. (1902). "Anthropologisches und Verwandtes aus Japan". *Internationales Centralblatt für Anthropologie*, 7, p. 659.

THOMAS, W.I. (1909). *Source Book for Social Origins*. Chicago: [s.e.], p. 25.

TOPINARD, P. (1885). *Éléments d'anthropologie générale*. Paris: [s.e.].

TOZZER, A.M. (1925). *Social Origins and Social Continuities*. Nova York: [s.e.], p. 239.

TYLOR, E.B. (1874). *Primitive Culture* – Researches into the Development of Mythology, Philosophy, Religion, Language, Art and Custom. Nova York: [s.e.].

VERSCHUER, I. von (1931-1932). "Ergebnisse der Zwillingsforschung". *Verhandlungen der Gesellschaft für physische Anthropologie*, 6, p. 52.

VIRCHOW, R. (1875). "Die physischen Eigenschaften der Lappen". *Verhandlungen der Berliner Gesellschaft für Anthropologie, Ethnologie und Urgeschichte*, 7, p. 34ss. [tb. 22, 1890, p. 411].

WAGNER, G. (1932). "Entwicklung und Verbreitung der Peyote-Kultur". *Baessler-Archiv*, 15, p. 59ss.

WAITZ, T. (1863). *Introduction to Anthropology* – Anthropology of Primitive Peoples. Londres: Anthropological Society of London. Vol. I, p. 324.

WALCHER, G. (1904). "Über die Entstehung von Brachy- und Dolichokephalie". *Zentralblatt für Gynäkologie*, vol. 29, n. 7.

WATERMAN, T.T. (1914). "The Explanatory Element in the Folk-Tales of the North American Indians". *Journal of American Folk-Lore*, 27, p. 1-54.

WEGENER, A. (1926). *The Origin of Continents and Oceans*. Nova York: [s.e.].

WEILL, B.C. (1928). *The Behavior of Young Children of the Same Family*. Cambridge: [s.e.].

WERNICH, A. (1878). *Geographisch-medicinische Studien nach den Erlebnissen einer Reise um die Erde*. Berlin: [s.e.], p. 81ss.

WESTERMARCK, E. (1906). *The Origin and Development of the Moral Ideas*. Londres: [s.e.].

WEULE, K. (1910). *Die Kultur der Kulturlosen*. Stuttgart: [s.e.].

WIEDERSHEIM, R. (1895). *The Structure of Man* – An Index to His Past History. Londres/Nova York: [s.e.].

WIESCHOFF, H. (1933). *Die afrikanischen Trommeln*. Stuttgart: [s.e.].

WILLEY, A.W. (1911). *Convergence in Evolution*. Londres: [s.e.], p. 79ss.

WISSLER, C. (1904). "Decorative Art of the Sioux Indians". *Bulletin, American Museum of Natural History*, 18, p. 231-278.

WUNDT, W. (1912). *Elemente der Völkerpsychologie*. Leipzig: [s.e.] [Edição inglesa: *Elements of Folk Psychology*. Nova York: [s.e.], 1916.

_____ (1900-1920). *Völkerpsychologie*. 10 vols. Leipzig: [s.e.].

WUTTKE, A. (1852-1853). *Geschichte des Heidentums*. Vol. I. Breslau: [s.e.], p. 36.

Índice

Prefácio, 7

1 Introdução, 9
    Duplo significado do termo primitivo, 9
    Julgar que a raça branca, por ter alcançado o mais alto grau de civilização, representa o tipo físico superior, 10
    A realização cultural depende apenas da aptidão hereditária?, 11
    Muitas raças contribuíram para a origem da civilização, 11
    Antiga civilização na América, 12
    Interpretação da rapidez do desenvolvimento, 12
    Decadência das culturas primitivas, 14
    Difusão da civilização, 15
    Resumo, 16
    O problema, 18

2 Análise histórica, 19
    Boulainvilliers e Gobineau, 19
    Klemm, 20
    Carus, 20
    Morton, 21
    Nott e Gliddon, 21
    Houston Steward Chamberlain, 22
    Madison Grant, 23
    Um paleontólogo, 23
    Stoddard, 24
    von Eickstedt, 24
    Influência do contato das raças e da biologia moderna, 26
    Etnólogos, 27

3 A composição das raças humanas, 29
    O significado dos tipos, 29

O sentido da variabilidade, 31
A análise das populações compostas de elementos diferentes, 33
Determinação das diferenças entre os traços, 34
Distribuição regular de muitos fenômenos variáveis, 34
Medições do grau de variabilidade, 35
Descrição das diferenças entre os tipos, 37

4 As características hereditárias das raças humanas, 41
Hereditariedade racial, 41
Formas comuns a vários tipos raciais, 42
Diferenças genéticas de formas aparentemente idênticas, 42
Leis da hereditariedade, 42
Endogamia, 43
Variabilidade das linhagens familiares e fraternais, 46
A raça, complexo de linhagens genéticas distintas, 49
Relações entre linhagem familiar e variabilidades fraternais, 50
Diferenças entre as raças humanas e as raças de animais domesticados, 53
Impossibilidade de reconstruir os "tipos puros" originais, 54
Ritmo de desenvolvimento dos caracteres individuais e sociais, 56

5 A instabilidade dos tipos humanos, 57
Desenvolvimento morfológico do ser humano, 58
Domesticação, 59
Influência do meio ambiente sobre os organismos, 64
Raças humanas vivendo em condições diferentes, 65
Modificação da forma devido ao meio, 66
Crescimento, 66
Gêmeos idênticos, 71
Influência da seleção, 73

6 A posição morfológica das raças, 74
Desenvolvimento paralelo, 74
Distribuição dos traços "superiores" e "inferiores" entre as raças, 76
Significado de tais traços, 76
Tamanho e estrutura do cérebro em várias raças, 77
As principais raças humanas, 78
Europeus, australianos, tipos pigmeus, 80

Relações entre o mongoloide e o europeu, 81
  Áreas de especialização das raças, 82

7 Funções fisiológicas e psicológicas das raças, 85
  Variabilidade das funções, 85
  Variabilidade do ritmo do desenvolvimento, 86
  Ritmo do desenvolvimento de diferentes raças no mesmo ambiente e da mesma raça em diferentes tipos de ambiente, 88
  Testes mentais, 89
  Hábitos motores, 90
  Frequência do crime, 92
  Enfermidades mentais, 92
  Pronúncia, 93
  Estudos da personalidade, 93
  Comportamento de gêmeos idênticos, 93
  Observações etnológicas referentes à personalidade, 93
  Inibição, 95
  Imprevidência, 96
  Falta de concentração, 97
  Pensamento pré-lógico, 97
  Falta de originalidade, 98
  Relação entre condicionamento genético e cultural da conduta, 99
  Efeito da civilização continuada, 100
  Carência de prova da mudança nas faculdades, 100
  Recaída de indivíduos na vida primitiva, 102
  Influência dos primeiros anos de vida, 102
  Distribuição de traços mentais em raças diferentes, 102

8 Raça, língua e cultura, 104
  Relações entre tipo, língua e cultura, 104
  Classificação a partir dos três pontos de vista irreconciliáveis, 104
  Permanência de tipo e mudança de língua, 105
  Permanência de língua e mudança de tipo, 106
  Permanência de tipo e língua e mudança de cultura, 107
  Hipótese da correlação original entre tipo, língua e cultura, 108
  Falta de relação temporal entre os três traços, 110
  A avaliação das línguas e culturas, 111

9 Primeiras manifestações culturais, 113
    Definição de cultura, 113
    Hábitos animais comparados com a cultura humana, 113
    Cultura em tempos paleolíticos, 116
    Traços comuns a todas as culturas, 117
    Paralelismos isolados, 117
    Semelhanças devidas a causas históricas, 119
    O Velho Mundo e o Novo Mundo, 120
    Culturas simples e complexas, 121
    Avanços das explicações racionais, 122

10 As interpretações da cultura, 123
    Explicações por analogia, 123
    Teoria evolucionista, 124
    Exemplos, 124
    Desenvolvimento da agricultura e domesticação de animais, 126
    Desenvolvimento da família, 127
    Os costumes nem sempre evoluem da mesma maneira, 128
    Costumes diferentes se desenvolvendo de uma fonte única, 128
    Evolução convergente, 129
    Impossibilidade de comparar os dados, 129
    Influência do meio geográfico, 132
    Determinismo econômico, 134
    As ideias elementares segundo Bastian, 134
    A cultura tal como a determina a raça, 135

11 A mente do ser humano primitivo e o progresso da cultura, 137
    Definição do primitivo, 137
    Progresso da técnica, 138
    Progresso no trabalho intelectual, 140
    Participação nas conquistas culturais, 140
    Organização social, 142
    Características das línguas das tribos primitivas, 143
    Características fundamentais do pensamento e da linguagem primitivos, 144
    As categorias da linguagem, 145
    Atributos, 146

Formas gramaticais, 147
Termos abstratos, 149
Numerais, 150
A influência da língua sobre o pensamento, 151
Importância da tradição, 151
Gradual alargamento da unidade social, 154

12 As associações emocionais dos primitivos, 155
Inter-relações entre os vários aspectos da vida primitiva, 155
Caráter subconsciente das ações automáticas e seu tom emocional, 156
Tabu, 157
O grupo incestuoso, 158
O efeito da propaganda, 159
Exemplos de reações automáticas, 160
Efeitos da educação, 162
Costumes baseados em processos irracionais, 162
Explicações secundárias, 163
Associação de ideias através de valores emocionais semelhantes, 163
Ritual, 164
Mitos da natureza, 164
Arte, 165
Associações variáveis de traços amplamente distribuídos, 166
Substituição de explicações causais por associações emocionais, 169

13 O problema racial na sociedade moderna, 172
As modernas teorias raciais, 172
Crítica do conceito de raça, 173
Mescla de tipos europeus, 173
Tentativas de descrever a cultura como determinada pela raça, 175
População dos Estados Unidos, 177
Eugenia, 180
O problema negro nos Estados Unidos, 181

Bibliografia, 185

COLEÇÃO ANTROPOLOGIA
– *As estruturas elementares do parentesco*
Claude Lévi-Strauss
– *Os ritos de passagem*
Arnold van Gennep
– *A mente do ser humano primitivo*
Franz Boas
– *O mito, o ritual e o oral*
Jack Goody
– *O saber local – Novos ensaios em antropologia interpretativa*
Clifford Geertz
– *O processo ritual – Estrutura e antiestrutura*
Victor W. Turner
– *Sexo e repressão na sociedade selvagem*
Bronislaw Malinowski
– *O Tempo e o Outro – Como a antropologia estabelece seu objeto*
Johannes Fabian
– *A antropologia do tempo – Construções culturais de mapas e imagens temporais*
Alfred Gell
– *Antropologia – Prática teórica na cultura e na sociedade*
Michael Herzfeld
– *Arte primitiva*
Franz Boas
– *Explorando a cidade – Em busca de uma antropologia urbana*
Ulf Hannerz
– *Crime e costume na sociedade selvagem*
Bronislaw Malinowski
– *A vida entre os antros e outros ensaios*
Clifford Geertz
– *Estar vivo – Ensaios sobre movimentos, conhecimento e descrição*
Tim Ingold
– *A produção social da indiferença – Explorando as raízes simbólicas da burocracia ocidental*
Michael Herzfeld
– *Sociologia religiosa e folclore – Coletânea de textos publicados entre 1907 e 1917*
Robert Hertz
– *Cultura, pensamento e ação social – Uma perspectiva antropológica*
Stanley Jeyaraja Tambiah
– *Nove teorias da religião*
Daniel L. Pals
– *Antropologia – Para que serve*
Tim Ingold
– *Evolução e vida social*
Tim Ingold
– *Investigação sobre os modos de existência – Uma antropologia dos Modernos*
Bruno Latour
– *O crisântemo e a espada – Padrões da cultura japonesa*
Ruth Benedict
– *A lógica da escrita e a organização da sociedade*
Jack Goody
– *Antropologia e/como educação*
Tim Ingold
– *Fazer – Antropologia, arqueologia, arte e arquitetura*
Tim Ingold
– *Magia, ciência e religião e outros ensaios*
Bronisław Malinowski
– *Linhas – Uma breve história*
Tim Ingold

Conecte-se conosco:

 facebook.com/editoravozes

 @editoravozes

 @editora_vozes

 youtube.com/editoravozes

 +55 24 2233-9033

www.vozes.com.br

Conheça nossas lojas:

www.livrariavozes.com.br

Belo Horizonte – Brasília – Campinas – Cuiabá – Curitiba
Fortaleza – Juiz de Fora – Petrópolis – Recife – São Paulo

EDITORA VOZES LTDA.
Rua Frei Luís, 100 – Centro – Cep 25689-900 – Petrópolis, RJ
Tel.: (24) 2233-9000 – E-mail: vendas@vozes.com.br